Isabella Nadolny

Vergangen wie ein Rauch

Geschichte einer Familie

List Verlag

Schutzumschlag: Design Team, München

ISBN 3-471-78203-6

Deutsche Gesamtauflage 50.000

Satz: Wenschow GmbH, München
Druck und Bindearbeit: Oldenbourg, München

». . . denn meine Tage sind vergangen wie ein Rauch . . .«

102. Psalm

I

Die Bank, an der das Kind spielt, steht etwas abseits der Gruppe alter Bäume in der Sonne. Der Sandhaufen, unordentlich über seine hölzerne Umfriedung gequollen, ist feucht, so daß die Kuchen aus den bunten Formen schön ausgeprägt werden. Dem Kind hat man die Haare mit einer Schleife zurückgebunden und die Ärmel hinaufgeschoben. Ernst schöpft es neuen Sand in einen Blecheimer, der mit Darstellungen von grellbunter Niedlichkeit verziert ist. Das Wetter ist schon sommerlich warm. Droben an den Kastanien des Englischen Gartens richten sich gesprenkelte Blütenstauden gen Himmel. Für das Kind vereinen sich die piependen Vogelrufe, das schnell näherkommende und wieder verklingende Summen der Insekten zu Bestandteilen von Wärme und Licht. Ringsum riecht es nach dem Gras, das man nicht in den Mund nehmen darf und das säuerlich-fremd schmeckt, und nach dem Wachstuch des Kinderwagens. Dieser Wagen, unsinnigerweise als Sportwägelchen bezeichnet, ein hochräderiges Gebilde, einer Rikscha ähnlich, ist der Stolz der Kinderfrau. (»Auch wenn die Kleine schon zu groß dafür ist, Johanna, nehmen Sie ihn mit, damit es auf dem

Heimweg schneller geht!«) Die Kinderfrau sitzt im Schatten, eine große, schwere Person, und trägt einen Mantel, der aussieht wie das Fell eines Maulwurfs. An ihrem Hut baumeln tot und glasig künstliche Kirschen, die das Kind anfaßt, wenn man es auf den Arm nimmt, und die in ihm verschwommene Sehnsüchte nach Leckerem erwekken. Rings um die Kinderfau ist die Bank voll von abgerissenen Löwenzahnblüten und Sand. Die schönsten Kuchen hat das Kind ihr gebracht, Tribute eines liebevollen und eitlen Herzens.

Es ist noch eine Bank da, eine saubere, und dort sitzt eine dumm-würdige Frau und strickt.

»A nett's Kind«, sagt sie und gibt bei jeder dritten Masche dem Strickzeug einen Ruck. »Wie alt iss'n scho?«

»Vier Jahr werd's«, sagt die Kinderfrau. Sie macht einen Kranz aus Löwenzahnblüten, ihre Finger sind schon ganz fleckig.

»Mei, so groß. Wem g'hört'sn?«

»A'm Kunstmaler«, sagt die Kinderfrau mit einem Anflug von Verschämtheit. Ein Direktor wäre ihr lieber. Zum Ausgleich umarmt sie das Kind besonders herzlich, das sich an sie drängt. Es wittert wie ein Hund, daß jetzt von ihm die Rede ist, und da es sich nur zu gern produziert, will es der fremden Frau etwas vorsingen. Es setzt sich, läßt die Schnürstiefel baumeln und singt hemmungslos eine Strophe in einer fremden Sprache. »Das war aber schön«, sagt die fremde Frau und zerrt an ihrem Strickknäuel, das von ihr wegmöchte. »Es war russisch«, sagt das Kind selbstgefällig. »Und was heißt nachher das?« fragt die Zuhörerin, die den Dingen auf den Grund kommen möchte. Das Kind wendet den Kopf verlegen hin und her. »Weiß nicht«, sagt es.

»Sie hört's daheim und alles macht's nach, wiar-a-Papagei«, sagt die Kinderfrau. »San die Eltern Russen?« – »Russisch reden tun sie schon, aber ich glaub', sie stammen aus'm Rheinland, der Herr Peltzer hat amal sowas g'sagt. Genau weiß ich's nicht«, sagt die Kinderfrau und bückt sich nach einer blechernen, pfauengrünen Sandform. »Tu schön zammpacken, Herzi«, sagt sie, »wir müssen heim.«

Das Kind ist nicht einverstanden und hängt sich quengelnd in ihre Röcke. Es wird in den Wagen gesetzt, und die Aussicht, gefahren zu werden, tröstet. Auf der hölzernen Brücke, die den Englischen Garten von der Stadt trennt, rollen die Gummiräder des Wagens leise donnernd. Einen Augenblick lang schlägt der Dunst des dunkel glitzernden Flusses herauf, nach Kalk und Schneeglöckchen riechend. Beiderseits der schiebenden Kinderfrau wandert eine Landschaft aus grauem Stein und Sonnenlicht dahin. Das Kind fühlt sich von diesem ständigen Fortgleiten zugleich unterhalten und eingeschläfert.

Endlich kommt die Sandkiste an der Ecke der Elisabethstraße, die Baumreihen zwischen Reitweg und Trottoir, die Haustür mit dem Messingknopf, den das Kind schon bequem erreicht. Der Hof, auf den man durchs Treppenfenster herunterschauen kann, hat rötlich-bunte Pflastersteine, auf denen der Puppenwagen immer so stuckert; er ist leicht geneigt, dem untersten Teil zu, in dem Bäume, Gras und Kraut wachsen. Kleinblättrige, schüttere Gebüsche verschleiern die Mauer grün.

Was jenseits dieser Mauern liegt, ist unerreichbar. Geräusche sind von dort zu hören: singende Stimmen, fernes Geschirrklappern, ein Leierkasten, gelangweiltes oder ungeduldiges Hundegebell, im Wind schlagende Fenster, dumpf zufallende Tore, das grelle Schilpen unzähliger Spatzen. All das geht einen nichts an, so wie die fremden Rückgebäude einen nichts angehen, die man von den höhergelegenen Fenstern aus sieht. Sie haben draußen in den Straßen eine Vorderfront, aber dort erkennt man sie nicht wieder. Von oben aus dem Treppenfenster hat das Kind einen Überblick über den eigenen Hof und seine Nebenhöfe und lehnt sich interessiert vor. (»Fall mir ja nicht runter, Herzi!«) Die Gitter bilden nun ein Muster, Kellertreppen versinken neben den Mauern in den Boden. Auf ihren Stufen entsteht manchmal eine Bewegung und nimmt die Gestalt einer Frau an, die langsam und mit schweren Schritten auftaucht, einen Waschkorb vor dem Leib. Das blecherne Fensterbrett ist mit feinem, schmierigen Staub überzogen, den das Kind mit den Ärmelrändern abwischt. Hinter der Wohnungstür ist es, wenn man so lange ins Helle geschaut hat, pechdunkel. Es riecht nach Terpentin aus Papas Atelier, nach Bohnerwachs, nach alten Möbeln, nach Essen. Man hört Musik. Man hört immer Musik daheim. Außer dem Flügel im Salon gibt es noch ein Klavier, das der Papa als

»Drahtkommode« bezeichnet und das der blinde Klavierstimmer am Schluß eben noch mal mit drannimmt. Die Brüder spielen vierhändig darauf, wenn sie gleichzeitig zu Hause sind.

Zum Händewaschen geht man ins Bad. Es hat keine Fenster, das Tageslicht dringt durch die bunte Glaswand zum Kinderzimmer. Auf ihr verneigen sich bleigefaßte Tulpen und Schwertlilien, die eine nach links, die andere nach rechts, die in der Mitte steht ganz steif aufrecht. So muß es sein und hat einen geheimen Sinn. Der Doppelwaschtisch mit der Marmorplatte und den riesenhaften Waschgeschirren mit blauem Mohnblumenmuster ist für die Großen, das Kind wäscht sich am Hahn über der Badewanne.

Im Eßzimmer, das nach Norden liegt, zur Elisabethstraße, und ein gleichbleibendes, seltsam distanziertes Licht hat, sitzt der Papa am Schreibtisch und legt Patience. »Ochsenfrosch, bist du da?« fragt er, ohne aufzuschauen. Die Brüder muß man mit Gewalt vom Klavier holen, ehe endlich gegessen wird. Auf einem der Lederstühle um den Mitteltisch liegt ein gebundener Jahrgang des Simplizissimus, damit das Kind beim Sitzen die rechte Höhe hat. Eben jetzt beschäftigt es sich mit seinem rosa Frotteelatz.

Es versteht kein Wort von dem, was bei Tisch gesprochen wird. In glückseliger Katzenblindheit nimmt es wahr, daß alle versammelt sind, daß alles wie immer ist. Es sieht seine Umgebung nicht. Was wäre da auch zu sehen: die hohen, braun tapezierten Wände, an denen die vielen Bilder hängen, auch das große Stilleben mit der Callablüte auf giftgrünem Hintergrund, das eigentümliches Behagen weckt, das lebensgroße Porträt von Papa im Mantel, die Pelzmütze auf dem Kopf, und über dem Schreibtisch die Mama in schwerem Goldrahmen, eine fremde, starre Mama in einem Sessel, die Arme von den Seitenlehnen graziös nach unten hängenlassend, wie sie es nie tut. Die wirkliche Mama sieht nicht aus, so wie der Himmel nicht aussieht oder das Licht.

Die Wohnung, in der das Kind lebt, ist nicht die gleiche wie die der Erwachsenen, obwohl sie mehrere Räume gemeinsam haben. Die beiden Wohnungen umschließen sich, wie die ineinanderpassenden russischen Holzpuppen im Spielschrank. Während die der Großen genau acht Zimmer, drei Kammern und zwei Nebenräume hat, ist die des Kindes nicht genau begrenzt. Die Türen, an denen es täglich vorüberläuft, ohne sie zu beachten (Gästezimmer, Dunkelkammer, Mädchenkammer), öffnen sich im Traum zu den Vorhöfen der Märchen, gehören zu Ländern, in denen Tiere sprechen, Schlösser aus Schokolade sind und Drachen mit Rubinenaugen auf ihre Erlösung warten.

Zu den gemeinsamen Zimmern gehört das Eßzimmer mit seinen Möbeln im bürgerlichen Kolossalstil: schwarze Eichenbuffetts, ein Tisch mit Elefantenbeinen, den man für 24 Personen ausziehen kann (die Zwischenbretter stehen in der Besenkammer), ein gotischer Bronzeleuchter, Spitzenstores und schwere Wollvorhänge an den Fenstern, eine Sitzecke mit Teppichsesseln und türkischem

Rauchtisch. Auf geschnitztem Eckbrett steht der Ikon, ein goldenes Kästchen mit dem Bilde einer wasserköpfigen Madonna, die sich über ein langgliedriges Jesuskind neigt. Vor ihm hängt an einer Messingkette ein Lämpchen, das ewiges Licht geben soll und nicht brennt. (»Wann ist es ausgegangen, Mama?« – »Früher einmal, in Rußland, als es dich noch gar nicht gab.«)

Wenn das Kind allein im Zimmer ist, steigt es, sich an der gedrehten Eichensäule des Buffetts hochstützend, zu den Seitennischen hinauf, zu den weißen Porzellanputten mit der geschwungenen Schale auf dem Kopf, darin liegt manchmal ein Stück trockener Zimtkuchen. Es nimmt auch die auf dem Rauchtisch liegenden Zigarettenspitzen trotz ihres ekelhaften Geschmacks spielerisch in den Mund (wie muß es sein, wenn man erwachsen ist?), flicht die Sesselfransen zu Zöpfen, wickelt sich in die Gardine, damit eine Prinzessinnenschleppe daraus wird, dreht den Hahn des Samowars auf, der nur selten einen Tropfen in die darunterstehende Messingschale fallen läßt. Wenn lange genug niemand kommt, der das Kind wieder abholt, legt es sich auf den Teppich und schaut hinauf zur Stuckdecke, die bald zu einem weißen, leeren, verschnörkelten Garten wird, mit weißen, leeren Beeten. Dort ist viel Luft und Platz, dort kann man federleicht herumrollen und sich an der stengelgleich in die Höhe stehenden Kronleuchterschnur im Kreise schwingen, wie draußen auf der Straße an einem Laternenpfahl. Manchmal gelingt einem das auch während des Essens (»Nun mach mal weiter, Kind, schau, wir sind alle schon fertig. Anna, Sie können abdecken.«)

Nach dem Essen gehen alle in den Salon hinüber. Auch das ist noch ein gemeinsamer Raum, zierlicher, und durch das viele rote Mahagoniholz von wärmerem Licht erfüllt. Vor dem hohen Spiegel tanzt das Kind zuweilen. Unterm Flügel liegt ein Leopard und bleckt die Zähne aus künstlich-rosigem Rachen. Seine Pappnase ist abgeschabt, seine Augen funkeln in unbeteiligter Bosheit. Ein russischer Onkel hat ihn geschossen, vor langer Zeit. Im Biedermeier-Eckschrank stehen Gläser, gefüllt mit goldenem Schatten, in die kleine runde Bildchen eingeschliffen sind. Sie würden sofort zerbrechen, wenn ein Kind sie anfaßte. Auf der eingelegten Kommode (Darstellungen flachnasiger, verrenkter Götter) lehnen sich Fotografien nach hinten: je ein Kinderbild von den Brüdern und je eines, auf dem sie so alt sind wie jetzt, schon beinahe Onkel, achtzehn und sechzehn. In der Mitte ein fünftes Bild, quadratischer Rahmen mit schwarzen Ecken, einem frischgekämmten, auf holdselig retuschierten kleinen Mädchen. (»Bin ich das, Mama?«) Bis fünf kann es schon zählen. Wir sind fünf Kinder daheim, hat es verkündet, denn diese feierliche, geputzte Aufreihung scheint die wahrhaft gültige, gegen die kein Zweifel aufkommt.

Nur dann, wenn Außergewöhnliches, Ungeheures passiert, werden die Großen vergessen, das Kind nach Tisch in den rückwärtigen Teil der Wohnung zu bringen und hinzulegen. Dies Außerordentliche ist noch nie passiert, und so nimmt das

Kind auch heute unter schwachem Protest, aber ergeben, die tägliche Schickung hin, diese künstliche Lähmung aller Unternehmungen, diese Seufzer erpressende Langeweile. Durch die heruntergelassene und nach außen gestellte Jalousie dringt der grüne Nachmittag und überschwemmt die weißlackierten Möbel, eine Beleuchtung, die von den Erwachsenen für beruhigend und schlaffördernd gehalten wird. Das Kind liegt auf dem Rücken und tritt gegen die tapezierte Wand, es wird von Plänen und Wünschen gestochen wie von Heuhalmen. (Zaubern können, fliegen können, mit dem Bleistiftstummel ins Tapetenmuster malen, dem Hund, der jetzt bellt, vom Küchenbalkon aus zurufen, dort, wo auf dem gerippten Eisenboden Putzeimer und Lappen stehen und an rußigen Schnüren ein paar vergessene Wäscheklammern baumeln, ach, groß sein, nicht mehr zuhören müssen, wie die Uhr tickt, ob es schon drei Uhr ist?)

Die Mama liegt auf der Couch vorn im Salon. Man kann rasch aus dem Bett klettern und auf bloßen Füßen in ihr Schlafzimmer hinüberlaufen, an den Toilettentisch, kann die Hutnadeln und Broschen aus dem grünen Samtkissen ziehen und wieder hineinstechen, an der Flasche mit dem eingeschliffenen Stöpsel riechen. Um den ovalen Spiegel liegt eine Girlande gläserner Blättchen wie die des Bäumchens, das andere Blätter gewollt hat, sie ist scharf, glitzernd und rauh. Rechts und links vom Spiegel hängen ovale Bildchen fremder, alter Leute in dicken, schwarzen Rahmen. Sie haben Bärte, Hauben, Tücher um den Hals, einen hohen

Kamm im Haar. Zeigt man auf sie, so nennen die Großen langweilige Namen: Johannes Peltzer, Napoleon Peltzer, Katharina Corneljewna. Ein Ton von Belehrung schwingt mit, so als habe man jemand die linke Hand gegeben oder keinen Knicks gemacht. Ein einziges Bild hat sich das Kind einmal von der Mama herunternehmen lassen, weil es das Zöpfchen sehen wollte, das als Rahmen drumgelegt war. Man erkennt es deutlich, obwohl die Mama sagt, dies sei eine Kopie, auf dem Original sei es echtes Haar. Es klingt wie ein Stück aus der Geschichte von Gockel, Hinkel und Gackeleia, aber da er wirklich gelebt haben soll, kann das Kind an dem jungen Mann mit den leuchtend blauen Augen nichts Interessantes finden. Viel weniger Interessantes jedenfalls als auf dem Wandschirm vor Mamas Bett, auf dem in buntem Plattstich Pfauen gestickt sind, Büschel blaßgrünes Schilf und Seerosen. Ein paar blaue Stiche deuten Wasser an, und werden dem Hintergrunde zu immer spärlicher, die Seerosenblätter werden immer kleiner und schließlich ist nichts mehr da, nur noch die graue Seide, mit der der Wandschirm bespannt ist. Dort beginnt das Andere, das Wunderbare, das, was man nicht sieht, und das Kind möchte hineinlaufen oder -fliegen. Aber gerade jetzt muß es unbedingt vor dem Spiegel die Backen aufblasen und sich mit den beiden Zeigefingern den Mund auseinanderzerren, um auszusehen wie ein Frosch.

Aus dem gewölbten Glas im Rahmen der Miniaturen rechts und links des Spiegels leuchtet grün ein winziges Fenster. Das Zimmer spiegelt sich darin verkleinert. Das Kind kann die Abgebildeten kaum erkennen. Es weiß nicht, in welchem Ausmaß diese alten, fremden Leute in ihm ihr Wesen treiben, was an Einsichten und Leiden, an Vorurteilen und Erinnerungen sie ihm weitergeben. Es gleicht einer Waage, deren Schalen stillstehen, weil noch niemand Gewichte daraufgelegt hat. Erst nach einem halben Menschenalter, wenn die unendlich erscheinende Strecke des eigenen Lebens ihm überschaubar zu werden beginnt, wird es begreifen, was die hier Abgebildeten mit ihm selbst zu tun haben. Dann erst werden sie in ihm fühlbar, ja gegenwärtig sein.

Vorne in der Wohnung geht eine Tür. Erschrocken läuft das Kind ins Kinderzimmer zurück und steigt ins Gitterbett. Wenige Minuten später kommt die Mama, sieht etwas gerötet und zerknittert aus und erlaubt dem betont artigen Kind, aufzustehen.

Der Nachmittag, der nach aller Ungeduld jetzt so mächtig und unerschöpflich da ist, beginnt mit einem Aufenthalt, einer Zwischenmahlzeit. Dann erst darf das Kind mit der Mama ausgehen, etwa zum Elisabethplatz, wo an einem Marktstand ein Blumentopf gekauft werden soll. Manchmal trifft man schon nach wenigen Schritten auf einen Onkel, der den Hut zieht und der Mama die Hand küßt. (»Ja, Stella, grüß dich! Wundervoll siehst du wieder aus. Ihr kommt doch morgen? Soso, und du hast den kleinen Spatzen dabei?«) Der Weg führt über die Kellergitter der großen Schule mit den Märchenbildern. Auf den Eisenstäben klingen die

Füße laut. Einmal ist ein Markstück, mit dem das Kind einen Strich an die rauhe Mauer kratzen wollte, in diese Tiefen voller Laub und Papierknäuel hinuntergefallen, und keine Tränen und kein hilfreicher Spazierstock brachten es wieder herauf. Seitdem kommt zur Spielfreude an den klingenden Gittern noch so etwas wie Respekt.

Zu Hause hat das Kind sehr viel zu tun. Es sucht etwas im Spielschrank, findet dabei etwas noch Schöneres und Wichtigeres, versenkt sich in die neue Spielmöglichkeit, läßt alles Herausgerissene am Boden liegen, tritt darauf und darüber hinweg. Auch später kommt es nicht dazu, wieder einzuräumen, weil es an der Türklinke hängen und mit der Tür hin- und herschwingen muß, auf dem langen Korridor rückwärtsgehen, sich mit fest zugekniffenen Augen blind vorwärtstasten, auf allen Vieren kriechen und brummen, hinken, als hätte es ein kurzes Bein. All dies ist unaufschiebbar, und doch fällt einem immer Neues dabei ein. Man kann gar nicht alles ausführen, und wenn man hundert Jahre alt wird. (»Mama, bist du schon hundert Jahre alt?« »Werde ich wohl mal hundert Jahre alt, Mama?«)

Wenn es dämmert, hört der Papa auf zu malen, weil bei elektrischem Licht die Farben anders aussehen, geht in den Salon und setzt sich im Dunkeln an den Flügel. Das Kind unterbricht sein Spiel, schiebt die Salontüren auseinander, kriecht unter den Flügel und stützt sich auf den Kopf des Leoparden. Zu sagen braucht es nichts. Der Papa hat den Deckel aufgeklappt und schaut nachdenklich auf die Tasten herunter. Die Bogenlampe in der Elisabethstraße wirft einen schwankenden Schein durch die Spitzengardine, weil draußen Wind ist. Die Schatten hinterm Sofa sind so schwarz wie ausgegossene Tinte. Ganz nah und laut beginnt die Musik über dem Kind zu tönen, so als stünde es unter einem Wasserfall. Der Papa spielt auswendig, wie die Brüder, nur die Mama spielt manchmal, wenn niemand zu Hause ist, nach einem Buch.

Im hohen Mahagonispiegel sieht man den Papa von hinten. Manchmal hebt er den Kopf und singt halblaut mit, ohne Worte. Drüben deckt die Leni den Tisch, an der Wohnungstür läutet es, und dann hört man ferne Stimmen, das trockene Wispern des Kokosläufers, die Schwelle zum Zimmer der Brüder ächzt. Lichter ziehen, verschleiert durch die Gardine, eine helle Straße über das Parkett, das leuchtendem Eis gleicht, biegen dann rasch ab, über die blitzenden Beschläge der Kommode und die Wand hinauf. Die Mama kommt leise herein und setzt sich im Halbdunklen neben ihren Schreibtisch. Erst als der Papa die Hände sinken läßt und den Deckel schließt, bückt sie sich zu der Stelle, wo der Schweif des Leoparden und zwei weiße Söckchen unter dem Flügel vorschauen, und raunt, daß das Badewasser einläuft.

Das Essen gibt es auf dem kurzbeinigen Bettisch. Hinter der Glaswand zum Bad hört man Geräusche, wahrscheinlich rasiert sich der Papa noch einmal, weil abends Gäste kommen. Das Licht wird ausgeknipst, die Mama macht sich an Fenster und Rolladen zu schaffen, dann öffnet sich die Tür im

Dunklen für heute zum letzten Mal. »Nicht zu lange, Sascha«, sagt die Mama. Das Kind weiß, was jetzt kommt und wirft sich begeistert im Gitterbett auf und nieder, daß die Holzteile knarren. Der Papa setzt sich gemächlich auf den weißen Stuhl, oben auf Wäsche und Strümpfe, lehnt sich vor und faltet die Hände zwischen den Knien. Die Mama ist hinausgegangen, und es ist ganz still im Zimmer. Die Dunkelheit ist nicht schwarz, sondern von einem weichen, verwaschenen Grau, man kann Papas Umriß erkennen.

»Tja, und heute?« fragt er.

Das Kind antwortet nicht, weil es viel spannender ist, wenn er von sich aus etwas anfängt und man nach den ersten Worten mit klopfendem Herzen erkennt, was er aufsagen wird.

Es gibt viele Möglichkeiten: »Palmström steht an einem Teiche ...« »Nach Frankreich zogen zwei Grenadier ...« »Der Rabe Ralf, will-will, hu-hu.« »Zu Dionys, dem Tyrannen, schlich ...« Man braucht nicht alles zu verstehen, um zu spüren, daß es schön ist.

Nach wenigen Worten beginnen die Gedichte einander zu ähneln, bekommen die Inbrunst eines Gebets. Zum Schluß sagt der Papa nach einer Pause: »So ist das.« Er könnte auch Amen sagen. Leise wünschen er und das Kind sich Gute Nacht, ohne Umarmungen, ohne Zärtlichkeiten. Kurz danach erlöschen auch die Tulpen und Schwertlilien auf der Badezimmerscheibe. Das Kind hat noch dies und jenes zu bedenken. Die »raubende Rotte, die aus des Waldes Grund hervorstürzt«, ob sie scharfe

Zähne hat? Ob Weib und Kind des Grenadiers wirklich betteln gehen müssen? Der Freund erreicht Syrakus noch rechtzeitig. Die Nebelfrau nimmt's nicht genau. Zum Schluß wird alles gut. Immer wird alles gut. Das Kind schläft ein.

Irgendwann wacht es auf. Hat es schlimm geträumt? Möchte es Wasser trinken? Es kriecht ans Fußende, richtet sich am Gitter auf und sucht die Türklinke. Am Ende des langen, dunklen Korridors ist hinter der Glastür zum Salon Licht, der Schein fällt in rötlichem Streifen den Läufer entlang. Wenn man den Kopf bewegt, gibt es hinter der gemusterten Scheibe wandernde Sonnen mit Strahlenkränzen. Dort, wo das Licht ist, ist auch die Musik. Papa spielt Klavier, die Brüder Balalaika. Singt nicht jemand?

Das Kind, das sich noch nie gefürchtet hat, fürchtet plötzlich, das Licht könne erlöschen und die Musik verstummen. Was, wenn eines Tages dort niemand mehr zu hören ist, die Glasscheibe in der Tür dunkel bleibt und alle fortgegangen sind und einen allein zurückgelassen haben? Muß man dann den ganzen dunklen Korridor entlanggehen, um wieder zu denen zu kommen, zu denen man gehört? Vielleicht. Das Kind, am Fußende des Bettes stehend, den Kopf in den Türspalt geneigt, umklammert den Knopf des Gitters mit beiden Fäusten und schließt die Augen. Wenn es sie wieder öffnet, wird das Licht noch da sein, noch lange, noch viele Jahre. Auch die Musik ist noch zu hören. Sie war immer schon da.

Von Anfang an war immer Musik.

II

Musik empfing den neunzehnjährigen Napoleon Peltzer, als er im Jahr 1821 auf seiner Fußwanderung nach Rußland hineinkam. Sie erklang abends in den Herbergen und Bauernkaten, in denen er sich todmüde ins Stroh warf. Die Leute sangen hier viel. Die schnarchenden, orgelnden Bässe, die summenden Chöre, die silbern klagenden Soprane hüllten ihn so wohlig ein wie der herannahende Schlaf. In seinem Felleisen trug er ein reines Hemd und den Rest von hundert Talern, die ihm die zierliche Anna Sofia, seine Mutter, mitgegeben hatte. »Sei sparsam auf der Reise, Junge«, sagte sie zu ihm, als sie die Geldstücke in ein Tuch einknotete. »Vielleicht gefällt es dir in Rußland nicht, und dann mußt du doch wieder heim können.«

Auf dem Wege von Maastricht über Köln, Koblenz, Wetzlar und Dresden hatte er bis Warschau beim Wandern viel Gesellschaft gehabt, Handwerksburschen anderer Zünfte schlossen sich ihm an. Die Straße war sicher und stark belebt. Reiter und Wagen passierten die Wandernden, und nur ein einziges Mal geriet er, um einem Burschen der Gerberzunft aus einer dummen Lage herauszuhelfen, in eine Schlägerei mit Studenten. Ein Hieb traf seine rechte Hand und zerschlug ihm den Knochen des Mittelfingers. Besser, als wenn's der Fuß wäre, sagte er sich, als er voller Schmerzen auf der Straße nach Smolensk nachts einkehrte. Am nächsten Tage hatte er Glück, eine Kutsche nahm ihn viele Stunden weit mit, die Herrschaften versuchten liebenswürdig, den hübschen Burschen mit den stark gezeichneten, gewölbten Augenbrauen, der so energisch dreinschaute, zum Reden zu bringen, aber er verstand sie kaum, bis sie sich aufs Französische verlegten, das er so gut sprach wie deutsch.

Nach sechs Wochen erreichte er Moskau. Er betrat es von der Seite der Sperlingsberge her und sah die gewaltige Stadt mit ihren funkelnden Türmen vor sich liegen wie ein Märchenland. Genau fünfzig Taler hatte er noch. Die Mutter konnte zufrieden sein. Aber er dachte keinen Augenblick daran, umzukehren, er dachte, wie im Märchen, daran, sein Glück zu machen.

Zu Hause im Klosterhof Wenau in der Eifel waren seit dem Staatsbankrott nach der Französischen Revolution die Bissen schmal geworden. Auf dem sogenannten Söller des Hauses standen zwei Säcke, jeder einen Meter hoch, gefüllt mit französischen Assignaten, wertlosem Papiergeld, der verdorrten Frucht hundertjährigen Handels in Messing und Kupfer. Und der neue Held aus Korsika, dieser Napoleon, nach dem die zierliche Anna Sofia und ihr Johannes voll Begeisterung für den Freiheitsbringer ihren Sohn getauft hatten, hatte den Höllensturz des Familienvermögens nicht aufhalten können. »Tja, es geht nicht immer nur trali-trala«, hatte Vater Johannes Peltzer resigniert geäußert, »es geht auch mal di-biff di-baff die Trepp' herav!« Und er äußerte dies nach der Völkerschlacht bei Leipzig noch ein weiteres Mal. Preußen übernahm die Rheinlande, der französische Markt war dahin, nach Osten neue Verbindungen anzuknüpfen, wie es der König von Preußen haben wollte, würde lange dauern, vielleicht länger, als der Vater noch zu leben hatte, dachte sich der junge Napoleon. Sein ältester Bruder, der Johann Sigismund, der ihn da drunten irgendwo in diesem gewaltigen Moskau erwartete, hatte noch die guten Zeiten der Familie erlebt.

Der Vater Johannes war französischer Bürgermeister im Städtchen Weisweiler gewesen, und die Mutter Anna Sofia, von ihrem Mann »et Zoff« genannt, wenn er gut aufgelegt war, teilte musterhaft sparsam ein (eine Tugend, die sie noch würde brauchen können). Man lebte bequem, entzückt nach Frankreich schauend, wo so viele herzbewegende, erregende und gänzlich neue Dinge vorgingen.

Als im Jahre 1802 Johannes Peltzer von einer seiner häufigen Parisreisen heimkehrte, begeistert, weil ein Plebiszit den Bonaparte soeben zum Konsul auf Lebenszeit gewählt hatte, empfing ihn der siebenjährige Johann Sigismund freudig. Ein neues Brüderchen war angekommen. Der knorrige Johannes nahm seinen Ältesten an die Hand und sie gingen aufs Standesamt, allseitig ehrfürchtig begrüßt, und meldeten den Neugeborenen. »Napoleon«, sagte der Vater. Der Schreiber sah auf. Das Land war katholisch. Nun mußten noch einige Namen kommen. »Et encore, Monsieur le Maire?« fragte er. »Napoleon tout court«, sagte Vater Johannes, worauf der Schreiber Napoleon Tukur ins Register eintrug.

Kaum 17 Jahre alt geworden, folgte Sigismund den Fahnen des von ihm so glühend verehrten Napoleon und zog mit ihm nach Moskau. Als er heil und ganz nach Weisweiler heimkehrte, erzählte er den jüngeren Geschwistern Wunderdinge von dem geheimnisvollen Rußland, von den Zwiebeltürmen in türkis und weiß, von dem gedämpften Goldton der Ikonenwände, von den hier im Rheinland fast unvorstellbaren Weiten der Wälder und Steppen. Dem Vater Johannes aber hielt er einen Vortrag über die dortigen wirtschaftlichen Möglichkeiten. Er sah, wie knapp es daheim herging, er sah die verhärmte Anna Sofia, die trotz eiserner Sparsamkeit ihre Familie nur mühsam satt bekam, und zwei Jahre später wanderte er nach Rußland, dem Land der Verheißungen, zurück. Er wurde steinreich, steinalt, blieb sackgrob und allein. Die Geschwister aber ließ er allesamt nachkommen und sorgte für sie, bis sie auf eigenen Füßen standen.

Napoleon Tukur war der erste, der seinem Rufe folgte. Daß er sich etwas zutrauen konnte, hatte er inzwischen bewiesen. Anderthalb Stunden war er täglich in die Schule gegangen, meist ohne Schuhe, anderthalb zurück, er aß wenig, brauchte wenig Schlaf, besaß Muskeln wie ein junger Stier und wußte sie zu gebrauchen. Als er fünfzehn war, vertraute man ihm ein Fuhrwerk mit sechs Brabanter

Pferden an, und er lieferte Güter bis nach Mainz hinauf, eine verantwortungsvolle und schwere Sache. Er wäre gern dabei geblieben und sprach noch als alter Mann von diesen Fuhrmannsreisen den schönen Rhein entlang, von denen er eine Fuhrmannspeitsche behalten und sie bis zu seinem Tode über seinem Bett hängen hatte. Der strenge Herr Vater aber, den die veränderten Verhältnisse saurer ankamen, als er zugab, beschloß, die Sache habe keine Zukunft und sei kein vertretbares Gewerbe.

»Napoleon, comprends-tu, dat wird nischt«, sagte er und gab ihn zu einem Gerber in Köln in die Lehre, die so schwer war, daß ein zarterer Junge sie vielleicht nicht überstanden hätte. Anna Sofia lag nachts oft wach und grämte sich um den Jungen, der früh um vier Uhr mit einem höchst ungenügenden Frühstück im Leibe antreten und bis abends um acht in kalten, nassen, dumpfig riechenden Steingewölben arbeiten mußte. Er klagte niemals. Seine seltsam glitzernden, cholerischen blauen Augen verrieten nicht, ob er überhaupt litt. Urlaub nahm er sich von seinem strengen Lehrherrn nur ein einziges Mal: um mit anderen jungen Leuten aus den Rheinprovinzen, die ebensowenig Lust hatten, bei den Preußen zu dienen, nach Maastricht zu gehen und dort die holländische Staatsuntertanschaft zu erwerben. Er hätte nun in der holländischen Miliz dienen müssen, aber die Würfel (Militärfreischeine wurden ausgelost) entschieden zu seinen Gunsten. Er kehrte in den feuchten Gerberkeller zurück, in dem ihn der Brief des ältesten

Bruders erreichte. »Komm her, Junge«, schrieb er, »so wie dort triffst du's allemal, und wer tüchtig ist, der schafft es hier schnell!«

Das war ein großes Wort für jemand, der sonst kleinere verwendete.

»Da biste ja«, war das einzige, was er äußerte, als der Bruder nun vor ihm stand, und er verlor kaum zwei Tage, ehe er Napoleon Tukur als Färberlehrling in der Tuchfabrik des Herrn Koshewnikoff antreten ließ, in der er selbst als Meister arbeitete. »Sieh dich um, Junge«, sagte er »hier stecken sieben Millionen Rubel drin, und die kommen nie mehr heraus, weil das Ding zu groß ist. Der Vater hat ganz recht, der immer sagt, daß man einen Sack am besten zubinden kann, wenn er nicht zu voll ist. Es gibt kaum angelernte Arbeiter in der Branche hier, von Meistern ganz zu schweigen. Das Ding wird an seiner Größe eingehen. Du aber lern darin neben der Färberei so viel vom Tuch, wie du nur kannst!«

Als nach wenigen Jahren die Prophezeiung des Johann Sigismund sich erfüllt hatte, war auch der dritte Bruder, der Fritz, schon nachgekommen aus dem Rheinland und kümmerte sich ebenfalls um Tuch und nochmals um Tuch.

Rußland hatte eine Zollschranke gegen die polnischen Tuche errichtet, ungefärbte jedoch kamen mit geringen Abgaben durch, so daß es sich lohnte, ausländische Tuche zu importieren und sie im Lande fertig zu appretieren und einzufärben. Es fand sich ein Mann, der eben dies tat, und Napoleon Tukur wurde sein Associé. Als er über Tuch alles wußte, was da zu wissen war, machte er sich selbständig und fabrizierte von der Wolle an und für eigene Rechnung. Elf Jahre nach seiner Ankunft in der Stadt bekamen seine Tuche auf der Industrieausstellung in Moskau die Goldene Medaille. Abends feierten er und Johann Sigismund auf einer Assemblee der deutschen Kolonie beim Häusermakler Nikolaus Becker, in einem schönen Haus mit großem Garten. Johann Sigismund war vor Freude gleich in der ersten Stunde betrunken. »Du has et jut gemach'«, versicherte er dem Bruder, massierte ihm die Schulter und schneuzte sich gewaltig.

Napoleon Peltzer war nun genau dreißig Jahre alt, ein schöner Mann, dem der pflaumenblaue Frack über den mächtigen Schultern ein wenig spannte. Das einzig Graziöse waren die Locken, die er sich nach vorne über die Ohren gebürstet hatte, und die wie mit dem Schminkpinsel gezogenen Brauen. Sein Russisch klang ziemlich schauderhaft, aber lesen und schreiben konnte er es. Gelegentlich hatte er Heimweh nach dem Rheinland und sogar nach seiner kleinen Mutter Anna Sofia. Die Russinnen gefielen ihm nicht, sie wurden übrigens auch zu rasch fett. Es gab ja Mädchen genug in der deutschen Kolonie. Wer war zum Beispiel diese junge Person dort drüben? Sie sprach deutsch und russisch gleich gut, die jüngere Tochter des Hauses, Barbara hieß sie, des Nikolaus Becker Tochter, Warwára Nikolajewna nach hiesigem Brauch.

Am nächsten Morgen in der Fabrik sagte er halb im Scherz zu seinem Bruder, der sechs Jahre jünger war: »Fritz, ich weiß dir ein schön' Mädche, ich würd' se selber nehmen, aber se is' mir zu jung.«

Diese Bemerkung wurde ihm lange vorgehalten, lange belacht, noch über hundert Jahre später auf Enkel und Urenkel vererbt. Denn die sanfte Warwára Nikolajewna war neunzehn. Und als er ein paar Wochen später auf einem Ball seiner künftigen Frau begegnete, da war es um ihn geschehen, obwohl sie noch bedeutend jünger war, nämlich eben erst sechzehn. Sie war die Tochter eines aus Königsberg stammenden Klavierbauers namens Cornelius Mollenhauer. Ihr Haar war sehr dunkel, fast schwarz, glänzte wie Seide und fiel ihr über die schmalen Schultern auf das grün-weiß-gemusterte Musselinkleid. An ihr war alles romantisch: die ein wenig schräggestellten, mandelförmigen Augen, ihr Gang, ihre zerbrechlich schmale Taille, ja sogar die Geschichte ihrer Herkunft. Über ihre Mutter, die bei ihrer Geburt gestorben war, wurde allerlei gemunkelt. Sie sollte eine tatarische Prinzessin gewesen sein, die der blind verliebte Cornelius Mollenhauer entführt hatte, richtig mit nächtlichen Fackeln, Strick am Fensterbrett und wartender Kutsche. Wieviel davon wahr sein mochte, ließ Napoleon dahingestellt und fragte nicht danach. Was er jedoch als Produkt dieser romantischen Geschichte vor sich sah, entzückte ihn derart, daß er die Nasenflügel blähte und seinen hellen Glitzerblick nachdrücklich auf die temperamentvolle Kleine richtete, bis sie den ihren niederschlug.

Katharina, obwohl erst sechzehn, wußte genau, was sie wollte, und diesen energischen jungen

Mann, der ausgezeichnet aussah und es wahrscheinlich weit bringen würde, wollte sie. Kalt, zäh, entschlossen und tüchtig, und mit jenem Glück begabt, das Bonaparte bei seinen Generälen für unerläßlich hielt – so hatte sie sich den Helden ihrer Träume vorgestellt. Ihr Vater Cornelius Mollenhauer würde nichts dagegen haben, sie konnte ihn um den Finger wickeln. Von da an sah sie bei jedem Zusammentreffen mit dem jungen Herrn aus dem Rheinland mitten hinein in seine grellen Augen unter den leicht hängenden Lidern, und als er nach kurzer Zeit hinter einer Gruppe eingetopfter, staubiger Palmen die wichtige Frage stellte, erwiderte sie entschlossen: »Jawohl, Napoljon Iwanowitsch« und legte ihre winzige Kinderhand in seine Pranke.

Sie bereute es nie. An ihrer Seite gewann Napoleon Peltzer zurück, was dem alten Johannes in Weisweiler durch die Ungunst der Zeitläufte abhanden gekommen war. Was er berührte, verwandelte sich in Gold. Kaum zwei Jahrzehnte später besaß er ein Vermögen von fast einer halben Million Goldrubel, wurde in den Adelsstand erhoben und für seine Verdienste um das russische Tuch mit Orden behängt. Als die mandeläugige Katharina mit 62 Jahren starb, von zehn Kindern und unzähligen Enkeln betrauert, war sie die ungekrönte Königin einer ganzen Stadt, in der Tag und Nacht das Echo eines riesigen Wasserfalles rauschte, dessen Kraft alles ebenso vorwärtstrieb wie die Kraft des unermüdlichen Napoleon Tukur.

Sie war jedoch erst fünfundzwanzig, als der

knorrige Johannes nach dem Tode seiner Anna Sofia sich zu der weiten Reise nach Moskau entschloß, um nachzusehen, wie die Söhne reüssierten. Er fand so manches Erstaunliche vor. Sigismund, das bärbeißige Original, hatte sich einen wallenden Vollbart stehenlassen. Napoleon hatte die ausdrucksvolle, schöne Nase behalten, aber seine Augen schienen blasser geworden und er lachte seltener. Ein strenger, ja gefürchteter Herr über seine Arbeiter, hatte er bereits weithin einen hervorragenden Ruf als Tuchfachmann. Er und die geborene Mollenhauer waren ein schönes Paar, obwohl der alte Johannes mit dieser Schwiegertochter nicht recht warm wurde. Hatte seine Zoff gewußt, wie man das Geld einsparte, so wußte diese junge Dame, wie man es ausgab. Schon wimmelten fünf quicklebendige Kinder in dem großen Hause herum (es war wieder ein Napoleon darunter) und noch konnte Napoleon Tukur mit seinen beiden Händen die zierliche Taille seiner Frau umfassen. In den Fragen, die der Sohn stellte, klang eine gewisse Portion Heimweh an. Ob denn die Blutbuche noch stünde, da wo der Weg vom Kloster Wenau nach dem Dorf Heister abbog? Was, man könne tatsächlich die Namen noch lesen, die er und der Fritz auf dem Schulweg hineingeschnitzt hatten? Die geschäftlichen Möglichkeiten seien hier ausgezeichnet, sagte er dann nach gedankenschwerer Pause zum Vater, man müsse sich alles gut überlegen.

Überaus erstaunlich war auch, daß der stille, gutmütige Fritz, der so gar nichts von sich her machte und mit seiner eingedrückten Nase in den letzten zwanzig Jahren keineswegs schöner geworden war, eine der hübschesten Frauen weit und breit gekriegt hatte: eben jene Barbara Becker, auf die einmal sein Bruder Napoleon ihn im Scherz aufmerksam gemacht hatte. Es wurde einem warm ums Herz, wenn man sie sah, und der knorrige Johannes blieb ein Weilchen bei diesen Kindern in Bolokhna, wo der Fritz Direktor einer Fabrik war. Nun trug der sich ja mit dem Gedanken, eine Reederei für Frachtdampfer an der Wolga auf die Beine zu stellen. Ausgerechnet der Fritz, der zu bescheiden war, um sich irgendwo durchzusetzen. Vier Kinder hatte auch er, und dabei würde es wohl nicht bleiben.

Der Großvater staunte. Die kleinen Bälger lernten von ihren Kinderfrauen immer zuerst Russisch und dann erst Deutsch. Sie verstanden manchmal den Großvater nicht, wenn er rheinisch sprach. Die daheim in Schevenhütt hätten gestaunt. Und musiziert wurde, schon die Kleinsten sangen und spielten. Hatte der Fritz immer schon die Musik geliebt? War's der Einfluß seiner Frau? Na ja, die Zoff hätt's gewußt, aber die war nun tot. Sie hätte auch an diesen Enkeln Freude gehabt, sogar an ihren hochtrabenden Namen, die durch das hier übliche Hinzusetzen des Vatersnamens zustande kamen. Alexander Napoleonowitsch hieß das Wurm mit der gewölbten, breiten Stirn, das die Mollenhauer vorigen Juni geboren hatte, und unter den Mädeln beim Fritz, die mehrere gestärkte Röckchen übereinander trugen und darunter noch lange Spitzenhosen, was ganz unnötiger Firlefanz war, gab es eine, die hieß, als sollte sie mal Königin werden: Isabella Euphemia. Doch purer Übermut war das nicht, man hatte sie nach einer Ahnfrau getauft, der Schwiegervater vom Fritz erklärte ihm das umständlich. (Die beiden alten Herren zogen sich gelegentlich recht gern vom Familientrubel zurück.)

Ein interessanter, ein vernünftiger Mann, dieser Nikolaus Becker, fand Johannes, hatte viel Unglück gehabt. Früher, als Marchand-Tailleur, kaufte er Tuche in England, brachte sich seine Frau von dort mit, die ihm bei der Geburt einer Tochter starb. Nahm dann eine zweite, die wieder Isabella hieß, eine geborene Scott aus Edinburgh. Mit ihr sah Nikolaus Becker 1812 die napoleonische Armee herannahen. Den Tuchhandel hatte er um diese Zeit bereits aufgegeben und einen großen Teil seines Vermögens in Häusern angelegt. »Aus diesem Grund, verstehen Sie«, sagte er bei einer Zigarre zu Johannes Peltzer, »bin ich damals in Moskau geblieben. Ich hätte ja abreisen können, aber wer geht, der weiß nicht, was er wiederfindet. Ich blieb und suchte zu retten, was zu retten war. Von Anfang September an, als die ersten Nachrichten über die Schlacht von Borodino eintrafen, rechnete man täglich mit der Vorhut der Franzosen. Eines Tages war es dann soweit«, sagte Nikolaus Becker und malträtierte während einer Gedankenpause seine Zigarre, »sie waren da. Aber da brannte die Stadt bereits, geplündert wurde natürlich auch, und wie ich in einem meiner Häuser nach dem Rechten sehe, kommen zwei von den Kerlen, klemmen mich in die Torflügel der Kutscheinfahrt und wollen mir mit dem Bajonett zu Leibe!«

Mit höflicher Befriedigung vernahm der knorrige Johannes, daß in diesem kritischen Augenblick Isabella, ihr Stieftöchterchen Lisaweta an der Hand, mit größter Gelassenheit im Hof erschienen war und auf französisch ausrief: »Was machen Sie denn da? Lassen Sie ihn los, das ist doch mein Mann!« Auf dieses gewiß nicht stichhaltige Argument hin ließen die Kerle wirklich los und machten sich davon. Da nun erwiesenermaßen die Gefahr nicht nur an die Häuser, sondern auch an Leib und Leben ging, brachte Nikolaus Becker seine Isabella ins Steinhaus des Popen der Kirche an der Pokrowka. Haus und Kirche waren außerdem von einer Steinmauer umgeben und somit relativ sicher, während die hölzernen Gebäude ringsum in Flammen aufgingen.

In eben diesem Steinbau kam, als Napoleon mit dem französischen Heer abzog, die geborene Scott mit einem Töchterchen nieder, das sie Barbara taufen ließ. Als sie wieder aufstehen konnte, floh sie mit ihrem Mann, der kleinen Lisaweta und dem Säugling nach Puschkino, einem Dorf etwa zwanzig Kilometer von der Stadt entfernt, in der Hoffnung, die Kinder dort besser durch den nun beginnenden Hungerwinter zu bringen.

»Derlei Situationen, mein lieber Iwan Iwanowitsch«, sagte Nikolaus Becker, »glaubt man aus der Literatur genügend zu kennen: eine Stadt in Schutt und Asche, lichtscheues Gesindel, eine gänzlich ungewisse Zukunft. Man vertraut alles, was einem teuer ist, einem Wagen mit klappriger Mähre an und wagt nicht, sich das Ausmaß dessen, was man verloren hat, vor Augen zu halten. Ich versichere Ihnen, man findet keinerlei Trost darin, daß sich so etwas schon oft abgespielt hat und voraussichtlich noch oft abspielen wird. Man ist vollauf damit beschäftigt, sich zu fragen: Wieso das mir, ausgerechnet mir?«

Auch ohne Kenntnis der Literatur konnte der als Iwan Iwanowitsch angeredete Johannes sich das gut vorstellen. Er selbst hatte einmal für den Klosterhof Wenau und seine Ländereien 30 000 Taler gezahlt und keine Quittung verlangt. Der Verkäufer starb in der gleichen Nacht, Zeugen hatte er keine, und er mußte sich das Geld beschaffen und den Erben den Kaufpreis noch einmal aushändigen. Auch so etwas erzählte sich leicht und hatte doch Jahrzehnte schwerster Arbeit und Entbehrungen gekostet. Glück, hatte Bonaparte behauptet, sei eine Eigenschaft. Der Johann Sigismund (Johannes sprach es »Siechmunt« aus) und Napoleon schienen sie in reichem Maße zu besitzen. Er selbst und der Fritz weniger, aber so etwas wollte er vor dessen Schwiegervater nicht einmal im Scherz äußern. Dieser, von Erinnerungen und Zigarrenrauch umwallt und in Gedanken noch bei seiner verstorbenen Isabella, fragte unvermittelt:

»Wissen Sie, was meine Frau außer dem Allernötigsten noch aus Moskau gerettet hat? Das Miniaturporträt ihres Vaters James Scott. Sie trug es an einer Kette unterm Kleid. Ich habe diese Miniatur nach ihrem Tod meiner jüngeren Tochter überlassen. Meine Älteste, Lisaweta, ist ja sozusagen ganz und gar Russin geworden, gegen meinen Willen übrigens. Ich hatte sie einem Apotheker der hiesigen deutschen Kolonie zugedacht, aber den mochte sie nicht. Sie hat ihren Kopf durchgesetzt, indem sie sich ohne mein Wissen nachts mit einem reichen Kaufmann namens Nesteroff hat trauen lassen. Der Pope hat ja hierzulande alleinige standesamtliche Befugnisse. Nun, es war eine außergewöhnliche Geschichte, die erzähle ich Ihnen ein andermal.«

Die gerettete Miniatur wurde hoch in Ehren gehalten. Sie hing über dem Nähtischchen der jungen Frau: ein ovales, auf Porzellan gemaltes Bildnis eines Mannes mit übergroßen blauen Augen und gepuderter Perücke. Als Rahmen lag um das Bild ein blondes Zöpfchen unter Glas, und das bemerkte Johannes zuerst. (Schien jung gestorben zu sein, dieser Scott, nur Toten schnitt man die Haare ab, um sie als Andenken zu bewahren.)

»Meine Frau«, erläuterte Nikolaus Becker, »und ihre Schwester haben, romantisch wie Frauen nun einmal sind, stets darauf bestanden, daß ihr Vater während der Schreckensherrschaft in Paris als Monsieur de Scott durch Entschlossenheit und unter dem Schutz der englischen Flagge einige Menschen vor der Guillotine bewahrt habe. Was an der Sache Wahres ist, konnte ich nicht nachprüfen, feststellen ließ sich nur eines, daß er tatsächlich längere Zeit in Paris war und sich von da an James Descott Scott nannte, eine nach meinem Dafürhalten unsinnige Verdoppelung seines Namens, mit der er vielleicht etwas dokumentieren, etwas festhalten wollte. Seine Töchter, die ihre Mutter früh verloren und innig an ihm hingen, mögen manches in ihn hineingeheimnißt haben, von dem sie während der Französischen Revolution gehört hatten. Wie ein Held sieht er nicht aus, eher wie ein versponnener Träumer.«

»Sowat täuscht«, sagte der knorrige Johannes lakonisch in seinem heimatlichen Dialekt und gab die Miniatur zurück, die wieder an ihren Nagel über dem Nähtisch wanderte. Er hätte, wäre er erzählfreudiger gewesen, nun seinerseits mit einer romantischen Geschichte aufwarten können, nämlich mit dem Bericht über eine Nacht Ende September 1795.

Damals hatte er eine Geschäftsreise nach Frankreich vorzeitig abbrechen müssen. In Paris wohnte er in einer Herberge der Rue St. Nicaise (von daheim zur Sparsamkeit angehalten, trieb er auch auf Reisen keinerlei Aufwand) und wollte sich abends gerade vom Wirt die Treppe hinaufleuchten lassen, als ihm ein junger Mann in weitem Mantel entgegentrat, den er nie gesehen hatte, ein ausgesucht feminines Milchgesicht übrigens, und der ihn höflich, aber in schlechtem Französisch ansprach. Lächelnd, als handle es sich um eine Bemerkung über das Wetter, äußerte er, Johannes möge sofort abreisen. Nein, nicht erst morgen früh, sondern gleich. Ob er Geld brauche? Ob er ihm sonst irgendwie behilflich sein könne? Dann wünsche er ihm eine glückliche Reise, sagte der Fremde, verneigte sich und trat in die Regennacht hinaus. Der verblüffte Johannes erfuhr vom Wirt, es seien am Nachmittag, während er in der Stadt geschäftliche Gänge erledigt habe, einige Herren dagewesen, die sich nachdrücklich nach ihm erkundigt hätten und irgendwie mit dem Revolutionstribunal zusammenhingen. Johannes, obwohl damals erst fünfundzwanzig, glaubte zu wissen, wann Mut und wann Klugheit die größere Tugend sei, packte seinen Mantelsack, zahlte und ging bei schrägem Nieselregen durch die dunkle Stadt davon. Unangefochten erreichte er die Porte St. Martin, fand später Platz in einem stadtauswärts fahrenden Wagen und kam auf einem kleinen Umweg heim nach Weisweiler. Auch sein ihm unbekannt gebliebener Warner war Engländer gewesen, dem elegisch dreinblickenden James Descott Scott nicht unähnlich. Nun, es war fast ein halbes Jahrhundert her, man täuschte sich da leicht. Der alte Johannes Peltzer hätte den Gedanken, daß das Unwahrscheinliche oft das Naheliegendste sei, weit von sich gewiesen. Erst viel später erzählte er die Geschichte einem Verwandten, wortkarg und knapp.

Im Spätsommer 1842 nahm er Abschied von Söhnen und Enkeln und fuhr ins Rheinland zurück. Am Vorabend seiner Abreise bot ihm Napoleon Tukur noch einmal ernsthaft an, ihm den Klosterhof Wenau zurückzukaufen. Johannes saß ein Weilchen schweigend da, und in seinem glattrasierten Gesicht mit den schweren Hängebacken arbeitete es, ehe er sich zu einer längeren Rede entschloß: »Nein, dat laß man, Napoleon. Ich weiß, daß du's tätst und daß du nun 'n reicher Mann bist, aber deine Mutter, das Zoffje, hat immer gesagt: Was nutzt's, was nutzt's, wenn die Kuh 'n Eimer Milch gibt und du wirfst ihn wieder um? Sieh zu, dein Vermögen zu vermehren und nicht zu vermindern. Ich brauch nichts mehr.«

Er lebte tatsächlich danach nur noch wenige Jahre als Rentner in Aachen, ehe man ihn zu seinem Großvater, dem Johann Wilhelm mit der schönen Allongeperücke, unter den Grabstein legte und rings um das Wappen mit den drei nierenförmigen Blättern darauf, den sogenannten Pelten, von denen manche Peltzers glaubten, ihren Namen ableiten zu müssen, den Spruch meißelte: ». . . und die richtig vor sich gewandelt haben, kommen zu Frieden und ruhen in ihren Kammern.«

Die schöne Warwára Nikolajewna in Moskau nannte den Jungen, den sie nach dem Rußlandbesuch des Schwiegervaters zur Welt brachte, Johannes, und diese Nachricht erreichte und erfreute ihn noch. Den großen Aufbruch Napoleon Tukurs jedoch erlebte er nur mehr als ein fernes, unbestätigtes Gerücht. Ihn, den Fleißigen und stets Erfolgreichen, berief Baron Stieglitz nach Narwa, einem Ort im Norden Rußlands, etwa in der Höhe von St. Petersburg an der Narowa gelegen, um eine kleine, in Zahlungsschwierigkeiten geratene Tuchfabrik zu übernehmen, deren Ausbau lohnend schien.

Ob der durch manchen Rückschlag skeptisch gewordene Johannes auch von diesem Projekt sein pessimistisches: »Das gibt Läuse, die haben sooo lange Schwänze« geäußert hätte (wobei er die Länge seines Unterarmes zeigte), bleibt dahingestellt.

Napoleon sagte nichts dergleichen. Er reiste hin und sah sich die Geschichte an, erkundigte sich, hörte sich um. Die Narowskaja Manufaktura hatten als Aktionäre hochstehende Staatsbeamte, die Einfluß auf den Gang der Fabrik ausübten und dadurch Sand ins Getriebe warfen. Der Ort war günstig gelegen. Von seiner Schönheit zu sprechen, verbot sich Napoleon zunächst. (In dem Park jenseits des Fabrikgeländes, der von Nebenarmen der Narowa durchzogen war, schluchzten die Nachtigallen in den hellen Nächten derart, daß es beinahe zur Plage wurde.)

Das Städtchen, in zwanzig Minuten Kutschfahrt zu erreichen, war ein historisch interessantes Nest, das alle paar Jahrhunderte jemand anderem gehört hatte. Ein Palais Peters des Großen stand darin, das Rathaus stammte aus dem Jahre 1680 und war schwedisch. An der Brücke, über die die Straße von Riga nach Petersburg führte, lagen beiderseits der Narowa, die hier breiter war als die Donau bei Budapest, zwei Festungen einander drohend gegenüber, der »lange Hermann« – ein Turm aus der Schwedenzeit, und »Iwangorod« mit seinen vielen niedrigen Türmen und Bollwerken, das etwas byzantinisch anmutete. Napoleon Peltzer streifte sie nur mit flüchtigem Blick. Die auseinander liegenden Gebäude der Tuchmanufaktur jedoch schritt er leise mitzählend ab und nahm sich sogleich vor, sie durch Zwischenbauten zu vereinen, zu erweitern und zu vergrößern.

Der Wasserfall der Narowa, von dessen Größe und Kraft er sich beeindruckt zeigte, trieb die

Tuchmanufaktur, die Flachsspinnerei und eine englische Baumwollspinnerei am anderen Ufer, zu der man, weil es nicht möglich war, hier eine Brücke zu schlagen, auf einem Umweg über das Städtchen Narwa fahren mußte. Auch zur Mündung der Narowa war es weit. Ein Dampfschiff brauchte bis dorthin, zu den beiden Orten Hungerburg und Magerburg, die Karl XII. wegen schlechter Verproviantierung so getauft hatte, eine Stunde. Am Nachmittag, ehe seine Besichtigungsreise zu Ende ging, benutzte Napoleon dieses Dampfschiff. Von der Mündung der Narowa bis zur Reede hinaus schwamm er. Es waren vier Kilometer. Wo hatte er das gelernt? Wollte er dartun, daß er noch in Hochform war? Wollte er sich mit dem Meer vertraut machen, das er nicht kannte?

Er fuhr nach Moskau zurück, nahm Abschied von den Brüdern und siedelte mit der mandeläugigen Katharina und seinen nunmehr fünf Kindern nach Narwa um.

Es war, auch wenn er es nicht erkannte, ein Aufbruch von ähnlich einschneidender Bedeutung, wie der aus dem feuchten Gerberkeller in Köln. Zunächst sollten die störenden Aktionäre ausgebootet werden, Baron Stieglitz zwei Drittel der Aktien behalten und Napoleon das restliche Drittel erwerben. Nach dem Tode des Barons aber würde er mit seinen Söhnen sämtliche Aktien in den Besitz der Familie bringen und dadurch alleiniger Eigentümer eines Unternehmens werden, dessen Alleinbeherrscher er von Anfang an gewesen war.

Die Reise war – wie die Fußwanderung nach

Rußland – eine gewaltige Strapaze, besonders für die zarte Frau und die Kleinen, obwohl die drei Jungen, Eduard, Napoleon jun. und Alexander, der einmal »das Wurm mit der breiten Stirn« gewesen war, auf den Poststationen so viel Interessantes sahen, daß sie darüber den Staub und das Durchgeschütteltwerden vergaßen.

Am Abend des letzten mühseligen Reisetages erreichten sie Narwa. An der Holzbrücke über die Narowa ließ Napoleon Peltzer halten. Dünn wie ein Spinnwebfaden überquerte sie das breite Wasser, von den hohen Ufern drohten die beiden wuchtigen Festungen auf sie nieder. Neben dem »langen Hermann« lag die Stadt, was aber, fragte der eigensinnige kleine Alexander, lag hinter der vieltürmigen, altersgeschwärzten, melancholischen Feste Iwangorod, deren Schießscharten noch immer so aussahen, als zöge Pulverdampf aus ihnen? »Die Tuchfabrik, ein paar Villen und die Chaussee nach Gdow – sonst nichts«, gab der Vater trocken Auskunft. »Wenn aber der Brücke einmal etwas passiert?« – »Dann wird man sie wieder reparieren«, sagte der Vater, während die drei Jungen ans Geländer traten, auf die Wassermassen niederblickten, die jetzt im Juni still und ölig dahinflossen, und dann die Höhe der gemauerten Uferbefestigungen abschätzten.

Die Vorstellung, daß hier der Osten und der Westen zusammenstießen und daß die Tuchfabrik auf dem falschen Ufer lag, wäre keinem der müden Reisenden gekommen. Erst die Enkel der nun wieder in die Kutsche steigenden kleinen Jungen sahen die Brücke hinter einem zurückweichenden Heer in die Luft fliegen und die Fabrik, die paar Villen und die Chaussee nach Gdow jenseits des Flusses in einem Gebiet verbleiben, das unerreichbarer schien als die erdabgewandte Seite des Mondes.

Das Trappeln der Kutschpferde auf den hölzernen Bohlen hallte überlaut durch den Abend. Jenseits der Feste Iwangorod kam eine Strecke völliger Weite und Leere. Ein Staubwölkchen am Ende der Chaussee hatte die Farbe überreifer Himbeeren. Mückenschwärme folgten den Pferden. Der Abend verglomm nun rasch, und der Himmel färbte sich zu einem hellen durchsichtigen Apfelgrün. »Und hinter Gdow, wohin geht es da?« fragte der eigensinnige kleine Alexander. »Nach Petersburg weiter«, erwiderte Napoleon Tukur. »Sind Wölfe in den Wäldern?« fragte Eduard. »Im Winter sicherlich.«

Als das Städtchen Narwa hinter ihnen lag, kamen sie ans Tor in dem hohen Holzzaun um die Fabrikstadt. Der Wächter trat aus seinem Häuschen. »Kto tam?« fragte er und hielt die Laterne hoch. Die Dämmerung hatte die Insassen der Kutsche seinem Blick entzogen. Zum ersten und zum letzten Male sagte Napoleon Tukur seinen vollen Namen. Er brauchte es von da bis zu seinem Tode 45 Jahre später nie mehr zu tun. Man kannte ihn, man lief der Kutsche entgegen, Mützen wurden heruntergerissen, man machte Front, nahm Haltung an, verneigte sich, knixte, und er würde, wie eben jetzt, den Hut ziehen und mit seinen cholerisch vorquellenden hellen Augen über die Leute hinwegsehen, ein strenger, aber gerechter Herr, der nach Weisung seines Vaters sein Vermögen stets vermehrte, nie verminderte.

Er brachte seine Familie in das große Parterrehaus, von dem aus die Holztreppe hinunter in die Steingebäude am überbauten Kanal führte. Der Grundriß des Hauses glich dem eines Rokokoschlößchens: große, ineinandergehende Wohnräume mit bodenlangen Fenstern, die Schlafzimmer ebenfalls alle ineinandergehend und durch geheimnisvolle Tapetentüren und Korridore miteinander verbunden. Am Ende der Zimmerflucht lag ein kleines Wohnzimmer, in dem der Gobelin hing, den Napoleon als Überraschung für Katharina dem Baron Stieglitz abgekauft hatte.

Er beherrschte die eine Wand des kleinen Wohnzimmers fast ganz und aus ihm hob sich wie ein riesiges, dunkles Oval ein Vordergrund aus Bäumen, Früchten, Büschen und Wasserpflanzen ab in melancholischem Blaugrün, fahlem Hellgrün und Senfgelb. Dann erst erkannte man den Krieger in barocker Zierrüstung, der, Helm und Waffen neben sich, an einem Baumstamm lehnte und seinen Fuß in einem Tümpel badete. Sein Gesicht war vom Beschauer abgewandt und auf einen Hintergrund gerichtet, wo in fernem, unwirklich strohfarbenem Sonnenlicht zwischen Tempelsäulen seine Kameraden ihre Pferde weiden ließen. Auf dem linken Bein trug er noch eine Art Beinschiene, die in dem Nebeneinander stumpfer Wollfarben dargestellt zu sehen seltsam berührte.

Die zierliche Katharina, die sich für die erste Nacht auf einem Sofa niederließ, konnte allerdings die Schönheit des Gobelins nicht mehr würdigen. Nur ihr eiserner Wille hatte sie die ganze Reise über aufrechterhalten und dennoch meinte sie, der Zeitpunkt sei noch nicht gekommen, um Napoleon mitzuteilen, daß sie wieder ein Kind erwartete und nicht alles Reisekrankheit gewesen war, was ihr unterwegs zu schaffen machte. Still und erschöpft lag sie da, hörte ihn und die Kinder hinter der offenen Nebenzimmertür atmen und draußen den Nachtwächter mit dem Stock über das hölzerne Trottoir tappen. Es war, abgesehen von ihren Wochenbetten, die erste Nacht, die sie allein verbrachte, seit sie das Haus Cornelius Mollenhauers verlassen hatte, und sie dachte manches, was sie sonst wohl nicht gedacht hätte.

Die kleinen Brüder Napoleon II. und Eduard wußten sich im Flüsterton noch etwas über die furchtbare Gewalt des Wasserfalles mitzuteilen, der Balken zersplitterte, als seien es Streichhölzer, wenn, ja wenn er sie überhaupt je wieder herausgab. Morgen schon sollte ja das baltische Kinderfräulein kommen, ihr würde man damit bange machen können.

Auch Napoleon Tukur Peltzer lauschte dem fernen Brausen des Wasserfalles (er hörte es nur die ersten Nächte, später niemals mehr, so rasch gewöhnte er sich daran) und dachte: Solange wir diese Wasserkraft haben, wird die Fabrik arbeiten. Im Geiste ließ er die Pläne vorüberziehen, die er hatte und die er binnen weniger Jahre durchsetzen sollte:

Ein vierstöckiges Hauptgebäude mit gewölbtem, massivem Treppenhaus, den Uhrturm neben dem Wasserreservoir, den Gasbehälter, zwei weitere große Gebäude, in denen er die gesamte Tuchfärberei, Wollwäscherei und Trocknerei unterzubringen gedachte, das Comptoir, das Tuchlager, die Wollsortiererei, die Schmiede, die neuen Lagerräume, große Mietshäuser für die Arbeiter (es waren 1200 und würden mehr werden).

Das Kind aber, dessen ahnungsvolle Gegenwart der erschöpften Katharina Alpdrücken bereitete, sollte die Fabrik zur allergrößten Blüte führen. Sein Leben lang würde dieser Sohn Robert alles seiner einzigen Leidenschaft unterordnen: Tuch und nochmals Tuch. Großfürsten und Handelsherren, der deutsche Kaiser mit dem optimistischen Schnurrbart, der Zar Alexander III., der gutmütige Bär, alle waren ihm in seinem Hause nur aus einem einzigen Grunde willkommen – weil sie den Markt erweiterten. Auch ihm fehlte es nicht an Gelegenheiten, den Spruch seines Großvaters, des knorrigen Johannes, zu zitieren, daß es im Leben nicht immer nur trali-trala gehe, sondern auch mal dibiff di-baff die Trepp herav – aber bei ihm waren es stets nur wenige Stufen, die er mit verdoppeltem Eifer wieder hinaufstieg. Als das bittere Ende von drei Generationen Tüchtigkeit heraufzog, war er 96 Jahre alt, und der nahende Tod verschleierte ihm barmherzig den Sachverhalt.

Seinem Bruder Alexander – dem in einem Ausziehbettchen in dem noch kahlen Zimmer in Narwa nun die Augen zufielen – erschienen im Einschlafen die beiden riesenhaften Festungen noch einmal, die auf die dünne Brücke herniederdrohten, und jetzt, im Entschweben aus den wachen Wahrnehmungen, fiel ihm ein, was das Unheimliche an ihnen gewesen war: die Dohlenschwärme, die lautlos aufstiegen und den Himmel sprenkelten wie Fliegenschmutz ein altes Bild. Irgend etwas Schlimmes und Ödes überfiel ihn in der Erinnerung an diese Dohlenschwärme und er begann zu weinen.

Die todmüde Katharina hörte es sofort und ergriff die Petroleumlampe mit dem grünen Schirm, die sie hatte brennen lassen, um sich in der noch ungewohnten Umgebung zurechtzufinden. Zerzaust saß der Kleine aufrecht im Bett und sagte, wie immer, wenn ein unbekanntes Schrecknis der Phantasie ihn überfallen hatte, auf russisch: »Bemitleide mich, Mamotschka, denn Saschinka ist traurig«, drehte sich dann unter ihren leisen Trostworten auf die Seite und schlief ein.

Napoleon Tukur atmete leise und regelmäßig, beim Ausatmen etwas stärker. Im Schlaf hatte sein Gesicht etwas Kühnes, ja Ruchloses. Die rechte Hand, mit dem vor vielen Jahren auf der Fußwanderung nach Rußland zerschlagenen Finger, lag gelöst auf seiner Brust, als wollte er etwas beteuern oder jemandem ein Kompliment machen (was bei ihm selten vorkam). Seine Reise war zu Ende, aber das wußte er noch nicht. Von nun an würde er und seine mächtige Dynastie der »baltische Zweig« der Familie sein, seine Söhne, die gleichzeitig russisch und deutsch gelernt hatten, würden Baltinnen oder

Auslandsdeutsche heiraten und manche von ihnen zu den Verwandten nach Moskau gehen und dort bleiben. Keiner aber würde in das Haus im Dorf Schevenhütt zurückkehren, das Napoleon Tukur später doch kaufte und von einem entfernten Verwandten bewohnen ließ.

Nur wenige Male, als die engumschlungen schlafenden kleinen Mädchen zu bildschönen, verwöhnten jungen Frauen herangewachsen waren, sollte schattengleich die Frage nach der geheimnisvollen tartarischen Prinzessin, ihrer Großmutter, durch die Gemüter der Familie ziehen. Sinnlich, kokett und mit sicherem Instinkt dafür, wo ihr Weizen blühte, lebten die Mädchen fröhlich dahin. Die ältere von ihnen setzte es sich in den Kopf, einen hohen preußischen Offizier zu heiraten, war der Schrecken seiner Garnison und verblüffte bei einer Soirée selbst den eisernen Bismarck durch ihr Auftreten und ihre naive Unverschämtheit. Was die andere Großmutter, das bescheiden-sparsame Zoffje vom Rhein, allein zu den Dessous dieser beiden geäußert hätte, bleibt unvorstellbar.

Mit der Erinnerung an das Zoffje, die unter Einsatz von hundert Talern der Familie in ihrem Sohne Napoleon Tukur alles wieder verschaffte, was durch Ungunst der Zeitläufte verlorengegangen war, schwand auch die Erinnerung an die schweren Zeiten. Ihre schönen Enkelinnen trugen Schmuck, der die Großfürstin Olga bei ihrem Besuch veranlaßte, die Augenbrauen hochzuziehen, und wußten nicht mehr, wie man Wäsche wäscht. Solch peinliche Interludien wie etwa den französischen Staatsbankrott, der damals die Großeltern zu armen Leuten gemacht hatte, begannen sie totzuschweigen und schlossen mit der Geschicklichkeit eines Taschenspielers den Stammbaum direkt wieder beim Urahn Johann Willem mit der Allongeperücke an, dem es immer gut gegangen war.

Auch durch das Gedächtnis Napoleon Tukurs, ihres Vaters, zogen die harten Zeiten seiner Jugend nur noch wie ein fernes Echo (»Man muß dafür sorgen, daß so etwas nicht mehr vorkommt«). Er hängte die schwere Kutscherpeitsche über seinem Bett auf, um sich und seine Söhne daran zu erinnern, daß man mit Energie alle Schwierigkeiten meisterte, sofern man gegen sich – und andere – nicht allzu zartfühlend war. Schwerer, als die Verantwortung für die sechs Brabanter Pferde auf dem damals Fünfzehnjährigen gelastet hatte, würde wohl nichts mehr werden.

Als die mandeläugige Katharina nun zu ihrem improvisierten Nachtlager im kleinen Wohnzimmer zurückschritt, war es im ungewissen Schein der Petroleumlampe, als lösten sich die Konturen des Gobelins auf. Es sah aus, als träte sie durch den dunklen Vordergrund hindurch und hinein in das verheißene, sonnendurchflutete Land.

III

Auch Fritz Peltzer, der Unscheinbare, dem es an Ellenbogen fehlte, kehrte nicht mehr ins Rheinland heim. Auch ihn hatte der älteste Bruder Johann Sigismund für immer nach Rußland geholt. Er blieb in der näheren oder weiteren Umgebung Moskaus bis zu seinem Tode im Jahre 1887. Seine Fabrik florierte nicht allzu gut, die Reederei an der Wolga war kein großer Erfolg. Ein betrügerischer Verwandter, den er ins Haus nahm, brachte ihn um einen großen Teil des ihm verbliebenen Vermögens. Auf einer kleineren Fabrik in Sukhmanikha versuchte es der ungebrochen von vorne anfangende, untersetzte Mann, zu dessen bitter herabhängenden Mundwinkeln die von Lachfältchen umkränzten Augen so gar nicht paßten, noch ein letztes Mal mit der Tuchfabrikation.

Nebenbei und in seiner Freizeit verwaltete er (mit deutscher Gründlichkeit, die man zu schätzen wußte) ein Gut namens Litwinowa für den Sänger Setoff von der Kiewer Oper, der im Sommer mit seinen Gesangsschülern dorthin fuhr und sie in einem großen Holzhaus unterrichtete, einer weiträumigen, zweistöckigen Datscha, die er sich hatte bauen lassen. Ihre ovalen, in viele kleine Scheiben unterteilten obersten Bodenfenster ragten wie eine kleine Krone über die Bäume. Aus dem Saal, in dem ein Konzertflügel stand, drangen abends Arien und Lieder hinaus in den Park, über dem nach Sonnenuntergang eine Abenddämmerung von der Farbe welker Rosenblätter lag. Das Gut war zweihundert Hektar groß, und zu ihm gehörten viele Seelen, musikalische Seelen, die bei der Arbeit sangen, summten, brummten, trällerten. Sie tauchten zwischen den Bäumen und am Wegrand auf, in Kopftüchern, in verblichenen Kitteln über zerfetzten Hosen, barfuß. Manche konnten eine Melodie sofort nachsingen, die, ein paarmal neu ansetzend, von kritischen Bemerkungen des »Professors« Setoff unterbrochen, aus den offenen Fenstern zu hören war.

Wann mag der Sopran der schönen Marie Fjodorowna, Fritzens jüngster Tochter, hier zum erstenmal erklungen sein? Setoff unterrichtete sie im Singen, aus Dankbarkeit für die Verwaltertätigkeit ihres Vaters und auch, weil es schade schien, eine solche Stimme unter die dilettantischen Bemühungen auf den Moskauer »Assemblees« einzureihen. Hörte man sie draußen im Wald und drunten auf der feuchten Wiese, wo am Bach Laschutka Frösche und Grillen lärmten? Sang sie wirklich gerade die Romanze der Nachtigall von Alabieff, als Nikolai Rubinstein, soeben vom Kutscher von der Bahnstation geholt, in die Unterrichtsstunde platzte? Begeistert nahm er seinen Gastgeber Setoff beiseite und fragte ihn in weithin hörbarem Theaterflüstern, wer diese »bella creatura« sei. Marie Fjodorowna errötete tief. Bescheiden und ein wenig schüchtern, wie ihre Eltern, hielt sie von sich selbst wenig. Auf alles mögliche wäre sie gekommen, nur nicht darauf, daß sie schön sei. Ihr mächtiges blondes Haar war seit ihrer Backfischzeit zu hellem Braun mit Goldtönen nachgedunkelt, und ihre großen graublauen Augen strahlten so viel Güte aus, daß sich mancher Bewunderer den abgedroschenen Vergleich mit Sternen nicht verkneifen konnte. Wie der häßliche Fritz zu dieser Tochter kam, nach der, wenn sie die Oper besuchte, das Publikum sich umdrehte, blieb unerfindlich. Ebenso unerfindlich blieb, warum sie von ihren vielen Bewerbern erst im Alter von 24 Jahren einen erwählte, oder besser sich erwählen ließ: von einem großen, breiten, schweren Mann mit hellen, cholerischen Augen, lockigem Haar und Bart, der vier Sprachen beherrschte und die Musik ebenso liebte wie sie. Sie brauchte ihm nicht in ein fremdes Land zu folgen, nicht einmal in ein fremdes Milieu, sie durfte an seiner Seite dort bleiben, wo ihr alles lieb und vertraut war, denn es war ihr leiblicher Vetter ersten Grades, der Sohn des kinder- und ruhmreichen Napoleon Tukur, der eigensinnige kleine Alexander, der sich beim Einschlafen geängstigt hatte. In Narwa aufgewachsen, war er nach Moskau zurückgekehrt und hatte dort eine eigene Tuchvertretung. Auch er war erst 24, ein unruhiger Geist, zu Jähzorn neigend.

Das junge Paar – (beide noch recht grün, recht grün, meinte der Fritz zu seiner Warwára, als er die Tochter ziehen ließ) – wohnte in Moskau, und ihr musikalisches Haus wurde gesellschaftlicher Mittelpunkt für solche Leute, die nicht einschliefen, wenn man ihnen vorsang. Der Sopran der jungen Frau und der samtweiche Bariton ihres Mannes erklagen in Duetten zusammen. Wohl nicht gleichzeitig, doch die übrige Zeit sangen die Leute in der Küche (fast ebenso schön), die Köchin, das Stubenmädchen, die Wäscherin und der Beleji Dwornik, der die Messer putzte. Aller Gesang jedoch verstummte, als ein halbes Jahr nach der Hochzeit – die schöne Marie Fjodorowna erwartete ihr erstes Kind – die Pockenepedemie des Jahres 1875 ausbrach. Der baritonsingende Alexander blieb verschont, seine Frau aber wurde schwerkrank. Der Hausarzt Dr. Giesler blieb nahezu Tag und Nacht an ihrem Bett sitzen und stach ihr mit einer Spritze in jede einzelne Pocke. (Ein ungelöstes medizinisches Rätsel der Familienlegende.) »Kratzen Sie nicht, Madame«, beschwor er sie. »Ich lasse Ihnen eine Stelle am Knie, da dürfen Sie kratzen.« Mit unfaßbarer Geduld befolgte sie seine Anweisung und ging bis auf eine einzige kleine Narbe am Hals unentstellt, wenn auch sehr geschwächt aus der Krankheit hervor. Sie gebar ein totes Kind und war längere Zeit schonungsbedürftig. Doch die Natur ließ sich nichts abhandeln und brachte diese Verzögerung leicht wieder ein. 1876 kam ihr erster Sohn zur Welt, nach seinem Vater Alexander getauft und Sascha gerufen, und ihm folgten im Lauf der Zeit sechs Geschwister.

Im Jahre 1880 kaufte Alexander Peltzer senior, nun respektvoll-zärtlich als »Djeaduschka«, d. h.

Väterchen, bezeichnet, dem Sänger Setoff das Gut Litwinowa samt dem großen Holzhaus, dem steinernen Gästehaus und dem Verwalterhäuschen für 20 000 Goldrubel ab, und von da an fuhr die ganze Familie den Sommer über dorthin, mit Kind, Kegel, Gouvernanten, Hauslehrern und Unmengen von Gepäck. Die 30 Werst von Moskau bis zur Station Schtschelkowo nahm man die Eisenbahn, und dort warteten mehrere Wagen. Es folgten anderthalb Stunden Fahrt über staubige Landwege, durch tiefe, festgebackene Rinnen, durch die Vorhänge grauweißgemusterter Birkenstämme.

Djeaduschka Alexander ging gern zur Jagd, aß viel und mit Genuß und wog als Dreißigjähriger vorübergehend fast 6 Pud, etwa 2 Zentner, die er bei seiner Länge und Gewandtheit mit Grazie trug. Mit rotem Gesicht ging, fuhr oder ritt er durch die Hitze unter dem weißlichen Himmel, und hohe Mückensäulen zogen mit ihm, über ihm, wie um ihn Spähern von weitem kenntlich zu machen. Dunkle Schweißflecken zeigten sich auf dem fahlen Bauernkittel. Was er an Flüssigkeit verlor, ersetzte er durch Tee und Kwaß. Abends sang er mit seiner Frau, spielte Schach, oder auf dem Sandplatz das Kegelspiel ›Garatki‹ und fuhr des öfteren geschäftlich nach Moskau zurück.

Als schon ein halbes Dutzend Kinder sich auf die großen Gästezimmer verteilte (die Kleinen Tag und Nacht in Ruf- und Berührungsweite der Njanja, der unvergleichlichen Njanja mit der weißen Haube, deren zur Arthritis neigende Hände so wunderbar zu streicheln und zu trösten wußten), blieben die drei Ältesten, Sascha, Katja und Jelena, gegen Abend bei der Mama auf der Veranda und ließen sich vorlesen. Weil Jelena sich so leicht ängstigte, versuchte die Mama, durch Weglassen und Unterschlagen einige der Märchen harmloser zu machen, aber das war nicht leicht. Die Hexe Baba Jagá, die im Mörser durch die Wälder fegt, daß es pfeift, den Mörser mit dem Stößel antreibt und ihre Spur mit dem Besen verwischt, gibt Wassilissa, der Wunderschönen, einen Totenkopf auf den Heimweg mit, der ihr aus seinen glühenden Augen leuchtet, was Sascha praktisch, gut und richtig fand, die Mädchen nicht. In deutschen Märchen zog manchmal einer in die Welt hinaus, um etwas zu erforschen und zu probieren, das konnte Sascha sich gut vorstellen. Er folgte mit den Augen dem Weg, der von der Veranda über den kleinen Vorplatz zwischen den Fliederbüschen durchs Gartentor hinaus in die Felder zu dem kleinen Tal hinunterlief. Über dem Tal konnte man, wenn der Lärm des Gutshofes schwieg, die hohen, schrillen Schreie der Habichte hören. Dahinter lag die Welt, in die man auszog, obwohl es zu Fuß sicherlich lange dauerte, so lange, wie beim Großvater Napoleon. (»Verstehst Du, er war fleißig und wurde unermeßlich reich.«)

Doch auch im dicken, deutschen Kinderbuch (»Wird nur mit sauberen Fingern gelesen!«) gab es neben erbaulichen Gedichten über kranke Kätzchen und Puppenstuben für ein leicht erregbares Gemüt wie das der kleinen Jelena allerlei Arges. Da war zum Beispiel die ›Knarrprinzeß‹, die so lange quengelte und schalt, bis eine Hexe sie in eine knarrende Föhre verwandelte. Obwohl dies vom erzieherischen Standpunkt aus nur gutzuheißen war, wurde anschließend leider die Hexe zu einer Eule, rief Schuh-Huh und flog in den Wald hinein, nein, ins Gesicht des Bilderbuchbeschauers. Wenn Jelena beim Einschlafen die Augen schloß, sah sie das Eulengesicht vor sich. Rings um Litwinowa lag Wald, endlose Werst Wald mit dichtem Unterholz, aus dem die weißen jungen Birkenstämmchen abends in der Dämmerung höhnisch herausleuchteten. Jelena fürchtete sich derart vor der Eulen-Hexe, die zweifellos dort wohnte, daß sie schließlich nicht einmal in das Zimmer gehen mochte, wo das Buch im Schrank stand und tückisch wartete, bis einer es hervorholte und aufschlug. Sascha knuffte die jüngere Schwester dafür in die Rippen und gab hohe, piepende Töne der Verachtung von sich, was ihm die sanfte Mama verwies.

Von seinen Ängsten erfuhr man wenig. Auch er fürchtete sich, und zwar vor dem ›Vij‹ von Gogol, einem Erdklumpen, dem mehrere ausgewachsene Männer die eisernen Augenlider hochklappen mußten und dessen Blick dann sofort tötete. Diese entsetzliche Geschichte hatte er nicht von der Mutter, sondern von Gutsnachbarn, mit denen man an heißen Tagen abends drunten auf der Wiese lagerte, wenn die Erwachsenen noch nicht ins Haus wollten, der Tau fiel, die Sterne heraufzogen und die kleinen Geschwister schon im Bett waren. Aus solchen Erzählungen stammte auch die Schauerbegebenheit von dem Übeltäter, der vom Tatort wegreiten will und zu seinem Grauen erlebt, daß das Pferd sich nicht vom Fleck rührt, den Kopf nach ihm wendet und ihn angrinst. Los wurde er sie niemals, noch als altem Mann sollte sie ihm gelegentlich wieder einfallen.

Wer Geschichten hören wollte, die nicht aus Büchern stammten, lief hinüber ins Verwalterhaus, in dem seit einigen Jahren der Großvater Fritz (dem nichts so recht geglückt war) sich zur Ruhe gesetzt hatte. Zu den Liebhabereien, die er pflegte, gehörte die Homöopathie. An schönen Sommertagen standen mehrere klapprige Fuhrwerke an den bemoosten Zaun gebunden, Vehikel von Menschen, die sich von ihm helfen lassen wollten. Seine Begeisterung war mitreißend. Wann nur in seinem fleißigen Leben hatte er diese Gabe und Neigung bei sich entdeckt? Einem seiner Patienten kamen während der Behandlung Zweifel. »Ich glaube«, sagte er bedächtig, »nicht so recht an diese Homöopathie.« Der Großvater Fritz nahm ihn an der Schulter und führte ihn ans Fenster. Drüben hinter dem Koppelzaun weideten Kühe, Schafe, Pferde. »Siehst du das Pferd da drüben?« fragte er. »Das hat auch nicht geglaubt, und ich habe es doch geheilt. Da werde ich ja wohl auch einen Esel wie dich kurieren können!« Fragte man ihn nach früheren Zeiten, dem Rheinland – so verfiel er in den rheinischen Dialekt und wußte allerlei Scherzchen, die zum Teil noch, ohne daß er sich darüber klar war, von seiner zierlichen kleinen Mutter Anna Sofia, genannt et Zoffje, stammten.

Neben ihm lebte, schmal und faltig geworden,

auf dem Kopf mit den dünnen Haaren eine schwarze Spitzenhaube, die einst während des Brandes von Moskau geborene Barbara Becker, nun nur mehr als Warwára Nikolajewna bezeichnet, und schaute aus glanzlosen, hellen Vogelaugen stumm über die Kinderschar hin, wenn gerade niemand sie ansprach. Außer den Kindern ihrer Jüngsten gab es noch genügend andere Enkel, Neffen und Nichten, die im hohen Gras hinter dem Küchentrakt herumkugelten, der Hilfsköchin (wegen ihrer abnormen Häßlichkeit »Teufelspuppe« genannt) zwischen die Beine liefen oder auf der weißgestrichenen Veranda um den Samowar saßen und sich die rubinrot leuchtende Varanje, das Eingekochte, mit Eßlöffeln vorlegten.

Großmutter Barbaras Geschichten handelten nicht vom Rheinland, das sie niemals gesehen hatte, und besaßen auch nicht die vom Heimweh verklärten Farben wie die des Großvaters. Ihre Geschichten, mit leiser Stimme und schlichten Worten den begierig zuhörenden Enkelinnen Katja und Jelena erzählt, hatten wenig Fleisch, ja, sie ließen vieles vermissen, das die Phantasie kleiner Mädchen dazuerfinden und sich ausmalen konnte. So ergriff denn gelegentlich Jelena (deren dunkle, geschwungene Brauen an diejenigen ihres Großvaters Napoleon Tukur erinnerten) beim Geschichtenerzählen die Initiative, und Katja zeigte all ihre prachtvollen Zähne, hob die Schultern in Vorfreude und rieb die Hände aneinander.

»Also, du lagst im Bett . . .«, begann Jelena, und die Großmutter faltete das Mäusegesichtchen zu einem Lächeln und zog sie an ihre Knie. Sie wußte genau, welche Geschichte nun von ihr erwartet wurde. »Ich lag im Bett und im anderen Bett lag meine Schwester Lisaweta . . .« ». . . die Wunderschöne«, ergänzte die Kleine. »Nein, das verwechselst du mit einem Märchen, und da ist es Wassilissa die Wunderschöne berichtigte die Großmutter ergeben. »Und mitten in der Nacht stand Lisaweta auf . . .« »Ja, sie stand auf und zog ihr schönstes Kleid an und bat mich, es ihr im Rücken zuzuschnüren.« »Und was dachtest du?« »Ich fürchtete mich«, sagte die Großmuter Warwára Nikolajewna trocken, »und schnürte. Haken und Ösen gab es damals noch nicht. Dann ging sie fort, ganz leise. Ich habe geweint und sie gebeten, mir alles zu erklären. Ich konnte nicht wieder einschlafen. Erst viel viel später kam sie zurück und sagte noch immer nichts. Meine Füße waren ganz kalt. Ihre Hände auch.« »Und am nächsten Morgen. . .«, sagte Jelena, fröhlich der Pointe zusteuernd. »Am nächsten Morgen kam Athanasius Nesteroff . . .« »In einem Viererzug«, warf Katja ein (Sieh da, die Kleine, sie hat es sich gemerkt.) Jelena konnte die Bedeutung des Viererzugs nicht begreifen. »Warum wollte der Zar nicht, daß alle Leute Viererzug fahren dürfen?« »Nun, er wollte es nicht. Es war ein Privileg für wenige. Athanasius Nesteroff ließ sich bei meinem Vater Nikolaus Becker melden, der ihn nicht empfing. Und da sagte Nesteroff: Ich bin gekommen, um meine Frau abzuholen, die sich heute nacht mit mir hat trauen lassen.« »Und was sagte dein Vater da?« »Er sagte gar nichts, meine Täubchen. Er mußte sie herausgeben.« »Und du, was sagtest du?« »Ich weinte, weil sie von uns fortging, meine Schwester Lisotschka ...« »die Wunderschöne«, ergänzte Jelena eigensinnig.

»War Nesteroff schön und jung? Hatte er einen goldenen Mantel an?« »Oh nein«, sagte Großmutter Warwára abwesend, »er war weder das eine noch das andere. Lisotschka war mit seinen Töchtern befreundet. Sie bekam dann noch zwei kleine Töchter. Ich war oft bei ihr.« »War es ein Schloß?« »Hatte es goldene Zinnen und bunte Blumenmuster um die Fenster?« »Oh nein. Es war nur das Stadthaus von den Nesteroffs, sie waren viel auf ihren Gütern. Es war schön eingerichtet. Aber das schönste darin waren Lisotschkas kleine Töchter«, sagte die brave Großmutter zärtlich. Solche Sachen waren Jelena unbegreiflich. Auch Katja ließ enttäuscht die Schultern sinken. Wie zum Trost sagte die Großmutter: »Die eine hieß Tatjana und heiratete später den Fürsten Sergej Semjonowitsch Urusoff, und den kennst du.« »Jaja«, sagte Jelena voller Geduld mit den Eigenheiten der Erwachsenen. »Er ist wenigstens sehr groß«, gab Katja zu bedenken. »Wenn er zu Besuch kommt zur Mama und sein Pelz hängt in der Garderobe, schleift der Saum am Boden.« »Er hat Mama etwas ganz Langweiliges geschenkt, überhaupt nicht aus Gold. Ein paar dicke alte Hefte voller Musik.« »Wenn du groß bist, wirst du dich darüber freuen, meine Kleine. Es sind Opernpartituren, und die eine hat eine Widmung von Alfred de Musset. – Im Winter, wenn ich euch in Moskau besuche, zeige ich euch den Erker, hinter dem ich saß und stickte, wenn ich bei ihr war. Nun lauft und spielt.«

Bei seiner Frau fand der Großvater Fritz wenig Hilfe für seine homöopathische Praxis, wohl aber bei seiner Tochter Marie Fjodorowna. Sie ging in die nach Mist, Weihrauch und Hefeteig riechenden Häuschen zu denjenigen Patienten, die nicht selber kommen konnten, sie wußte die Namen sämtlicher Kinder, und wahrscheinlich nützte ihre liebevolle Anteilnahme ebensoviel wie die Tröpfchen, die sie mischte. Die Leute, die ihr begeistert anhingen, sagten: »Die junge Barinja ist ein Engel.« So einfach lag der Fall nicht. In ihrem Bedürfnis nach Harmonie um jeden Preis, einem gewissermaßen musikalischen Bedürfnis, suchte sie zu beschönigen, auszugleichen, stellte sich den Dingen nicht, ließ stets fünf gerade sein, zog eine Unwahrheit einer Unfreundlichkeit vor. Selbst Kritik an Belanglosem fing sie ab. (»Marie, hörst du, dieser Kerl ist ja zum Steinerweichen dumm!« »Nun, er hat aber sehr schöne Augen.«)

Sie vermittelte zwischen den Kindern und deren Vater, der in seinem Egoismus oft tyrannisch, ungerecht und rücksichtslos war. Sie galt als prüde, wahrscheinlich mit Recht, und Klatsch war ihr zuwider. So manchen Temperamentvollen – ihre eigenen Söhne nicht ausgenommen – überfiel in ihrer Gegenwart das Bedürfnis, Kraftausdrücke zu brauchen und die Dinge beim Namen zu nennen, so unwiderstehlich wie ein Niesreiz. Sie war wohl verwundbarer, als es bei ihrem leisen Wesen und majestätischen Gehabe den Anschein hatte. Beschönigen und Lieben waren ihre einzigen Waffen gegen eine Welt, die nicht vollkommen geraten war.

So hätte denn auch niemand es ein Unglück nennen dürfen, daß die kleine Dela, zwei Jahre nach Jelena geboren, mit einer Art Veitstanz geschlagen war, geistig zurückblieb und keine Schule besuchen konnte. Man sprach nicht darüber, als sei die mißliche Tatsache dadurch wenn schon nicht aus der Welt zu schaffen, so doch zu mildern. Das anhängliche, sehr zärtlichkeitsbedürftige Kind tat bei allen Spielen der Geschwister begeistert mit und lernte rasch kochen und handarbeiten. Sie bei einem Versagen, bei dem Fehlen von Kenntnissen ertappen zu wollen, wäre keinem eingefallen. Da war es doch, wenn die Brüder der Hafer stach, ein viel dankbareres Vergnügen, die schreckhafte Jelena zu ängstigen. »Lenotschka, hör zu«, begann Sascha beim Frühstück ganz harmlos, »wie geht die Geschichte mit der abgehauenen Hand von Hauff eigentlich da weiter, wo der unheimliche Mann im roten Mantel . . .«

»Nu, Sascha, ni gavari . . .«, warnte die Mama, doch schon hatten Jelenas Augen sich vor Schreck geweitet. Und erst neulich wieder, in der Dämmerung, als die Umrisse im Grau zu verschwimmen begannen, hatten die Brüder ihr Angst gemacht, dort wo der Fußweg auf die Fahrstraße nach Gorodistsche mündete, indem sie sich in ihrer Hörweite darüber unterhielten, wie es wohl sei, wenn jetzt dort vorne zwischen den Stämmen ein riesenhohes, weißes Pferd mit blinden Augen ganz lautlos auf sie zukäme. Für die Art, wie sie sich daraufhin betrug, hatte Sascha gelassen das Fremdwort hysterisch gebraucht, und zwar beim Abendessen.

Jelena, die schon fertiggegessen hatte und fortgeschickt worden war, um der Mama einen Schal zu holen, blieb einen Augenblick in der Tür stehen. Ohne die Klinke loszulassen, wandte sie sich um, das zuckende Gesicht ganz blaß, die dunklen Brauen zusammengezogen: »Du brauchst dich gar nicht über mich lustig zu machen, ich habe nur vor geistigen Sachen Angst, vor wirklichen habe ich gar keine!« stieß sie hervor, eine Bemerkung, die von den Brüdern mit einer Grimasse entgegengenommen wurde. Als sie wiederkam und der lieben Mama den Schal um die Schultern legte, bekam sie einen Kuß von ihr – eine kleine Demonstration, die sonst bei Tisch selten war. Die Brüder zwinkerten einander zu und machten mit der rechten Hand auf dem linken Handgelenk die Bewegung des Abhackens, was Hauffs Geschichte von der abgehauenen Hand noch ein letztes Mal, wenn auch stumm, in die Debatte warf.

Der nächste Tag war ein Sonntag. In ihrem Sonntagskleid aus blauem Taft, dessen untere Rockhälfte mit vielen Metern Klöppelspitze besetzt war, die flache, kindliche Büste von den gleichen Spitzenborten in die Länge gezogen, ihre Korallenkette um den Hals, strich Jelena gedankenvoll durch Haus und Park. Endlich ging sie zu dem Knecht Theodotus, genannt Fedot. Er saß, den Rücken an die altersgrauen Balken gelehnt, in seinem einzigen guten Hemd in der Sonne und drehte sich Zigaretten aus krümeligen Tabak und einem Stückchen Zeitungspapier. Was die Barischnja wollte? Die Barischnja brauchte ein ganz scharfes Messer. Der stille Fedot war dafür bekannt, daß Messerschleifen seine Lieblingsbeschäftigung war. Fand er irgendwo eine alte abgebrochene Sense, eine rostige Klinge, so nahm er sie mit in seine primitive, halbdunkle Werkstatt, schliff sie fein zurecht und machte einen Griff daran. Mit einem Prunkstück aus Fedots Rüstkammer lief Jelena durch den Garten von der Ostseite auf das Haus zu. Sollte sie sich einen Finger abschneiden? Ja, das wäre heldenhaft. Aber so einfach in den nackten Finger? Wie weh es wohl tun würde? Nein, so ging es nicht. Sie schlich sich hinauf ins Schlafzimmer, das sie mit Dela teilte, und holte sich ein Paar Wollhandschuhe, zog sie über, streckte den linken Zeigefinger weg und schnitt entschlossen bis zum Knochen durch. Sie spürte gar nichts und sah verblüfft, wie dickes Blut durch den Wollhandschuh quoll, es begann immer schneller zu tropfen und brachte die Stickereispitzen auf dem Rock in Gefahr. Noch immer nur schwach erstaunt, fiel Jelena in Ohnmacht und wurde von einem der herbeieilenden Onkel ins Haus getragen. Ob die Tat den Brüdern imponiert hatte, wurde niemals bekannt, ebensowenig, ob dem Kind Lenotschka eine Ahnung vom wahren Wesen ihrer Kraft gegenüber den »wirklichen Dingen« kam.

Solange die Kinder klein waren, hatten sie mit den Kinderfrauen russisch und mit den Eltern deutsch gesprochen, bald aber hielt mit Madame

Roman das Französische seinen Einzug. Und nun gab es bis auf Englisch keine Sprache mehr, in der die Eltern sich bei Tisch etwas zuraunen konnten, das die Kinder nichts anging. Madame sah aus wie eine Bretonin, eine Spitzenhaube hätte ihr gut gestanden. Streng ragte ihr Gesicht mit der eingedrückten Nase und dem grauen Mittelscheitel aus dem Spitzenwasserfall der hochgeschlossenen Bluse, über die in schwungvollem Bogen ihre lange Uhrkette lief. Sie gewann Litwinowa so lieb wie alle Bewohner des großen Hauses und konnte bald die Sommer nicht mehr erwarten. Obwohl strenger als die Mama, ermahnte sie die temperamentvollen Kinder ebenfalls nur mit Maßen und ließ Übeltäter hie und da zehn Kreuzstiche an ihren ewigen Stikkereien machen. »Tu me feras dix points ...« war Drohung und Strafgericht zugleich. Um nicht von zärtlichen Kindermäulchen über und über befeuchtet zu werden, deutete sie präzise auf die Stelle ihrer faltigen Wange, wo sie geküßt zu werden wünschte: »Embrasse-moi ici ... ici ...« Russisch lernte sie niemals, ihre Aussprache der Namen und Orte blieb eigensinnig falsch. Für sie sahen sich wohl auch die der Hitze wegen nahezu kahlgeschorenen Männer in Russenkitteln so ähnlich, daß sie den einen für den anderen nahm und dadurch Lachstürme bei den Kindern auslöste. Bei den Konzerten im großen Saal lauschte sie andächtig, das Kinn in zwei Finger gestützt. Hatte sie einmal die nackten Naturholzwände, deren dicke Balken gänzlich untapeziert zu Tage traten, als barbarisch empfunden, als wenig passenden Hintergrund für die zwei weißen Marmorbüsten, die auf Sockeln im großen Saal standen, für das Sofa mit der geschwungenen Rückenlehne, auf dem sich jetzt die Kinder hin- und herdrängelten? Das mußte lange her sein.

Die Sommer verschmolzen zu einem einzigen. »Wann war das, voriges Jahr oder vorvoriges?« fragten die Kinder, wenn sie von Litwinowa sprachen, im Winter, in beißender Kälte, wenn die Schlitten vor der Stadtwohnung in Moskau hielten. Der Türhüter (er, der Reitknecht und der Kutscher aßen nicht mit den übrigen Dienstboten, sie verpflegten sich selbst) schälte sie aus den schweren Pelzen und Fußsäcken, ehe sie in den oberen Stock hinaufstiegen. Aus dieser Wohnung im Hause Botkin (es hatte keine Hausnummer, sondern hieß nach seinem Besitzer) sah man auf die Mauer der Chinesenstadt hinunter, die die Kinder »die chinesische Mauer« nannten, auf das seltsame, gewaltige Tor, das aus einem Baukasten zu stammen schien und durch das Menschen und Fahrzeuge und die blechernen Wagen der Pferdebahn zogen. Und jenseits der Mauer das Kathedralendach, auf dem kleine Zwiebeltürmchen wuchsen wie zu dicht nebeneinanderstehende Pilze, und dahinter im Dunst so manche jener Kuppeln in Türkis und Gold, die einst Großvater Napoleon angefunkelt hatten, als er Moskau zum ersten Mal unter sich liegen sah. Es war unvorstellbar geworden, daß es einmal ein Familienmitglied gegeben haben sollte, für das dieser Anblick nicht heimatlich und vertraut war.

Noch etwas Ungewöhnliches gab es im Hause Botkin: eine Bildergalerie. Väterchen Alexander,

der schlecht schlief, hängte hie und da einmal eines der Bilder ab und stellte es früh um 3 Uhr auf sein Bett, um es aus der Nähe betrachten zu können. In Moskau bemerkte man deutlicher, daß er ein unruhiger Geist war, der sich ungern einem geregelten Tageslauf unterordnete. In Litwinowa draußen schob man es auf anstrengende Ritte, frühes Aufstehen, ländliche Strapazen, wenn er etwa vor dem Mittagessen schlief oder auch einmal unmittelbar nach dem Tee und alles auf Zehenspitzen schleichen mußte.

Sascha, Katja und Jelena gingen ebenfalls gerne in die Bildergalerie. Sascha erklärte Katja, wie raffiniert die perspektivischen Verkürzungen bei einem Bilde gemalt seien, an dem Jelena abgewandten Blicks vorüberging. Es war ein grausiger Riesenschinken, »La Mort de Pichegru«, auf dem der wackere General erdrosselt in seinem Kerker lag.

Schon im Mai, wenn die hellen Nächte anfingen, hingen große Staubwolken über der Straße, auf der die Kutschen von der Station Schtschelkowo zum Gut hinausfuhren. Der Staub schmeckte bitter und knirschte zwischen den Zähnen. Die Gebäude des Gutes schimmerten mit ihrem altersgrauen Holz so silbrig wie das Fell eines Tieres, das man gegen den Strich streichelt. Am Zaun ließen die Sonnenblumen mit samtschwarzen Herzen die Köpfe hängen. Gänseherden lagerten am Wege. Wenn man es wiedersah, schien das große Haus noch größer geworden zu sein und blickte einen aus den weißumränderten, vielfach unterteilten Fenstern des ersten Stocks an wie ein Albinokaninchen. Kamen mit

Anbruch der Dämmerung die Schafe auf dem Weg zum Pferch entlang, erhob sich ein Geräusch, als fielen Hagelkörner in den Staub. An den Hängen des großen Grabens, der vor Jahrzehnten das Torfmoor hätte entwässern sollen und der nun trocken und begrast war, wuchsen Walderdbeeren. »Wie viele sind es wohl, Njanja?« fragten die Kleinen. »So viele wie Sterne am Himmel.« Wochenlang schwebte der Duft der Walderdbeeren über dem Haus. Man aß mehrere Kilo eingezuckert mit Sahne als Dessert, zwölf Gäste aus Bekanntschaft und Nachbarschaft halfen vertilgen. Abends gab es sie ein letztes Mal auf der dämmrig werdenden Veranda. »Eßt, meine Täubchen«, sagte die Njanja, »davon bekommt ihr rote Backen.« Und es kamen immer neue, immer mehr.

Wer hatte das Herz, die kleinen, trotz der Hitze in Kopftücher vermummten Gestalten wegzuschikken, die am Kücheneingang auftauchten und Eimerchen und selbstgeflochtene Körbchen mit Erdbeeren für ein paar Kopeken anboten? Was nicht mehr zu bewältigen war, wurde mit zerschlagenem Hutzucker in langen Stielpfannen aus Messing zu Varenje eingekocht. Das blaurote Gesicht der Köchin wurde erst spät abends wieder blaß, denn obwohl man ihr im Freien einen kleinen Ziegelherd aufmauern ließ, im lockeren Schatten der Birken, blieb die Hitze mörderisch.

Es kamen die Ausflüge in die Wälder zum Pilzesammeln. (Ein Fuhrwerk mit Eisblöcken und Teekannen folgte im Schritt.) Der Verwalter zeigte den Kindern die jungen Fliegenpilze, die von den Schamanen roh gegessen werden (worauf sie alsbald Visionen bekommen). Sascha hörte es interessiert, steckte sich beide Hosentaschen voll, probierte ein Stück und warf den Rest weg. Es passierte nichts.

In der heißesten Zeit war es auch, daß die zu Schabernack aufgelegten Buben eine Ringelnatter fingen und zum Zeichen der Bravour durchs eigene Hosenbein schlüpfen ließen. Die Ringelnatter stank, war schon ganz matt und ließ sich willig in eine große, runde Konfektschachtel zusammenrollen. Hübsch verpackt stellte man sie der Bügelfrau aufs Bügelbrett. Diese, zunächst freudig erregt, bekam beim Öffnen einen solchen Schreck, daß sie schreiend aus dem Bügelzimmer, ja sogar aus Hof und Garten hinauslief, bis in den Wald. »Denkt sie denn, die arme Ringelnatter käme ihr nachgesprungen?« meinte Sascha leicht gekränkt. Die gute Mama aber war entsetzt, ließ die Bügelfrau zurückholen und schenkte ihr einen Unterrock.

Die Hitze lag wie eine Schüssel über dem Land. Noch nach Mitternacht saß der Knecht Theodotus, genannt Fedot, an die Holzwand seiner Kammer gelehnt und dreht sich Zigaretten. Groß und klein badete in den tiefen, weiten Kuhlen, die das Flüßchen Laschutka in den lehmigen Boden gegraben hatte. Wer beim Heimgehen, die nasse Badehose unterm Arm, wieder einer Partie von inzwischen eingetroffenen Gästen begegnete, drehte um und badete noch einmal mit ihnen. (»Aber Sascha, doch nicht schon wieder?« »Lenotschka, Katja, ihr werdet euch erkälten!«)

Mama Marie Fjodorowna und Madame Roman,

beide ganz in Weiß, präsidierten am langen Tisch neben dem Samowar, ein Hafen im Sturm der vielen Jugend, und schenkten immer neuen Tee ein. Nach dem ersten Glas, sagte der stimmgewaltige Vater Alexander, wenn einem erst richtig heiß geworden sei, käme einem die Hitze ringsum ganz kühl vor.

Wenn die Dämmerung die Farben der Landschaft aufsog, es stärker nach Birken zu duften begann und die Käuzchen riefen, gab es keinen Tee mehr, sondern Kwaß, der drüben im Eiskeller lagerte, oder Kluckwa-Saft, den Saft der dicken Strickbeere.

War es im Frühjahr oder im Herbst, als Marie Fjodorowna nach Moskau in die Oper fuhr, um die Patti singen zu hören? Sascha war im Lausbubenalter, bemerkte aber zum ersten Mal bewußt, daß vor dem großen Spiegel in der Garderobe zwei hohe Kerzen in Haltern brannten, deren Licht die Mama von unten beleuchtete. »Weißt du was? Du hast das schönste Profil, das ich je gesehen habe«, sagte er mit der Würde seiner dreizehn Jahre in den Spiegel hinein. »Lebe wohl, schlaf schön und folge in allem Madame Roman«, sagte Marie Fjodorowna, küßte ihn, stieg in die Kutsche und ordnete ihre weiten Röcke. Die Pferde zogen an. Sascha schlenderte zu den Geschwistern zurück.

Bis zum Schlafengehen wurde musiziert und Theater gespielt. Sascha, der sich weigerte, auf der Bühne zu erscheinen, improvisierte ganze Opernbegleitungen auf dem Klavier, die Mädchen sangen.

Eine neue Art von Musik jedoch brachte jemand ins Haus, der fleißig mitspielte und sang: ein Deutscher namens Fritsche. Er war als Lehrer für Sascha gekommen und entdeckte bald, daß der Junge ein besonderes Ohr für Verse besaß. Es war, als sei ihm die deutsche Literatur nur auf dem Wege über Verse beizubringen, die er mühelos auswendig lernte und 70 Jahre lang behalten sollte. Was klanglichen, musikalischen, sprachlichen Reiz hatte, flog ihm sofort zu, sei es von Heine, den Herr Fritsche besonders schätzte und ihm früh nahebrachte (er galt als frivol, und diese Maßnahme war nicht ganz im Sinne der Eltern), sei es der Text eines Volksliedes, oder die ›Bürgschaft‹. »Haben Sie die Strophen gelernt, die ich Ihnen gestern aufgegeben habe, Herr Sascha?« fragte der Hauslehrer eines Morgens. »Ich kann sie wohl«, erwiderte ihm sein Schüler entschlossen, »aber ich möchte sie nicht aufsagen, weil sie trivial und kitschig sind.« Herr Fritsche bestand nicht auf seiner Autorität und berichtete – des Kuriosums halber – den kleinen Vorfall abends den Eltern, die sich darüber amüsierten.

Die Jüngsten wurden noch ganz von Madame und einem Hauslehrer unterrichtet (Dela entwuchs dem Kindesalter nie). Jelena und Katja gingen schon in die Schule, in Uniform – blauem Kleid mit weißem Kragen und weißer Schürze –, als Väterchen Alexander beschloß, sein Ältester müsse nun nach Deutschland und etwas lernen. Ein Mann von raschen Entscheidungen und absoluter Alleinregent, teilte er dies der Familie erst mit, als er schon an einen ihm empfohlenen Major in Braunschweig geschrieben und seinen Sohn am dortigen Gymnasium angemeldet hatte. Ihn über Narwa, wo er seinen Bruder Robert Peltzer in der Tuchfabrik am Wasserfall besuchen wollte, nach Deutschland zu begleiten, war zwar ein großer Umweg, aber Väterchen Alexander reiste gern.

Die von Trennungsweh und Liebe aufgelösten Damen packten manches in den Koffer, das der Knabe in Braunschweig nicht brauchte. Er wußte nicht, wie es dort war, und sie wußten es auch nicht. In Freiheit, Großzügigkeit, drei Sprachen und einem Übermaß an Musik aufgezogen, paßte er schlecht in die spießig-sparsame Haushaltsführung eines Pensionisten in einer deutschen Kleinstadt. Wegen seiner Russenkittel mit gesticktem Kragen, die nicht in, sondern über der Hose getragen wurden, wegen seines zu kurz geschnittenen Haares und seiner prononcierten Aussprache wurde er ausgelacht. Im Gymnasium schockierte er seine Lehrer durch seine Indolenz und die Leichtigkeit seiner Auffassung, sein übernormales Gedächtnis und seine zeichnerischen Talente. »Aus dem wird entweder ein Genie oder ein Taugenichts«, beschloß der Deutschlehrer. Er wurde später mit den Söhnen des Majors zusammen konfirmiert und erwähnte bei dem feierlichen Mittagessen, der Abendmahlswein sei weißer Bordeaux gewesen, eine rein sachliche Feststellung, die nicht despektierlich gemeint war, im Hause des Majors jedoch Entsetzen hervorrief. (»Djeaduschka« Alexander Peltzer pflegte in Moskau auf Auktionen die Bestände von Weinkellern aufzukaufen. Wie oft hatte der Knabe Sascha beim Probieren geholfen!)

Vor der Reise schloß er seinen Koffer (eine sogenannte Maultasche, das große Gepäck wurde aufgegeben) mit angenehmen Vorgefühlen, weil sich ihm die Welt, dieses ungeheure Museum, das zu durchwandern sein Leben wohl kaum ausreichen würde, um eine weitere Abteilung auftat. Mit der Hellsichtigkeit, die der nahende Abschied gibt, sah er zum ersten Mal die Umgebung seiner Kindheit so, wie sie war. Und obwohl er zurückkehren und eines fernen Tages seine junge Frau dorthin mitbringen sollte, war es doch, als fasse dieser Abschied wie in einem Brennspiegel Wesen und Schicksal der Geschwister zusammen, die er verließ.

Den »Kleinen« sagte er schon draußen in Litwinowa Adieu. Sie umstanden Madame Roman, in schön bestickten russischen Hemden, die Haare so kurz geschoren, daß dabei, wie Sascha, der Zeichnende und Karikierende, sich ausdrückte, »nur die allerschönsten Schädelformen erträglich waren«, hatten die Tasche voller Sonnenblumenkerne und konnten sie so rasch kauen wie die Bauern, wobei sie den Spelz über die Unterlippe bliesen. Madame Roman trat einen Schritt vor: »Mon cher Alexandre«, sagte sie bewegt und umarmte ihn ohne weitere Segenssprüche. Aus der Tür zur Veranda trat Dela, ein pummeliges Mädchen mit dichtem, dunklem Haar, dem man den geistigen Defekt nicht ansah. Das Schicksal würde es ihr, als der einzigen, ersparen, den Kreis des Vertrauten und Gewohnten zu verlassen. Sie sollte ihr Leben dort beschließen, wo sie jeden Baum und Strauch kannte. Wäre sie, wie die anderen, dem Umsatteln in ein fremdes Milieu gewachsen gewesen? »Nu, Daswidanije, auf Wiedersehen«, sagte sie freundlich und ahnungslos, küßte den Bruder und kehrte ins Haus zurück.

Katja hatte gerade Unterricht, so begleiteten nur die Mama, Jelena und Bruder Andruscha die beiden Reisenden nach Moskau zum Bahnhof. Auf dem Bahnsteig war es heiß und schmutzig. Papa Alexander ging ungeduldig neben dem Zug auf und ab, öffnete seinen Staubmantel, steckte die Hände in die Taschen, wobei er in einer charakteristischen Geste die Schultern bis an die Ohren zog, und suchte sein Zigarettenetui. Er trug Haar und Bart wie der Zar. Die vordersten Strähnen seines dicken, lockigen Haares klebten an seiner nassen Stirn, und seine Augen waren von dem gleichen intensiven Blaugrau wie die seines vor zwei Jahren verstorbenen Vaters, des tüchtigen Napoleon Tukur Peltzer in Narwa. Manchmal zog er die Uhr, warf einen kurzen Blick darauf und lächelte dann, wie um sich zu entschuldigen, seine Familie an.

Andruscha, obwohl noch Schuljunge und in einen etwas albernen Anzug gezwängt, zeigte schon etwas von seiner charakteristischen Eleganz. Was er später im Leben wahrhaft liebte, waren nicht die Frauen, die ihm unermüdlich nachliefen und deren er vier aus gutem Herzen, beinahe aus Höflichkeit, nacheinander heiratete, sondern die Natur und die Tiere. Ihn, den passionierten Jäger, der bei dreißig Grad Kälte mit seinen Treibern in verlassenen

Jagdhütten übernachtete, wenn es galt, einem Rudel Wölfe oder gar einem Bären auf die Spur zu kommen, verschlug es nach der russischen Revolution nach Paris, in eine enge, steinerne Straßenschlucht ohne grünen Baum, wo er sich mit einem kleinen Büro für Übersetzungen und Maschinenschreiben über Wasser hielt.

Als er starb, kehrte er für eine Weile, von deren Ausmaß sich sein Arzt und seine Frau keinen Begriff machten, in den Birkenduft und die Musik Rußlands zurück. »Hörst du sie«, fragte er entzückt, »wie schön sie singen?« Hörte er die Leute von Litwinowa in der Abenddämmerung? Die Chöre in der Kathedrale Bogavilenije in Moskau, die seiner Wohnung am nächsten lag? Hatten die Um- und Fluchtwege durch ganz Europa zum Schluß wieder dorthin zurückgeführt, von woher er aufgebrochen war?

Jelena in ihrem dunkelblauen Schulpaletot (sie trug das Haar in der Mitte gescheitelt wie die Mutter) lehnte sich spielerisch an ihn, als sei sie, im Wind von kindlichen Ängsten und Phantasien schwankend, unfähig, frei und aufrecht zu stehen. (Sie afft, urteilte der strenge Bruder.) Woher hatte sie die hohen Backenknochen, die schrägen, etwas zu dunklen Augen? Es hatten doch niemals »echte« Russen in die Familie geheiratet. Hatte das bißchen Umwelt das zuwege gebracht? Auf eine halblaute Bemerkung zu den Geschwistern hin meinte Andruscha weltgewandt, es sei wohl die tartarische Prinzessin, die Urgroßmutter, die hier durchschlüge. »Ach, geh mir doch mit der«, meinte Sascha, immer noch halblaut und machte zur Bekräftigung zwei verächtliche Streichbewegungen unterm Kinn aufwärts. »Zu jedem tartarischen Lumpensammler sagt man: ›Prinz, hierher‹. Da ist leicht Prinzessin zu sein.« »Wie kannst du so etwas sagen«, zischelte Jelena böse, und die Mama wandte sich mit besorgtem Blick um, ob etwa gestritten würde.

Der Schaffner bat höflich, die Reisenden möchten einsteigen. Vater Alexander umarmte die Seinen und ließ sich im Abteil, mit komischem Seufzerlaut die Luft ausblasend, in einen Sessel fallen, der denen der späteren Pullmanwagen glich. Der Knabe Sascha, das Abschiednehmen noch nicht gewohnt und es daher ein wenig fürchtend, sagte forsch: »Nu, Daswidanije, Mamascha«, ließ sich von Mutter und Geschwistern küssen, stieg ein und betrachtete seine durchs Zugfenster eingerahmte Familie. »Werde nur nicht zu gebildet in diesem Braunschweig«, rief Jelena winkend, »und gute Reise.« Wenn sie den Mund schloß, schienen ihre Lippen so schmal, als bisse sie von innen darauf. Hinter all ihrem Theater ist sie zäh und kräftig, dachte Sascha anerkennend und warf ihr eine etwas spöttische Kußhand zu.

Wir wissen nicht, in welchem Augenblick sich ein junger Mensch aus der Welt, die ihn hervorgebracht hat, löst. Von den Geschwistern war der Knabe Sascha, dessen Fenster jetzt den Bahnsteig entlangzugleiten begann, der einzige, der von diesem Aufbruch an nur noch als Besucher nach Rußland zurückkehrte. Er war es, der sich ohne rückwärts zu blicken, im Neuen wirklich ansiedelte.

Und da Jahrzehnte in einem Leben keine so wesentliche Rolle spielen, wie man als Fünfzehnjähriger anzunehmen geneigt ist, so führte der ein wenig schlingernde Kurierzug, in dem Vater Alexander nun heimlich den untersten Westenknopf öffnete, viel weiter als nur nach Petersburg.

Saschas letzter Blick fiel auf die Mutter, die trotz ihrer Fülle so leicht und graziös dastand, als könne sie sich jeden Augenblick vom Erdboden erheben. Sie hatte die Hände nach dem Winken mit dem Taschentuch vor der Brust zusammengelegt, ohne daß es affektiert aussah. An ihr ist eigentlich alles schön, ich habe es nur nicht so bemerkt, dachte er erstaunt und sah zwischen winkenden und rufenden Menschen das vor Güte strahlende Gesicht untergehen.

Wie sie dort auf dem Bahnsteig vor seiner ersten großen Reise steht, gelassen, geduldig, voller Wohlwollen und Zärtlichkeit, genau so wird sie siebzig Jahre später wieder auftauchen in seiner Erinnerung. Wenn der Knabe Sascha, der jetzt stolz nach der neuen Uhr in der Westentasche tastet, ein altes, federleichtes, kindisches Männlein geworden ist und sich zwischen bayrischen Wiesen zum Sterben anschickt, dann wird sie plötzlich wieder da sein, ihn trösten und ihn mit sich nehmen, in dem zarten Eigensinn der Mütter, die das letzte Wort behalten.

Alexander Alexandrowitsch Peltzer, jetzt noch der Knabe Sascha, der voller Appetit auf Städte und Menschen, auf Kurioses und Lernenswertes die Brauen hochgezogen und die Backen aufgeblasen hatte, runzelte plötzlich die Stirn und begann ohne Ton das vor sich hinzupfeifen, was der ratternde Zug an Melodien in ihm auslöste. Die Musik reiste mit ihm in das neue Land.

IV

In dem Schattenstreif, den die Säule des Monopteros auf die marmorne Riesenstufe wirft, hat das Kind seinen Kaufladen eingerichtet: Hahnenfuß, Schafgarbe, blühende wilde Möhre, Stengelstücke des Schirlings, kleine Steine. Das Kinderfräulein ist die Kundin, sie bezahlt mit den flachen Blättchen der Büsche, die im Englischen Garten so zahlreich wachsen, und gibt sich Mühe, keine Grasflecken auf den Rock zu bekommen. Die Schatten haben einen bläulichen Ton. Eine Glocke aus Licht hält das Kind, den Englischen Garten und den Monopteros gefangen, an deren Rand, blickte man auf, die Silhouette der Stadt München zu sehen wäre, die Kropfhauben der Theatinerkirche, die Frauentürme, ferne, geisterhafte Dächer und Kuppeln. Aber das Fräulein schaut nicht dort hin, sondern auf einen Herrn, der zwei Stufen weiter oben rechts in der Sonne sitzt und Zeitung liest. Um seinetwillen spricht sie zu dem Kind recht laut und albern, als wolle es betonen, wie traulich das Spiel, wie herzig das Kind ist und daß sie selber noch keines hat. Vorhin ist sie sich sogar heimlich mit dem Kamm durchs Haar gefahren.

Das Kind arbeitet ernsthaft und mit gerunzelter

Stirn, die Haarschleife hängt ihm tief ins Gesicht, so daß es daran vorbeiblinzeln muß. Aber es blinzelt sowieso meistens, weil es geblendet ist. Das Gemüse des Kaufladens welkt, ist nicht mehr verlockend. Das Fräulein schenkt dem Herrn, der die Zeitung zusammengefaltet in die Tasche steckt, ein geziertes Lächeln. Wo nun ein Zuschauer da ist, kann man einen kleinen Vorstoß wagen. »Geh'mer jetzt zum Karussell?« Diese Hoffnung wird nicht enttäuscht. Der Heimweg führt am Chinesischen Turm vorbei. Klopfenden Herzens sieht das Kind das buntlackierte Gitterhäuschen des Karussells auftauchen, diesen festlichen achteckigen, sich drehenden Salon, es hört die Musik, reißt sich von der Hand des Fräuleins los und stellt sich so nah wie möglich davor. Es wittert den sauberen Geruch von Politur und Farbe und sieht die schönen Pferde mit den weißblauen hölzernen Federbüschen auf dem Kopf, die rote Kutsche mit den Vorhängen, den Steinbock, den Strauß und den Schlitten zu den Klängen eines Walzers vorüberziehen. Eine Welle der Ungeduld überfällt es, wenn die Musik leiser wird und das Drehen langsamer. Für alle absteigenden Kinder blind, klettert es auf das nur kurz stillstehende Karussell, wird fast entzweigerissen von der Qual der Wahl, nimmt auf etwas Platz, was sich schon Sekunden später als das nicht so Erstrebenswerte erweist und hält sich fest. Wenn das Fräulein die zehn Pfennige in die Hand des niemals lächelnden Mannes gelegt hat, der auf dem bereits sich drehenden Karussell gelassen zwischen Pferden und Kutschen herumsteigt und kassiert, beginnt eine geheimnisvoll erregende Reise durch Licht und Schatten und wieder Licht, ein sausendes, unaufhaltsames Hingetragenwerden, dorthin, wo die Musik tönt und wieder zurückbleibt, auf den Fersen der nach hinten ausschlagenden schwebenden Holzpferde, der starr an vereinzelte Erwachsene geklammerten kleineren Kinder, vorüber an Platz und Bäumen, am Englischen Garten, an München, an der Welt. Die Gesichter der anderen Fahrgäste, zunächst überwältigt, staunend, verwunschen, sammeln sich wieder, beim vierten Mal lächelt man schon den Draußengebliebenen zu, man entdeckt, daß die bunten Bilder an der Mittelsäule sich ebenfalls drehen, andersherum. Die Buben treiben mit begeisterten Armschwüngen die Pferde an. Viel zu früh verlangsamen sich Musik und Fahrt. Mit wütendem Bedauern, mit einem Ruck des Bravseinmüssens, ähnlich dem beim Verlassen des warmen Badewassers, steigt das Kind an der Hand des Fräuleins ab, nickt zu dem unausbleiblichen »Na, war's schön?«, das die Großen so an sich haben, und macht sich stumm auf den Heimweg.

Schon beim Öffnen der Wohnungstür riecht es nach Seifenschaum und Dampf. Ach ja, Waschtag, heute wird nicht zu Hause gegessen. Das Kind strebt mit leidenschaftlichem: »Wo is'n die Mama?« dem Mittelpunkt seines Lebens zu, dem Metronom des täglichen Ablaufs, öffnet mehrere Türen und klinkt sie ungenau oder gar nicht wieder ein. Es nimmt optisch gar nicht wahr, wo oder in welchem Aufzug, in welcher Situation es die Mama endlich zu fassen bekommt. Es stößt hervor, was ihm alles begegnet ist, es lädt ab, damit wieder Neues Platz hat. Zwar hüpft es ungeduldig auf dem Weg zu Kamm, Bürste, frischen Strümpfen und Waschwasser (»So halt doch still, den Scheitel müssen wir auch nochmal ziehen«), doch ist nun erst alles wirklich zu Ende erlebt.

»Der Papa läßt schön grüßen.« Stimmt: der Papa fehlt. Er ist nach Narwa gefahren, irgend so einem Ort. In acht Tagen kommt er wieder, und bis dahin sitzt einer der Brüder auf seinem Platz bei Tisch, der Poltschik (der Napoleon getauft ist) oder der Herbert. Heute sind sie alle zwei nicht da. Die Wege großer Brüder sind unüberschaubar. Was sie noch tun, außer Klavier oder Geige spielen, Balalaika und Nasenflöte (wenn man es selber probiert, geht es nicht), bleibt im Dunklen. Sie unterhalten sich über Radiobasteleien, über fremde Leute, über einen flachen Wagen, der Landsciff heißt und mit dem ein Mann namens Manfred Curry manchmal die stille Elisabethstraße heruntergefahren kommt. Ins Kinderzimmer schauen sie nur herein, wenn sie die Mama suchen, haben niemals Zeit, in das Badetuch-Häusl zu kriechen, und wenn man sie bittet, nicht in den großen grünen Kleinhesseloher See zu treten, auf dem man gerade mit dem umgedrehten Bettisch herumrudert, so sagen sie »Ach so!«, mitleidig, herablassend, wie ein Onkel. Kommen sie in die Lage, einem fünf Minuten aus den gewohnten Bilderbüchern vorlesen zu müssen, so klingt alles vertrocknet und ganz falsch. Und während sonst in dieser Welt der Liebe und der Stuckdecken von dem Kind nichts verlangt wird, als daß es ißt und schläft, ist dann, wenn die Brüder sagen: »Du, lang amal da her . . .« Vorsicht geboten, weil dort ein Regenwurm ist oder man einen elektrischen Schlag bekommt. Doch auch bei ihnen kann man unterm Flügel oder neben dem Klavier im Vorderzimmer sitzen, wenn sie spielen. Sie bemerken einen nicht, wenn sie mit nach innen gekehrtem Blick in die Tasten greifen, den Mund bewegen und Grimassen schneiden. Und gerade wenn sie Musik machen, gehören sie dazu, zu dem unbenennbaren Ganzen, wie das Aufwachen am Morgen, der Samowar der Teezeit, die Alabasteruhr unterm Glassturz und der Tonfall, mit dem die Mama etwas Freudiges ankündigt: »Mauseschwanz, schau mal . . .«

Hat das Kind diese Brüder jemals wirklich angeschaut? Doch, neulich, als der Poltschik es vom Kindergarten abholte, da hat es ihn gesehen. Sah er nicht anders aus als andere? So lang und dünn in gesticktem Russenhemd zu weißen Tennishosen? Der Kindergartenfreund Walterle, des Kindes neue unbestrittene Autorität, hat neulich gefragt: »Is' wahr, daß dein Bruder Napoleon heißt?« »Ja.« »Blöd«, hat der Walterle lakonisch konstatiert. »Nein«, hat das Kind eingewendet und mechanisch, wie »Spieglein, Spieglein an der Wand« oder »Knusper-Knusper-Knäuschen«, nachgeplappert, was irgendwer ihm beigebracht hat: »Bei den russischen Peltzers heißen viele Napoleon.« »Da schau, was du alles weißt«, hat die Kindergärtnerin versöhnlich gemeint und damit Walterles unmutiges: »Oh mei, russisch auch noch . . .« abgewehrt.

Gemessen am Aufschwung zärtlichen Besitzerstolzes, mit dem das Kind seine Hand in die viel zu große Hand des Bruders gelegt hat, war der Heimweg enttäuschend. Brüder interessiert nicht, was man zu erzählen hat. Der Poltschik, der wegen irgendwelcher russischen Peltzers Napoleon getauft ist, hat auch nicht am Kellergitter des Vorderhauses vom Kindergarten stehenbleiben wollen, wo es so wunderbar nach Schokolade riecht, weil drunten eine Schokoladefabrik ist, der Walterle weiß es. »Komm' schon, geh' weiter«, hat er gesagt, wie zu einem Dackel. Aber am Obstkarren Ecke Agnesstraße hat er eine Banane gekauft, und das Kind hat sie mit einem Gemisch von Entzücken und schlechtem Gewissen gegessen. Große Brüder wissen nicht, daß man so kurz vor Tisch nichts kriegen darf.

Heute fehlt außer dem Papa auch noch der Poltschik, nur Bruder Herbert ist da. Er sitzt in seinem Zimmer und zimbelt auf seiner Balalaika, bis wirklich alle fertig sind. Er hat darin seine Erfahrungen und verbringt Wartezeiten immer mit irgendeinem Musikinstrument. Die Mama setzt einen Hut aus feinem, dunklem Stroh auf, der sie ein wenig fremd macht (das Kind muß sie schnell noch einmal umarmen, um sich ihrer zu vergewissern), und telefoniert dann nach einem Taxi vom Stand am Elisabethplatz, wobei sie die runde Blechtüte, in die man hineinspricht, am Stengel herunterbiegen muß, weil sie kleiner ist als Papa und die Brüder.

Weil die Mama das Essen im Gasthaus nicht schätzt (»ewig triefende Schweinsbraten mit Kartoffelsalat statt Gemüse«) und sich aus Bier nichts macht, kommt es an Waschtagen zu einem liebenswürdigen, kleinen Exzeß: man fährt in die Konditorei Erbshäuser und macht aus dem Mittagessen eine Kaffeemahlzeit. Von Erbshäuser ist auch die Torte, die die Mama zum Geburtstag bekommt. Arme Mama, sie hat kurz vor Weihnachten Geburtstag und bekommt immer nur die Torte und eine Hyazinthe und ein fades Buch ohne Bilder drin. Jetzt, wo das Kind schon so groß ist, weiß es natürlich, daß Erbshäuser ein Name ist und nicht eine Kuchensorte. Die Fahrt im Taxi ist herrlich, weil es nach Benzin und alten Zigarren und Lederfett riecht und der Herbert erst der Mama und dann dem Kind beim Aussteigen hilft und, während die Mama zahlt, väterlich sagt: »Jetzt bleib' schön da und renn' nicht weg oder sowas.«

In einer Konditorei ist alles anders als zu Hause, die Tische zu hoch und zu klein und zu weit weg, und obwohl die Mama ihrer Handtasche rasch und diskret das gewohnte Frotteelätzchen entnimmt, so ist doch der Faltenrock in Gefahr. Die Schokolade in der Tasse ist unter ihrer Sahnehaube so heiß, daß man sich gräßlich dran verbrennt und beinahe weinen möchte. Der Herbert bestellt Schiraff-Torte, das tut er immer. Das Kind wählt lange zwischen Mohrenkopf und Prinzregentenschnitte. – Weil in wenigen Tagen sein Geburtstag ist, behält es die Mama scharf im Auge, ob sie vielleicht gleich hier die Schokolademaikäfer einkauft, die auf dem Geburtstagstisch sitzen werden. Doch die schaut ganz unschuldig. Außerdem unterhält sie sich mit Bruder Herbert, der allerlei wissen will, nämlich, wann der Papa eigentlich wiederkommt und wie man von Narwa heimfährt: von Reval mit dem Schiff? Und ob denn die Tuchfabrik nicht im Kriege was abgekriegt hat? Nein, die Roten haben nur für ein paar tausend Rubel Ware verschleppt. Es heißt dort jetzt Estland, estnisch ist Landessprache, sonst hat sich wenig verändert. Es ist weiterfabriziert worden.

Die Robert Peltzers haben ihren besonderen Stern. Keine Arbeiterunruhen? fragt der Herbert altklug, weil er in München etwas von Räteregierung gehört hat. Gott sei Dank nicht, sagt die Mama. »1906 soll doch mal irgend etwas passiert sein, ich hab' das nicht so mitgekriegt, entschuldige?« sagt der Herbert wie ein Erwachsener und hängt den langen Arm rückwärts über die allzu zierliche Lehne des Konditoreistuhles. »Großonkel Robert ist doch auch holländischer Untertan, wie alle Kinder von Urgroßvater Napoleon, oder verkohle ich das?« Das Kind schaut angestrengt zu einer Portion Eis hinüber, die am Nebentisch serviert wird. Es besteht die Möglichkeit, daß die Mama den Blick bemerkt und scherzend fragt, ob das Kind denn wirklich immer noch kann. Doch nein, sie äußert mit seltsam leerem Blick, daß ein holländischer Paß gegen vieles, aber wohl nicht gegen alles schützt. Der Herbert merkt, daß jetzt nicht nur von Narwa die Rede ist, und lächelt unsicher.

»Von Litwinowa noch immer nichts Näheres, was?« fragt er, mehr aus Höflichkeit, weil die Großen sich auf diesem Gebiet Sorgen machen. Er macht sich keine, er ist sechzehn Jahre alt. Er runzelt die Stirn, um etwas auf der in einem silbernen Halter eingeklemmten Karte auf dem Marmortischchen zu studieren. Es riecht nach fetten Crèmes und Kaffee. Alle Unterhaltungen ringsum werden in gedämpftem Ton geführt. »Nein. Vielleicht bringt der Papa Nachrichten«, sagt die Mama und denkt noch immer an Narwa. Der Herbert schwankt einen Augenblick, ob er jetzt auf die Sache von 1906 zurückkommen soll oder ob das Thema angesichts der Lage irgendwie unpassend ist, dann fragt er doch. Die Mama nimmt dem Kind, das aus Langeweile angefangen hat, das Wasserglas auf dem ovalen Tablett auszutrinken, das Glas weg und beschränkt sich, weil es dabeisitzt, auf ein paar Fakten und Daten, die niemanden ängstigen. Sie schlägt gleichsam durch ein feines Sieb, was sich vor ihrem inneren Auge abspielt: den großen gepflasterten Hof zwischen den beiden Fabrikgebäuden, viel größer nun, als Napoleon Tukur ihn plante, und sein Enkel Otto, der liebenswürdige, mit den Mandelaugen seiner zierlichen Großmutter Katharina (»Er war der netteste von allen, ihn hatte ich am liebsten«, sagt die Mama gelegentlich von ihm), und wie er in den Hof tritt unter einem weißblendenden Himmel, um mit aufsässigen Arbeitern zu verhandeln, begleitet vom Fabrikinspektor und dem Isprawnik, einem höheren Polizeibeamten, denen beiden ungeheuer viel daran liegt, daß die Sache gütlich beigelegt wird. Robert Peltzer ist auf Reisen in Deutschland. Er zeigt seiner Frau den Klosterhof Wenau in der Eifel, von dem vor rund hundert Jahren sein Vater Napoleon Tukur zu Fuß aufgebrochen ist, um sein Glück zu machen. Der energische Napoleon Tukur, kalt, zäh und entschlossen, der in der gegenwärtigen Situation vielleicht nach der Kutscherpeitsche über seinem Bett gegriffen hätte. Doch er ist schon 1899 zu seiner mandeläugigen Katharina auf den Kirchhof gezogen, von wo aus man die Narowa ihrer Mündung zuströmen sieht, breit wie ein kleines Meer, und der Horizont, den kein Hügel, kein Wald verstellt, sich unter dem Licht, das auf ihn niederwuchtet, ganz klein macht. Die anderen Söhne Roberts sind auch nicht da, sie befinden sich auf einer Studienreise in Frankreich. Wo ist Roberts Schwiegersohn, der besonnene Engländer? Er ist mit seiner Frau in Petersburg bei Verwandten. Nun, das Glück der Peltzerschen Napoleoniden wird ja wohl nicht nur für Robert gelten? Außerdem, um wen handelt es sich denn bei den Aufsässigen? Doch nur um eine kleine Gruppe, die noch nicht lange auf der Narwa-Manufaktur arbeitet. Mit denen wird ja zu reden sein. Der Isprawnik stellt seine berittene Polizei vorsorglich so zwischen Uhrturm und Färberei auf, daß sie kein böses Blut machen kann. Mit einem Schuß ist sie notfalls schnell herbeigerufen. Die drei Herren gehen, nachdem sie sich im Kontor beraten haben, hinaus in den Hof. Der Schuß fällt niemals. Isprawnik und Inspektor werden sofort überwältigt, sie können keinen Laut ausstoßen. Eine hysterische, schrille Stimme aus der Gruppe (war es wirklich die einer Frau?) schrie »Wot on!« – »Da ist er!« – und schlug Otto ihre Schürze über den Kopf.

Oder war es ein Sack? Wollte man ihn zunächst nur fortführen, aus dem Fabrikhof hinaus? Wessen Gesicht nicht mehr zu sehen ist, der ist bereits um sein Menschentum gebracht, ausgelöscht, in ein anonymes Opfer verwandelt. Einer erschlug ihn. Die anderen warfen ihn in den Kanal, der, von der Narowa abgezweigt, zahm und zum Teil überbaut, durchs Fabrikgelände floß. Eine kleine, unbedeutende Arbeitergruppe, der es gelang zu entfliehen. Den Täter erwischte man, viel später, in Turkestan. Es gab keine Demonstrationen bei der Beerdigung des liebenswürdigen jungen Otto Peltzer. Es gab nicht einmal irgendwelche Repressalien. Man brauchte Ruhe, um die Arbeit wiederaufnehmen zu können.

Bei Roberts Heimkehr lief die Fabrik auf vollen Touren, als wäre nichts geschehen, das man als unglücklichen Zufall bezeichnen mußte, damals im Jahr 1906. Und diesmal? Nichts? »Nein, nein, warum denn auch, so etwas wird sich nie wieder ereignen«, sagt die Mama, »bestimmt nicht.« Das Kind erkennt den Ton, wie man den Klang einer Tür erkennt, das silberne Klingeln des Deckels zur Glasdose, in der die Plätzchen sind, das asthmatische Schnarchen des Riemens, an dem morgens endlich der Rolladen hochgezogen wird. Es ist der gleiche Ton, in dem sie sagt: »Unsinn, das tut doch nicht weh . . .«, und darum lächelt es die Mama an. Sein rundes Puppengesicht unter der silbrigen Löwenmähne strahlt. »Du kannst den Latz abbinden, Freßsack, es gibt nichts mehr«, sagt die Mama liebevoll und hilft mit, damit sich nicht wieder die

Bändchen verknoten. Das Fräulein von Erbshäuser schreibt mit beflissenen Bewegungen auf einen kleinen Block, und das Kind darf inzwischen Mamas Portemonnaie halten. Es ist eine Lederarbeit mit geflochtenem Rand und trägt das Bild einer Burg oder Festung mit hohem, dickem Turm. »Wer wohnt da drin, Mama?« »Niemand«, sagt die Mama zerstreut, »das ist die Hermannsfeste in Narwa. Wieviel, sagten Sie? Und fünfundsiebzig, danke.«

Der Herbert holt ein Taxi herbei, und selbst bei der Heimfahrt läßt er sich noch was erklären, nämlich warum der Papa und seine Brüder jedes Jahr im Mai hinauffahren müssen nach Narwa. Das Verdeck ist offen an diesem warmen Maitag, und während die Mama Unverständliches erzählt von Generalversammlung, Aktienbesitz der Familie, Namen, Orten, Daten, die, wie alles, was mit der Familie zusammenhängt, furchtbar langweilig sind, lehnt das Kind sich weit zurück und schaut beim Fahren nach oben. Wie schnell man ein bißchen schwindlig wird, schwindlig und sehnsüchtig zugleich. Es schwebt abwärts durch fette Wolken, deren plattgeschliffene Unterseite bläulich angehaucht ist, stürzt durch den riesigen, kellerkühlen Schatten des Siegestores, das nach oben wegrutscht, dann kommen Baumkronen, ein Dickicht wogender Blätter, ein drehender Sturz – es ist wie Fliegen.

Ist das die altvertraute Elisabethstraße, diese Dächer und oberen Stockwerke, die man nie gesehen hat? Das Taxi hält. »Na, du bist jetzt ganz müde, wir wollen dich mal ein Stündchen hinlegen.« Das Kind ist überhaupt nicht müde. Um es zu beweisen, rast es den roten Kokosläufer entlang, um die Ecke, nochmal um die Ecke, durch die ganze Wohnung, stößt sich an der Tür von Mamas Schlafzimmer ab und kehrt wieder um. (Abends im Dunklen ist es noch schöner, aber da haben es die Erwachsenen nicht so gern. »Öha, wohin denn?« rufen sie, wenn man ihnen begegnet, und reiben sich das Schienbein.) Eine Stunde ist lang. Ausnahmsweise darf das Kind heute früher aufstehen und unter getuschelten Versprechungen, ganz ruhig zu sein, unter Kichern und Strampeln noch ein bißchen neben der Mama auf dem breiten Sofa liegen.

Die Mama hat ihr Haar aufgemacht, weil sie Kopfweh hat, langes, dichtes, duftendes Haar mit braungoldenen Funken drin. Das Kind streichelt es und spürt erstaunt, daß es vor hilfloser Zärtlichkeit mit den Zähnen knirscht und daß seine Augen sich trüben. Es spielt mit Mamas Händen, deren Finger lang, dünn und seltsam leicht sind, dreht zum Spaß die Steine der Ringe nach innen, wühlt sich aus der Decke, stützt sich auf die Ellbogen und blickt von oben in ihr Gesicht mit den geschlossenen Augen. Sie trägt ein Stirnband, ähnlich dem Verband, den man dem Kind neulich ums Knie gemacht hat, als es im Luitpoldpark die Steinstufen heruntergefallen war. Sie trägt es immer nach Tisch. Heute fällt es dem Kind auf.

»Wofür ist das? Tut es da weh?« Die Mama seufzt, sie hätte gern noch eine Weile Ruhe gehabt. Aber sie schiebt das Band fort und zeigt dem Kind eine Stelle auf der Stirn, genau in der Mitte zwischen den Augen. »Da hatte ich ein Muttermal, das habe ich mir wegmachen lassen. Das Band ist für die Narbe, damit sie schön glatt bleibt.« Das Kind fährt mit dem Finger darüber. Es sieht nichts, aber es hat ein ausgefallenes Wort gehört und denkt nach. »Wer ist deine Mutter, kenn ich die?« fragt es beinahe höflich. »Na hör mal«, protestiert die Mama und weist mit ausgestreckter Hand auf das große Porträt im Goldrahmen, das über dem Toilettenspiegel hängt: eine alte Dame mit rosigen Wangen und weißem Haar. »Natürlich kennst du sie!«

»Ach, du meinst meine Großmama. Die war aus Moskau, gell?« (Alle sind immer aus Moskau, damit kann man nicht fehlgehen.) »Nein, du Schafsnase, aus Bielefeld. Sie hieß Eugenie Krönig.« Krönig klingt schön, nach Märchenbuch, König und Krone, aber das Kind meint ablenken zu müssen, weil es etwas falsch gemacht hat. »Gell, die ist schon lange, lange gestorben?« »Lange nicht, ungefähr drei Jahre sind es jetzt. »Drei Jahre«, sagt das Kind, im Zweifel, ob sie jemals gelebt hat. Das große Bild im Goldrahmen, das bei elektrischem Licht spiegelt, so daß man die Augen darauf nicht erkennen kann, hat nur eine einzige interessante Stelle. Dort hat der Maler versucht, die Brosche auf dem Spitzenjabot zu malen, eine Brosche aus Perlen und Brillanten, die ein Kränzchen um einen blutroten Stein bilden. Die Farbe ist in dicken, rauhen Krümeln aufgesetzt, und sie kann nicht machen, daß die Steine funkeln.

An irgendeinem Morgen ist der Papa unvermutet wieder da. Er bespricht mit der Mama einiges auf russisch, von dem Unruhe und Trauer ausgeht. Das Kind spürt, daß es nicht gemeint ist, und findet auch, daß dies Unwägbare zurücktritt, zurücktreten muß vor der Feier seines fünften Geburtstags. Es trägt weiße Strümpfe und eine Seidenschärpe um das Kleid, das Eßzimmer duftet nach Flieder, Torte und warmem Wachs, das silberne Glöckchen tönt, und alle beugen sich zu ihm herab, alle gratulieren ihm, auch die großen Brüder und die Köchin Zenta. Nur der Papa kommt zu spät, hat noch den Malmantel an, ruft »Ach so!« und knöpft ihn rasch auf, als er die brennenden Kerzen sieht. »Ui, was ich sehe«, ruft er, anstatt Glück zu wünschen, »ui, was du kriegst«, und das Kind quietscht vor Entzücken. Es ist der Roller mit dem Teddykopf darauf, den es sich gewünscht hat. Ganz leise fahren die Gummiräder auf dem Teppich. »Schau, Mama, schau doch!« Die Mama schaut, aber dem Papa wird es sehr bald fad, und er tritt an den Rauchtisch und stopft sich seine Papyrossi mit einem kleinen Stopfmaschinchen. Dafür blickt er aber den bemalten hölzernen Vogel auf dem Geburtstagstisch nur flüchtig an und sagt, ohne zu zögern: »Freilich, das ist ja der Vogel Arakas«, und versteht sofort, daß die russischen Holzkegelpuppen nach Rang und Namen verschieden sind. Der große Dicke in Rot auf seinem bunten Thron ist der Zar, der graugoldene mit dem feurigen Bart ist Petrus. Nur die sechs weißen Gleichgekleideten mit den roten Hackebeilchen und der roten Verschnürung am

Rock kennt das Kind nicht. Doch, es sind die Kawassen aus dem Bilderbuch, die Kawassen, die Wassilissa die Wunderschöne nicht zu Hof lassen wollen und die Nase über sie rümpfen. »Mei, san die schee«, sagt die Köchin Zenta, die am liebsten selber damit spielen würde, »die werd' g'wiß der Herr Peltzer droben vo Rußland mit'bracht ham, oder?« »Ach wo, die haben wir seit zwanzig Jahren«, gibt der Papa Auskunft, und die Mama ermahnt: »Pscht, Sascha . . .«

Beim Papa ist alles anders. Sachlicher, aber interessanter, er läßt das Kind ernsthafte Einblicke in das Denken der Erwachsenen tun. Wenn er mit einem in ein Buch schaut, so sagt er nicht mit künstlich erhöhter Stimme: »Ah, da schau mal, das ist ja die Prinzessin Huschewind . . .«, sondern er wendet das Buch, blickt aufs Titelblatt und fragt: »Welches Ferkel hat denn das illustriert? Zum Weinen sowas!«

Und wenn die jungen Damen im dritten Stock Klavier spielen, schneidet er eine Grimasse, horcht einen Augenblick und stellt dann fest: »Sinding, Frühlingsrauschen. Höhö . . .« und ahmt mit ein bißchen Singen das Süßliche der Musik so treffend nach, daß das Kind lachen muß.

Macht man der Mama etwas vor, was man gelernt hat, so sieht sie geduldig hin und lobt stolz und froh, solange man nicht dabei übermütig wird und es allzuoft wiederholt. Papas Beifall zu erringen ist schwer, fast unmöglich. Was ihn amüsiert und erfreut, bleibt Geheimnis. Meist sind es Dinge, die das Kind nicht als bemerkenswert empfindet.

»Da komm her, du Ochsenfrosch«, sagt er, »schau mal, was ist denn das?« und hält ein Bild in die Höhe, einen Strudel lebhafter Farben, auf dem Gegenstände nur schwach zu erkennen sind. »Ach, sicher Jawlenski«, sagt das Kind gleichgültig, und der Papa hält sich mit der Hand Mund und Kinn zu und läßt seine Augen lachen. Worüber bloß?

Abends, wenn er im Dunklen am Flügel sitzt und spielt, von der Bogenlampe aus der Elisabethstraße geheimnisvoll beleuchtet, tanzt das Kind hinter seinem Rücken, die lange Spitzengardine als Schleier auf dem Kopf. Es ist, als schwämmen Papa und Kind in silbrigem Staub. Der Papa dreht sich um. »Und was spielen wir jetzt?« fragt er, und das Kind setzt sich auf sein rechtes Knie. »Jetzt spielen wir, wie ein großes, weißes Pferd mit blinden Augen ganz leise auf einem Waldweg auf uns zukommt.«

Wieder lacht der Papa, hinter gespreizter Hand, den Daumen fast am rechten Ohr, und greift in die Tasten. »Nein, Blödsinn, nochmal«, sagt er vor sich hin und beginnt von neuem. Zum Schluß, als das Kind schon von seinem Knie geglitten ist, muß er noch den ›Kasperltheaterton‹ spielen: zwölf Schläge auf dem tiefen Fis, das klingt wie damals im Kindergarten, als es Mitternacht schlug und unvermutet der Teufel auftauchte. Das ist schön gruselig. Dann ist Schluß, unerbittlich, unwiderruflich. Den Papa kann man nicht durch Schmeicheln umstimmen, nicht bestechen durch Bravsein, er ist unbeeinflußbar wie der liebe Gott.

Neulich war der Kindergarten früher aus, und das Kind hat nicht gewartet, bis jemand kommt und es holt, sondern ist einfach davongelaufen. Die Mama war krank, Papa nahm das Telefongespräch entgegen. (»Sascha, ich bitte dich, sei streng. Sie darf sowas nicht machen, sie kann ja unter ein Auto kommen!«) Dem Kind, das unangefochten und begeistert mehrere große Straßen überquert hat, wird es schwül, als in der Franz-Josef-Straße unvermutet der Papa auftaucht, es an der Hand nimmt und gar nichts sagt. Es erzählt allerlei, es macht sich hold und süß. Es nützt nichts. Ungewohntes liegt in der Luft. Kurz vor der Haustür begegnen sie einem Mann mit langem weißem Bart. »Du, schau mal«, sagt das Kind, voller Erleichterung, daß endlich etwas geschieht, das den Lauf der Ereignisse beeinflussen wird, »Petrus!« »Nein«, sagt der Papa gelassen, »das ist nicht Petrus, das ist Hermann Bahr, der wohnt uns vis-à-vis.«

Daheim führt er das Kind in die Dunkelkammer, in der er seine photographischen Platten selbst entwickelt. Der Wasserhahn tropft in einen von Farben verunstalteten Ausguß, und im hohen Regal stehen die fertigen Ölbilder nebeneinander und riechen gut.

Der Papa dreht das Kind auf sich zu und sagt ohne Zorn oder Erregung: »Vom Kindergarten davonlaufen ist dumm. Dann leider Popo-Pritsch.« Und es gibt tatsächlich Schläge, nicht eben viel, doch genügend, um sagen zu können, man habe seine Pflicht getan. Das Kind heult, nicht eben viel, doch genügend, daß man merkt, es hat sie gespürt. Doch damit ist es auch zu Ende. Kein moralischer Terror folgt. Noch schluchzend, vom Bock gestoßen, geht das Kind an Papas Hand den Kokosläufer entlang ins Schlafzimmer zur Mama, die blaß aussieht und sehr leise spricht.

Auf der Marmorplatte ihres Nachttisches liegt eine angebrochene Tafel Schokolade. Das Kind schaut sehr nachdrücklich hin, es wagt aber nicht, rundheraus um ein Stück zu bitten. Es kriegt auch keins.

Ja, auch der Papa vertritt das Prinzip der Ordnung und höheren Macht, man merkt es heute zum ersten Mal, weil die Mama fehlt. Er ißt mit im Kinderzimmer zu Abend, unter der tief heruntergezogenen Lampe mit dem grünen Porzellanschirm, er liest die Geschichte von der »Knarrprinzeß« aus einem schon etwas zerfledderten, aber heiliggehaltenen Buch, und das Kind schaut ihm über die Schulter. Es will die Stelle sehen, an der die Eulenhexe Schuh-Huh schreit und in den Wald hineinfliegt, und der Papa zeigt ihm die gedruckten Worte. »Hm, eine grausliche Hexe«, sagt er nachdenklich und sieht sich die Illustration genau an. »Ja, fein«, bestätigt das Kind und setzt unaufgefordert hinzu: »Vor solchen Sachen habe ich keine Angst, nur vor wirklichen.« »Aha«, meint der Papa ganz nebenhin, als habe er nicht soeben ein Echo gehört, die Umkehrung eines geheimen Stichwortes, auf das einzugehen noch zu früh ist.

Der Auftritt, der auf das Stichwort zu erfolgen hätte, könnte dramatisch sein, ist es aber nicht. Das Kind, das auf seinem Roller über das wackelige Pflaster des Trottoirs stuckert, sieht ein Taxi halten, aus dem der Papa einer schlanken, blassen Dame aussteigen hilft. An jedem anderen Tag würde es hinzustürzen, sich wichtig machen und Zärtlichkeiten verlangen. Heute nicht. Es glaubt traurig zu sein, fühlt sich aber nur körperlich elend. Weil es sich noch nicht in Schale und Kern getrennt hat, kann es die beiden Dinge nicht unterscheiden. In seinem plötzlich groß gewordenen Inneren wehen unbekannte Unruhen und Unzufriedenheiten wie Luftzug in einer Wohnung, deren Türen offenstehen. Keine der gewohnten Erleichterungen hält stand: das Rollerfahren nicht, die stibitzten Trockenbirnen in der Tasche nicht. Die Pferde des langsam vorüberklappernden Bierfuhrwerks, die es sonst so liebt, treten zu laut auf. Lustlos und kaum neugierig sieht es den Papa die Haustür für sich und den Besuch aufschließen. Erst viel später kommt es in die Wohnung, weil es trotz des flauen Gefühls noch mit dem Hund hat sprechen müssen, den die Leute aus dem vierten Stock spazierenführen. Die Mama fängt es ab, es soll Haare kämmen. Die Schleife wird neu gebunden. »Wer ist denn gekommen?« fragt das Kind, dem das kalte Wasser beim Händewaschen heute Schauer den Rücken herunterjagt. »Tja . . .«, sagt die Mama geheimnisvoll, als käme jetzt eine freudige Überraschung, und schiebt es neben sich in den Salon, aus dem man eine helle, und zugleich brüchige Stimme russisch sprechen hört.

Gegen das Licht im Erker sieht man nur Umrisse, trotzdem erkennt das Kind, daß es mit Interesse, ja einer fast bedrückenden Ergriffenheit besichtigt wird. Warum ist alles so feierlich? Was ist denn passiert? Der Papa ist wie immer. Geht das Fremde von der unbekannten Frau aus, die sich nun, nach Kölnisch Wasser riechend, zu dem Kind herunterbeugt? Es erfährt von der erregt gesteigerten, hohen Stimme auf deutsch, wie groß es schon ist, und wird mit seinem vollen Vornamen angeredet, was nicht häufig vorkommt.

Dann aber hört es in einem Schwall Russisch, von dem es nur Brocken versteht, wem es alles ähnlich ist und wem gar nicht, aber auch gar nicht. Namen fallen, die es in irgendeinem Zusammenhang schon einmal gehört hat. Die Tante hat ein samtschwarzes kleines Muttermal dort, wo auch Bruder Herbert eines hat, rechts zwischen Mund und Nase, doch auf ihr sieht es streng, fast hochmütig aus, vielleicht kommt es daher, daß ihre dichten Augenbrauen fast zusammenstoßen, oder davon, daß man die Farbe ihrer Augen nicht erkennt. Der Mund ist ganz schmal. Beißt sie von innen darauf? Sie ist schon alt, ungefähr vierzig.

Sie begrüßt nicht nur das Kind, das sie noch immer nicht losläßt, sondern auch bestimmte Gegenstände der Wohnung mit verhaltenem Entzücken, als müsse sie vorsichtig sein, um nicht zu weinen: den Samowar, die geschnitzte Schale aus Birkenholz, das eine Bild im Salon, auf dem verschneite Bauernhäuser im Mondlicht liegen. Alles könnte wunderbar aufregend sein, wenn das Kleid einen nicht so kratzte und die Füße einem nicht so weh täten, als wüchse man einen halben Meter. Das Kind bemerkt, daß die Tante auf den Ikon in der Ecke zeigt und etwas sagt, was noch nie jemand gesagt hat: »Das Flämmchen ist ausgegangen ...« »Es hat nie gebrannt«, erwidert Papa ganz ruhig und stopft sich eine Papyros.

Sie sieht ihn mit einem langen Blick an. Haben die Eltern etwas unterlassen oder falsch gemacht? Räuspert sich die Mama deshalb so merkwürdig? Das Kind hat plötzlich kein Interesse mehr an alledem, es lehnt sich an die Mama und gesteht, daß ihm schlecht ist. Es wird den langen rotbelegten Gang entlang nach hinten ins Kinderzimmer geführt. Der Besuch einer noch so interessanten Tante geht unter, erlischt. Die Ecken des Zimmers füllen sich mit Nebel, das Ticken der Uhr bekommt einen höhnisch-heiseren Unterton, die Mama steht am Bett und beobachtet mit liebevoller, leicht irritierter Aufmerksamkeit, ob einem etwas Besonderes wehtut.

Der Professor Trumpp in makellos weißem Querbinder kommt, mit Hörrohr (»So jetzt mach' amal dei Brotlädle auf und zeig mir dei Züngerl!«), es gibt Pulver, die nach Mottenkugeln schmecken, und viel Zitronenlimonade.

Die Nacht ist voller Schrecken, Männer mit langen, lose baumelnden Zähnen tauchen auf, sie tuscheln und raunen immer gleiche, unverständliche Worte, schlucken kann man auch nicht, die Füße sind so weit weg, daß man nach ihnen zu weinen beginnt. Auch der nächste Tag ist noch schlimm.

Ob die Tante wieder fortgefahren ist? Das Kind erfährt es nicht. Irgendwann einmal glaubte es ihre Stimme zu hören, die ein Lied singt, ein russisches Kinderlied, das es schon kennt, immer schon, seit es ganz klein war.

Nächte und Tage gehen ineinander über. Irgendwann werden in den unbekannten Höfen jenseits der Mauer zur Agnesstraße Teppiche geklopft, zwischendurch einmal färbt sich die große Scheibe mit den steifen bleigefaßten Tulpen zum Badezimmer hin golden, und dahinter plätschert und rauscht es.

Aus dem gequälten, unruhigen Kind wird das schläfrig-stille, dann das rasch ermüdende, rekonvaleszente, das gelangweilte, das unartige Kind. Wenn es mit der Kuhglocke am Samtband läutet, kommt nicht immer bloß die Mama, sondern auch mal die Köchin oder das Kinderfräulein, auch einmal die Zugehfrau. Die Tante, die Jelena heißen soll, scheint noch da oder inzwischen wiedergekommen zu sein. Sie ist es wohl, über die die Köchin und die Zugehfrau neulich sprachen, als sie sagten: »A bisserl g'spaßig kimmt's mer scho für . . .«, weil sie von jedem Gang in die Stadt Seife mitbringt und am liebsten, in ihrer Freude darüber, daß es Seife zu kaufen gibt, jedes Taschentuch extra waschen würde. In der großen Waschschüssel im Badezimmer, mit dem blauen Klatschmohn drauf. Das Kind, dem sowieso alle Erwachsenen merkwürdig vorkommen, kann nichts Seltsames dabei finden.

Es sitzt bequem in großen Kissen aus dem Bett von Mama, läßt die Tiere auf seinem Bettisch weiden, von denen jedes ein rechteckiges Stück Wiese an den Füßen bei sich trägt; es stellt die russischen Kegelpuppen auf und sieht ihnen lange in die geheimnisvollen, bärtigen Gesichter.

An so einem Nachmittag, als schon eine Menge Bauklötze und Stofftiere unter der Bettdecke gelandet sind und das Kind quengelnd und unbequem liegt, erscheint auf das Klingeln die fremde Tante, die Jelena heißt, in der Tür. Sie kommt nicht gleich herein, sondern bleibt auf der Schwelle stehen und legt graziös die Hände vor der Brust zusammen. Das Kind ist erstaunt und bejaht nachdrücklich die in hohem, theatralischem Sington geäußerte Frage, ob man jetzt Bilderbücher ansehen oder Geschichten erzählen soll.

Was die Tante äußert, klingt alles so, als sei es in Wirklichkeit russisch gesprochen, und nur aus Versehen deutsch. Aber sie setzt sich still hin und hört willig zu, als nun das Kind von sich aus ihr etwas erzählt.

Es ist die Geschichte von Lisaweta der Wunderschönen, wie sie nachts in ihrem Palast in Moskau aufsteht und zu ihrer Schwester Warwára sagt: »Warwarinka, steh auf und hilf mir, mein Kleid am Rücken zuzuschnüren.« Und Warwára fürchtete sich und schnürte. Haken und Ösen, sagt das Kind eifrig, gab es damals noch nicht. Wohin gehst du denn mitten in der Nacht, sag mir's doch, bat Warwára mit kalten Händen und Füßen vor Angst. Aber Lisaweta die Wunderschöne lächelte nur. Und als sie wiederkam, sagte sie auch nichts. Und am nächsten Morgen, da kam ein Schlitten mit drei oder vier Pferden, vorne zwei und hinten zwei, und der Zar hatte es erlaubt, daß die Pferde hintereinander im Zuge liefen . . .« Das Kind, das diese Pferdeanordnung nie begriffen hat, hudelt die Stelle gelangweilt herunter, sieht aber im sinkenden Licht die zwei dunklen Höhlen im Gesicht der Tante unentwegt und voller Interesse auf sich gerichtet.

Mit neuem Schwung beschreibt es den Prinzen, der Lisaweta nachts zur Frau genommen hat, schildert genau das Innere seines Palastes und den Erker, an dem Lisaweta die Wunderschöne später saß und Handarbeiten machte, zusammen mit ihrer Schwester Warwára, wenn die auf Besuch kam. »Und sie lebten von Schokolade und Kuchen ihr Leben lang, und wenn sie nicht gestorben sind . . .«

Zum ersten Mal mischt die Tante sich ein, mit leiser Stimme. »Doch, sie sind gestorben. Ja. Das sind sie. Und das ist gut«, sagt sie. Ihre Mundwinkel zittern dabei. Vielleicht will sie heimlich lachen, wie der Papa immer und die anderen Erwachsenen. Oder etwa weinen? Die Geschichte geht gut aus. Traurig kann sie also nicht sein. Alles geht immer gut aus. Das Kind streckt sich, müde geworden. »Und jetzt erzähl' du mir was . . .«, sagt es.

Jelena faltet die Hände und legt sie flach, mit nach oben gekehrten Daumen vor ihren Hals. (Wo nur hat das Kind das schon einmal gesehen?) »Nuuu – –« beginnt sie, »ich werde dir ein wenig davon erzählen, wie dein Papa klein war.« »Warst du dabei, wie der Papa klein war?« fragte das Kind verblüfft. »Ja. Ich war mit ihm zusammen klein. Ich bin seine Schwester, weißt du.«

Wer hätte gedacht, daß der Papa eine Schwester hat. Das Kind kann es sich nicht recht vorstellen, will sich nicht blamieren und schweigt. Ganz schwach kommt es ihm so vor, als habe es das, was die Tante erzählt, schon einmal gehört. »Als dein Papa und ich klein waren, lebten wir in Moskau im Hause Botkin . . .«, beginnt sie.

Es ist völlig dunkel geworden, nur die weiße Bluse der am Bett Sitzenden ist zu erkennen. Man sollte Licht anmachen. In einem der unbekannten Höfe bellt in gewissen Abständen ein Hund, als wolle er etwas mitteilen. Von der Josefskirche her läutet es, der Wind scharrt und kratzt am Rolladen. »Ah ja, Moskau, ich weiß . . .«, sagt das Kind und sieht vor dem öden, verschwimmenden Weiß des großen Kinderzimmerschranks die barbarische Märchenstadt mit den Zwiebelkuppeln in Türkis und Gold auftauchen.

Was aber sieht die Tante, vor der kahlen, rechteckigen Öffnung, in die manchmal ein erleuchtetes Fenster aus dem dritten und vierten Stock des Gartenhauses hineinblinzelt? Ihre Worte fallen nachdrücklich und zögernd, wie Gegenstände, die aus einem lange verschlossenen Schrank geholt werden. Liegt das, was sie erzählen will, vielleicht zu unterst?

✶

Nein, sie ist nicht mehr klein. (Manchmal fragt sie sich, ob sie es jemals war.) Ihr Blick hat etwas Starres bekommen, an ihrem Hals zeigen sich Querfalten, wie bei einem Ofenrohrkniestück. Sie wohnt auch nicht mehr im Hause Botkin, von dem aus man auf die Mauer des Chinesenviertels und das klobige Tor hat schauen können. Väterchen

Alexander, der stimmgewaltige Tyrann, der darin die Bilder nachts aus der Galerie abhängte, um sie auf seinem Bett von nahem betrachten zu können, ist ebenso wie die Brüder im Ausland und damit abgeschnitten, unerreichbar, seit Krieg ist.

Im Juni 1914 ist er nach Bad Nauheim gefahren, zur Kur, wie jedes Jahr, und in den ausbrechenden bewaffneten Konflikten steckengeblieben wie ein Fisch in der Reuse. Erst hat er gehofft, über die Schweiz nach Hause zu kommen. Zappelnd vor Ungeduld sitzt er, mitgenommener Briefe wegen, die Bekannte ihm aufgedrängt haben, unter Spionageverdacht einige Tage an der deutsch-schweizerischen Grenze im Gefängnis, später mit langsam zu Ende gehenden Mitteln in einer kleinen, schäbigen Pension, wo man ihn betrügt und ihn schließlich nur noch zur Not duldet. Von dort aus verfaßt er ärgerliche Episteln ans Moskauer Kontor. Sie sollen ihm endlich Geld schicken, schreibt er. Es wird sich doch eine Möglichkeit finden lassen. Noch immer besitzt er, allerdings nun nur noch aus historisch-traditionellen Gründen, die holländische Staatsangehörigkeit seines Vaters Napoleon Tukur. Manchmal gibt er dessen Lebensgeschichte zum besten, es hört niemand mehr so recht zu. Vielleicht glaubt man ihm auch nicht. Über das Rote Kreuz versuchen seine in Deutschland, Schweden und Frankreich lebenden Kinder ihm das Allernötigste zukommen zu lassen. Es sickert spärlich durch einen Filter von Verordnungen und Vorschriften. Von seiner Familie in Rußland hört er nichts.

In dem großen Holzhaus in Litwinowa, das so

voller Musik gewesen ist und in dem an heißen Sommernachmittagen die Tee- und Kwaß-Orgien stattgefunden haben, während der Birkenduft der Wälder immer stärker wurde und die Käuzchen riefen, ist ein Lazarett eingerichtet. Allein mit der unbeholfenen, zum Embonpoint neigenden Dela wohnt Mama Marie Fjodorowna im Verwalterhäuschen, dem Schauplatz von Großvater Fritz' homöopathischen Heilungen. Er braucht es nicht mehr, er liegt einige Werst davon neben seiner Warwára, die einmal ihrer Schwester für eine nächtliche Trauung das Kleid schnürte, und auf seinem Grab blüht ein rosafarbenes Kraut, ähnlich der Erika.

Jelena, die als Kind bei der Erwähnung von Hauffs Geschichte von der abgehauenen Hand beinahe in Ohnmacht fiel, ist »Dame Patronesse« in dem Lazarett. Sie besorgt die ganze Wirtschaftsabteilung, Essen, Wäsche, Verbandszeug, Medizinen, sie übernimmt Nachtwachen, spricht leise und sanft zu Verwundeten und Sterbenden, als sei sie ihre Mutter Marie Fjodorowna, sie übersetzt den zahlreichen Rumänen ihre Post von zu Hause und schreibt die Antworten. Mit dem Französisch von Madame Roman und dem Italienisch aus den Gesangsstunden kommt sie bei Rumänisch seltsamerweise irgendwie zurecht.

Die Verwundeten lieben sie glühend. Sie, die vor der Eulenhexe im Bilderbuch die Hände vors Gesicht schlug, berührt Blutiges, Ekles, Stinkendes. Ihre dunklen Brauen sind leicht angehoben, die Mundwinkel hängen bitterlich herab, wie bei der

Duse in einer tragischen Rolle, aber sie zuckt nicht mit der Wimper.

Später wohnt sie in Moskau in der Wohnung von Katja, zusammen mit deren drei Kindern, der alten Njanja Arischa und einem Mädchen, das kocht. In einem der hinteren Zimmer, eine schiefgerutschte Brille auf der Nase, den schütteren Scheitel tief auf die Arbeit gebückt, stickt die alte Madame Roman. Noch immer spricht sie fast nur französisch, zeigt genau auf die Stelle an ihrer Wange, wo sie geküßt zu werden wünscht, und verspricht sich von ihren Handarbeiten in diesen schweren Nachkriegszeiten einen riesigen Erlös, den sie realisieren wird, wenn es nötig werden sollte.

Katjas Mann hat zwei Tage vor Kriegsausbruch in Petersburg einen Dampfer bestiegen, der nach Stockholm auslaufen sollte, es aber nicht tat, weil am Hafenausgang Minen gelegt wurden. Er lief auch am nächsten Tag nicht aus, weil da die Kriegserklärung vom »lieben Vetter Wilhelm« da war, und ist dann als deutscher Untertan verhaftet und abtransportiert worden, wie man munkelt, in ein Dorf in der sibirischen Steppe. Katja gewöhnt sich schwer an die Ungewißheit, unter der sich die Konturen des täglichen Lebens allmählich verwischen wie bei einer nicht genügend fixierten Bleistiftzeichnung. Als gäbe es sonst nichts mehr auf der Welt, spricht sie mit der Schwester immer wieder davon, wo wohl das Dorf in Sibirien liegt, und ob und wann und wie man Sergej etwas schicken kann, und ob Jelena meint, daß er das Plaid noch hat, das er der zugigen Schiffsreise wegen mit sich führte. Jelena meint unbedingt ja.

Das Leben besteht nicht mehr aus einer Flut von Freude mit gelegentlichen Ärgerlichkeiten darin, in die aus unbekannten Bezirken Schrecknisse fallen, vor denen man sich fürchten muß. Man fürchtet sich nicht mehr, es ist zu viel an Wirklichem da, an Äußerungen einer schreckensvollen, bösen Macht, für die Hexen und blinde Pferde Chiffren gewesen sind, gekritzelte Zinken, Vorzeichen.

Katjas Junge bekommt eine eitrige Angina, er fiebert hoch und stirbt. Sepsis, sagt der Arzt. Man begräbt ihn am 13. jenes Monats, der später der Rote Oktober heißen wird. Die Feier ist in der Kathedrale Bogavilenije, in der Puschkin getauft ist. Das seltsame Geräusch, das man dabei in der Ferne hört, sind peitschende Schüsse.

Ist der Tag hell oder dunkel gewesen, als sich Poltern an der Wohnungstür erhob, das keiner von der Familie je vergaß, und wieso weiß später keiner mehr, ob es Herbst oder Winter war? Der Türhüter trat nicht in Erscheinung, es gab keinen mehr, als die ungewöhnlichen Besucher sich mit Kolbenstößen anmeldeten. Das Mädchen sank am Herd zusammen, und ihre wimmernden Anrufungen richteten sich an die Heiligen im allgemeinen und die Muttergottes von Kasan im besonderen. Die Njanja, die zwischen den beiden Halbwüchsigen am unteren Ende des Tisches saß, wie seit zwanzig Jahren bei jedem Essen, stieß den Jungen ein wenig in die Seite und zischelte: »Ellbogen vom Tisch, Liebchen«, als habe sie nichts gehört.

Katja, grünlichblaß, aber mit nahezu verbindlichem Gesichtsausdruck, damit die Kinder nicht erschraken, sah drei bewaffnete Männer in schäbigen Mänteln eintreten, die ohne Aufwand an Temperament die Wohnung für beschlagnahmt erklärten. Die Bürgerinnen hätten sie zu räumen, und zwar augenblicklich.

Jelena, die ihnen mit gestraffter Aufmerksamkeit entgegenblickte, als warte sie darauf, daß sie sich durch irgendein Merkmal als etwas längst Erahntes auswiesen, fragte sachlich: »Und wohin sollen wir gehen?« »Das ist uns gleich«, sagte einer der drei Männer. »Gehen Sie, wohin Sie wollen.« Merkwürdigerweise war es die Njanja, die das Wort ergriff. »Gewiß«, sagte sie und erhob sich, als gälte es, einen vergessenen Löffel zu holen, »aber gewiß. Alle kommen mit zu mir in die Wohnung meines Bruders. Eßt auf, meine Täubchen, dann werden wir unsere Mäntel anziehen und etwas Wäsche einpacken.«

»Qu'est-ce qu'ils veulent?« fragte Madame, die bis jetzt mit Kauen beschäftigt gewesen war und die Augen von einem zum anderen wandern ließ. »Ce n'est rien«, sagte Jelena und brauchte damit die gleiche Beschwichtigungsformel, die Madame einst gebraucht hatte, um dem nervösen Kind Jelena über irgendeine Gespensterfurcht hinwegzuhelfen. Im Augenblick jedoch klang es wie das Ergebnis blitzschnellen Erwägens und Wertens. Man war erst bei der Ouvertüre. Die Oper würde folgen.

Kann man sich im Verwalterhäuschen in Litwinowa Trost holen in einer Zeit, die die Kräfte übersteigt? Man kann es nicht. Djeaduschka Alexander Peltzer sitzt noch immer im Ausland fest und wird nicht heimgelassen. Die sanfte Marie Fjodorowna, deren Haar schlohweiß ist, hat Zitterlähmung und schüttelt den Kopf, etwas schräg und nachdrücklich, als verstünde sie die Welt nicht mehr. Auch Dela begreift nicht. Aber sie braucht nicht zu begreifen, sie hat einen Dispens von Geburt an. Als schon fast alle Pferde requiriert sind, kommt ein Bolschewik und führt ihr Reitpferd weg. Dela schiebt schmollend die wulstigen Lippen vor. Ihr Kopf mit dem zu üppigen dunklen Haar ist etwas in den Nacken gelegt. Sie will dem Mann den Zügel abnehmen, weil er keine Miene macht, sie aufsitzen zu lassen. In ihren Augen glitzert es jähzornig. Zum ersten Mal sieht man, daß auch sie Väterchen Alexander, dem Choleriker, ähnlich ist.

»Astaff! Laß das!« sagt sie mit schneidender Stimme und hebt die Reitpeitsche. Jetzt, jetzt, denken die angsterstarrten Damen am Fenster des Verwalterhäuschens. Es geschieht nichts. Der Mann zieht davon. Auch später gibt es keine Repressalien. Dela ist nicht normal, sie darf als einzige natürlich reagieren.

Sie freut sich ihres Pferdes nicht mehr lange. Ist es noch ein Jahr? Ein halbes Jahr? Sie wird krank. Jelena fährt wieder einmal hinaus nach Litwinowa. Menschentrauben hängen auf den Dächern und Trittbrettern des Zuges. An der Station wartet kein Kutscher mehr, um sie die letzten achtzehn Kilometer zu transportieren.

Jelena geht zu Fuß durch die Landschaft, wie

einst Großvater Napoleon Tukur. Das letzte Stück läßt ein junger Mann sie aufsitzen.

»Bürgerin, wohin willst du fahren?« fragt er, und erst jetzt erkennt sie ihn. Es ist Wasja, der als Kind an Krämpfen und Durchfällen litt und den Marie Fjodorowna geheilt hat. Welche schöne Gelegenheit wäre das zu einem grundsätzlichen, weltanschaulichen Gespräch zwischen dem jungen Proletarier, dessen wahre Meinung vielleicht nicht mit dem übereinstimmt, was zu äußern er behördlich angehalten ist, und Jelena, die einst für die Sache der Unterdrückten schwärmerische Tränen vergoß! Das Gespräch kommt nicht zustande. Die gemeinsame Kindheit, die sie verbindet, und das, was sie nun trennt, sind gleich stark.

So schweigen sie denn gegeneinander, bis der alte, mit einer Art räudigem Moos bewachsene Zaun beginnt und dahinter das Erlenwäldchen. Jelena steigt mit einem gemurmelten Dank ab und geht zwischen den Bosketts hindurch aufs Verwalterhaus zu.

Sie erzählt der lieben Mama nur wenig von ihrem Leben in Moskau. Sie arbeitet in einem Amt für Kinderwohlfahrt. Von ihrer Lebensmittelration leben mehrere Personen mit: ihre Schwester Katja, deren beide Kinder und die alte Madame Roman, deren Eifer für unveräußerliche Handarbeiten nicht nachgelassen hat, alle in Bruder Anduschas wie durch ein Wunder noch unbeschlagnahmter Wohnung. Die alte Njanja kommt noch täglich, man wagt das, was sie gelegentlich mitbringt, kaum zu essen, weil man nicht weiß, ob dieses Bündel aus Haut, Knochen und Liebe es sich nicht selber am Mund abgespart hat.

Doch auch die Mutter in ihrem Verwalterhaus spricht nicht von etwas, das so offensichtlich trostlos ist wie die gegenwärtige Lage. Sie findet etwas Erfreuliches, das sie der Tochter mitteilen kann. Eine Nachricht ist gekommen, die irgendwie den Weg durch vernagelte Grenzen nach Litwinowa gefunden hat. »Denke dir, Sascha in München hat ein kleines Mädchen bekommen, zu seinen großen Jungen. Ist das nicht wunderbar? Wenn ich nur noch irgend etwas hätte, um es zu schicken.« »Es wird nicht ankommen, Mamascha«, sagte Jelena still. »Ich werde es trotzdem versuchen«, sagt die sanfte Marie Fjodorowna, und nur ihre nachdrücklichen Kopfzuckungen drücken geheime Zweifel aus. Sie findet noch etwas, eine Kleinigkeit, die sich im seidenen Futter ihrer längst geplünderten Schmuckschatulle verkrochen hat: eine Korallennadel mit Brillantsplittern. Sie übergibt sie, in Seidenpapier gewickelt, ohne Brief, einem deutschen Offizier, der in die Heimat entlassen wird und sich verabschieden kommt –, ein kleines Zeichen für einen fernen Planeten.

Und Dela, die kranke Dela? Ungewohnt steif und reserviert bleibt Jelena an der Tür zum Zimmer der Schwester stehen. »Komm zu mir, Lenotschka«, sagt Dela. Die feiste Weibsperson greint, ist wieder ganz zum Kind geworden. »Kannst du nicht bei mir sitzen und mich ein wenig streicheln? Mir tut alles so weh.« Ihr Gesicht ist rotglänzend, ihre Lippen sind aufgesprungen.

Es ist Typhus, sagt sich Jelena mit jagendem Herzklopfen, natürlich ist es Typhus, wie jeden Sommer, die Gegend ist ja voll davon. Wenn ich jetzt zu ihr trete und sie anfasse, bringe ich die Ansteckung nach Moskau. Die Kinder sind unterernährt, Katja kann sich kaum noch auf den Beinen halten, Madame ist alt. Und wenn ich selber es bekomme, kann ich nicht mehr arbeiten, und wir kriegen nichts mehr zu essen, und von mir hängen zur Zeit alle ab.

»Ich kann dich nicht streicheln, Dela, Liebes, verstehst du.« Dela versteht nicht, wie könnte sie. »Daswidanije, auf Wiedersehen«, sagte Jelena deutlich und ohne Zittern in der Stimme und trennt sich von dem geliebten, schwachsinnigen Wesen, um es nie wiederzusehen.

Es war gar nicht Typhus, es war Meningitis. Dieser Abschied, der keiner ist, wird Jelena nachgehen, bis ihr Fleisch verwelkt ist und ihre Hände sich arthritisch verkrümmen.

Warum gerade er? Ziehen nicht die nächsten Abschiede schon auf und verdunkeln den Himmel wie ein Vogelschwarm? Der von Katja ist der erste. Die letzten dreizehn Monate wohnt sie mit Jelena und den verschreckten Kindern in einer Ecke des großen, kahlen Zimmers der einst hochherrschaftlichen Wohnung. Am Boden ist ein Kreidestrich gezogen, bis hierhin und nicht weiter, jenseits des Kreidestrichs beginnt bereits das Reich anderer: da wohnt ein Chauffeur und sein Liebchen; ein altes Paar, das nachts stöhnt beziehungsweise hustet; einige städtische Angestellte.

Die Tür, das Fenster und die unbeschreibliche »Gelegenheit« auf dem Korridor sind allen gemeinsam und verbinden sie, ohne Feindschaft zu erzeugen. Madame Roman, die strenge Bretonin mit der leicht eingedrückten Nase, braucht dieses Elend nicht mehr lange zu teilen. Immerhin hilft sie ihnen allen noch über manche dunkle Stunde des Hungers hinweg, wenn sie, im Sessel sitzend, die Beine gegen die Kälte mit Zeitungen umwickelt, eigensinnig über Wert und Unwert französischer Originalrezepte diskutiert. Sie selbst verschwindet von der Bildfläche – ihre Anekdoten bleiben Gemeingut aller russischen Peltzers.

Wie durch ein Wunder bekommt Katja, die diese Hoffnung längst aufgegeben hat, die Ausreisegenehmigung für sich und die Kinder nach Schweden. Auch von dort, so hofft sie, werden Briefe und Pakete Sibirien erreichen, das Dorf in der Steppe, den Vater ihrer Kinder, sofern er noch lebt. Jelena sieht sie mit einem Gefühl der Erleichterung abreisen.

Auch von der alten Njanja Arischa muß Abschied genommen werden. Sie fährt heim in ihr Dorf an der Wolga, der Kornkammer Rußlands, um dort ein Jahr später zu verhungern. Was auch immer unfähige Machthaber anrichten mögen, die Natur übertrifft sie. Die Dürre kommt, das Korn liegt im Boden und keimt nicht. Eine ganze Ernte fällt aus. Das Saatgetreide, das man verteilte, wird aufgefressen.

Hunderttausende strömen nach Moskau in der Hoffnung, daß man sie dort sättigen wird, jetzt, da doch alles allen gehört und die Mißwirtschaft einer kleinen Clique aufgehört hat. Man läßt sie gar nicht erst in die Stadt hinein. Tag und Nacht kampieren sie auf dem großen Platz vor den drei Bahnhöfen, über dem ein raunendes Stöhnen nach Brot liegt: »Chleb, Chleb«, als würde gebetet. Ungezählte sehen die alte Zarenstadt, die purpurgoldene, niemals wirklich und werden doch dort verscharrt. Sie haben es wenigstens überstanden. Einige der auf dem Bahnhofsplatz noch immer Hungernden verfrachtet man wieder in ihre Viehwagen und erzählt ihnen, daß es woanders Brot gäbe. Die es noch können, winken und singen, als der Zug sich in Bewegung setzt.

In diesem Herbst, als schon der Schnee die dürrgebliebenen Felder zudeckt, hört Mama Marie Fjodorownas Zitterlähmung plötzlich auf. Sie vergießt darüber Freudentränen, ohne den Wert des Phänomens etwa falsch einzuschätzen. Sie will Jelena sehen und schickt ihr Nachricht. Jelena macht sich in Moskau auf den Weg.

Die Bahn fährt noch, gelegentlich, nicht immer und nicht fahrplanmäßig. Die Lokomotive hat nicht mehr genügend Kohlen. Wenn der Zug stehenbleibt, steigen die Fahrgäste aus und sammeln Holz in den Wäldern entlang der Gleise. Als Jelena endlich auf der Station Schtschelkowo ankommt, ist es Abend. Nur auf dem Schnee hält sich noch ein ungewisses, bläuliches Licht, als ginge irgendwo der Mond auf. Es ist zu spät für heute. Jelena legt sich im Warteraum des Bahnhofs auf den Fußboden und ruht sich aus, wie andere Wartende.

Der harte Boden wäre nicht schlimm, aber sie muß die Füße unter sich ziehen, um nicht im Schlaf bestohlen zu werden. Begehrliche Blicke streifen ihre selbstgemachten Stoffstiefel aus den Perserteppichen, die einmal in Bruder Andruschas Wohnung gelegen haben. Ohne Schuhe kann sie die achtzehn Kilometer nicht durch den Schnee gehen, und sie muß nach Litwinowa. Sie weiß, was jetzt kommt, so wie sie es früher gewußt hat, ehe die Hand der lieben Mama die Buchseite umwendete, hinter der das schlimme Bild lauerte.

Als der Morgen flach und grau durch die geborstenen Scheiben blickt, setzt sie sich in Marsch. Je weiter sie kommt, desto bekannter wird alles, auch wenn die Konturen vom Schnee verwischt, die Baumgruppen vermummt sind. Sie geht rasch, unter ihren Füßen knirscht der Schnee mit einem ähnlichen Laut wie früher das Sattelleder beim Reiten. Es dauert eine knappe Viertelstunde, dann dringt die Nässe durch. Nur einmal geht sie falsch, glaubt abkürzen zu können. Die verschneite Vertiefung, aus der ersticktes Murmeln und singendes Kichern dringt, ist die zugefrorene Laschutka, in der sie und die Geschwister so oft gebadet haben. (»Aber Sascha, doch nicht schon wieder?« »Lenotschka, du wirst dich erkälten!«) Hat der Fluß in der weiten sandigen Kuhle unter dem Eis die Spiegelbilder der fröhlichen Kinder bewahrt?

Dort zwischen den Erlenstämmen schwingt die Schaukel, auf der man sie fotografiert hat: im Biedermeierkostüm, Schwägerin Stella, mit spitzbübischer Miene im viel zu großen Anzug des Schwiegervaters, Katja lachend, den Neugeborenen im Arm, der an Sepsis sterben wird. Die Stricke sind ausgefranst, das Schaukelbrett verheizt. Im großen Haus, dem mächtigen, dunklen Klotz in all dem Weiß ringsum, ist der deckenhohe weiße Kachelofen im Musiksaal kalt, alles ist geplündert und leer. Nur das Herz könnte es binnen Sekunden neu möblieren, und alles stünde am alten Platz. Jelena geht nicht hinein. Sie sieht kaum hin.

Im Verwalterhäuschen brennt nur ein kleines Licht im Zimmer von Mama Marie Fjodorowna. Wieder stammt es von zwei Kerzen, wie damals, als sie in die Oper fuhr, um die Patti singen zu hören. Sie liegt im Bett, einen etwas zerschlissenen Pudermantel über dem Nachthemd. Ihr Gesicht ist nun ruhig und gelöst, es steht still. Das leichte Schütteln fehlt, wie das gewohnte Ticken einer Uhr. »Da bist du ja, meine Goldene, du bist da, du bist gekommen«, sagt sie auf russisch zur Tochter. Und nach einer langen Weile noch einmal: »Meine Goldene, wenn es dir nicht leid tut, so begrabe mich in meinem guten Wollkleid. Aber nur, wenn es dir nicht leid tut.«

Als sie aufgehört hat zu atmen, ist es Jelena einen Augenblick lang so, als läge sie an Stelle der Mutter dort und die schöne, junge Marie Fjodorowna mit den wunderbaren Augen erhöbe sich und ginge hinaus, den langen, harten Weg zurück und weiter. Gibt es noch ein Weiter? Wie steht es mit der Beerdigung, wenn die Wagen beschlagnahmt, die Pferde verreckt und die primitivsten Dinge von Behörden reglementiert sind?

Die starre, tränenlose Jelena geht zum Bürgermeister, um das Nötige zu veranlassen. Man kann ihr wenig Aussichten für einen würdigen Ablauf der Zeremonie machen. Doch schon bei ihrer Rückkehr ins Verwalterhäuschen findet sie die Küche und die Treppe voll von schweigenden Menschen. Da stehen sie, die Mütze in der Hand. »Beunruhige dich nicht, Mütterchen«, sagt der eine, der auf Jelena zutritt, beinahe zärtlich, »wir werden unsere Frau selber begraben.«

Sie tun es wirklich, sie tragen den offenen Sarg auf ihren Schultern über Stock und Stein, singend. Ihre summenden orgelnden Bässe, ihre silbern klagenden Soprane steigen als Atemdampf aus dem Zug auf. Der bolschewistische Bürgermeister hat einen schönen Bariton und singt am lautesten. Es sind Leute aus Sergej Troitzk dabei, das vierzig Kilometer entfernt liegt. Wie haben sie es so schnell erfahren, daß die Barinja tot ist, zu der sie einst in ihren klapprigen Wagen kamen, um sich homöopathische Mittelchen zu holen?

Jelena kehrt noch ein letztes Mal ins Verwalterhäuschen zurück. Sie geht schnell durch das erkaltende, erstarrende Zimmer und nimmt etwas vom Nagel an der Wand hinterm Bett. Es ist eine Miniatur, das ovale, auf Porzellan gemalte Porträt eines jungen Mannes mit großen, etwas elegischen Augen und gepuderter Perücke. Als Rahmen um das Bild liegt ein Zöpfchen aus echtem, blondem Haar, das man dem jung verstorbenen James Descott Scott abgeschnitten hat. Jelena streift sich die Kette über den Kopf und versteckt das Bild in ihrem Kleid. Hart und kalt liegt es auf ihrer Brust, wie hundert Jahre früher bei ihrer Urgroßmutter, der schottischen Isabella, als sie aus dem brennenden Moskau floh, und ein Vierteljahrhundert später bei ihrer Tochter, die es aus dem brennenden Berlin retten wird.

Jelena wendet sich zum Gehen. Litwinowa bleibt leer zurück. Eine Glasglocke senkt sich darüber, unter der es niemals altert, fault, von Holzwürmern zernagt wird. Noch ehe Jelena die Station Schtschelkowo erreicht hat, ist es unsterblich geworden, zwischen ewig grünen, sommerlichen Wäldern, über denen die Habichte kreisen, zwischen moorbraunen Seen, die den hitzeflimmernden Himmel spiegeln.

Sowjetische Behörden beschließen, ein Heim irgendwelcher Art, etwa für verdiente Vorkämpfer der Revolution, aus dem großen Haus zu machen. Sie stoßen auf mürrischen Widerstand bei den Bauern. »Machen könnt ihr's, Genossen«, sagt der ehemalige Kutscher, Mischa mit Namen. »Nun, und was dann?« fragt der Vertreter der Obrigkeit ärgerlich. »Es kann abbrennen«, sagt Mischa hinterhältig und streckt, um das Zeitungspapier für seine Papyros anzufeuchten, dem anderen die Zunge unnötig lange heraus, ehe sie am bedruckten Papierrand entlangfährt. Sein Atem ist fade und bitter, wie bei allen, die nicht genügend im Magen haben, und das seit langem. Der Vertreter der Obrigkeit tritt achselzuckend zurück. Er hat andere Sorgen. Einige Jahre später wird auch noch Zeit sein.

Hat Jelena in blindem Zorn gegen Mißwirtschaft

und Dilettantismus, gegen unsagbare Leiden ihrer Verwandten und Freunde nicht geglaubt, »diese Kerle, die Roten«, so sehr hassen zu können, daß ihr daraus die Kraft zum Weiterleben erwächst? Haß gibt keine Kraft, wenigstens ihr nicht. Einer von Njanja Arischas Sprüchen kommt ihr in den Sinn: »Der Haß ist ein schmutziges Hemd, mit dem man nicht angetroffen werden soll, wenn der Tod umgeht.« Ja, er geht um, noch immer, noch als die ersten Briefe ankommen und abgesandte Briefe ihre Adressaten wieder erreichen, wenn auch streng zensiert und aufs Notwendigste beschränkt. Freunde und Verwandte raten Jelena, nun ebenfalls ihre Ausreise zu betreiben. Sie tut es. Automatisch, wie so vieles jetzt. Von einer Pflicht zur anderen zieht sie sich weiter, wie am Geländer einer zu steilen Treppe.

Ist es noch der gleiche Winter oder schon der nächste, als Jelena auf dem Weg zu ihrer Behörde in einer Nebenstraße ein Kind barfuß im Schnee stehen sieht? Es hat ein Kattunkleid an und einen Unterrock, sonst nichts, ist vergnügt und geduldig. Jelena bleibt stehen, langsam tritt Teilnahme in ihr erstarrtes Gesicht. »Wie heißt du denn?« »Anninka«, sagt die Kleine. »Ich warte hier. Meine Mutter ist fortgegangen, mir ein Äpfelchen zu holen.« »Schon vor längerer Zeit?« »Ja, schon vor langer Zeit.« »Komm ein wenig mit mir«, sagt Jelena mit belegter Stimme, »wir wollen uns aufwärmen gehen.« Sie nimmt das Kind mit sich ins Büro, setzt es auf einen Tisch und versucht mit ihrem Hauch die klammen Füßchen zu wärmen. Sie fragt den

Bürovorsteher um Rat. Er wirft einen flüchtigen Blick auf die Kleine. »Das Übliche«, sagt er kurz. »Die Leute setzen ihre Kinder aus, weil sie sie nicht mehr ernähren können. Vielleicht richten Sie beim Verwalter der staatlichen Kinderheime etwas aus. Zweiter Stock links.«

Soll Jelena, die nach der Lektüre von Dostojewskij eine Revolution einst glühend herbeisehnte, nun fragen, wer denn nun durch den Umsturz etwas gewonnen hätte? Hätte sie die Geschichte, die ihr da widerfährt, in einem Buch gelesen, wäre sie in Tränen zerflossen. Jetzt darf sie es nicht, sie muß dem Kind das Gefühl vermitteln, daß alles irgendwie in Ordnung kommt, sogar das mit dem Äpfelchen.

Vom Berg des Elends kann sie nicht mehr abtragen, als die Last einer Ameise, aber für dieses Kind kämpft sie, ist sie beredt, dringt bis zu hohen Funktionären vor, die angesichts der tausendfältigen Not lauwarm reagieren. Fast erschrocken vor der Vehemenz der Frau mit dem hochmütigen Gesicht nehmen sie sich schließlich des Falles an. Das Kind Anninka, das niemand etwas angeht, wird untergebracht. »Ich danke Ihnen, Genossen«, sagte Jelena und wird in einem strahlenden Lächeln einen Augenblick lang so schön wie Mutter und Großmutter.

Als sei nur dies noch zu erledigen gewesen, kommt einige Wochen später die Ausreiseerlaubnis. »Wohin fahren Sie, Bürgerin«, fragt der Grenzbeamte, der sich gerade langweilt und aufmerksam in ihrem Paß blättert, »doch wohl nach Hause, nach

Holland?« Jelena öffnet den Mund, um zu erklären, daß dies, was sie jetzt verläßt, um nie wiederzukehren, ihr Zuhause war und daß nun ein lebenslängliches Exil beginnt, überlegt es sich dann anders und sagt kurz: »Nein. Nach München zu meinem Bruder.«

Auf den Wiesen, die der Zug durchfährt, liegt der grüne Schimmer des Frühlings. Auf den Äckern auch. Das Korn, das ein ganzes Jahr lang tot am Boden gelegen hat, keimt nun doch, nun Njanja Arischa tot ist, die davon überzeugt war, daß Gott barmherziger ist, als wir es verdienen.

Jelenas Reise endet in einem unbekannten, rauchigen Bahnhof, über dem in gigantischen Lettern CHLORODONT steht. Auf dem Perron, mitten in den von der Lokomotive ausgestoßenen Qualmwolken, erkennt sie eine Gestalt mit etwas hochgezogenen Schultern, die in der Westentasche nach der Uhr angelt, um zu sehen, ob der Zug auch pünktlich einläuft. »Sascha!« ruft sie leise. Die Geschwister küssen einander wie früher: rechts, links, rechts. Dann sagt Jelena, als sei nur dies geschehen: »Mama ist tot.«

Im Kinderzimmer ist es jetzt ganz dunkel. »Und im Juli«, erzählt die Tante, die Jelena heißt, »gab es in Litwinowa so viele Erdbeeren, so viele, wie Sterne am Himmel. Und an heißen Abenden lagen wir im Park und erzählten uns Geschichten. Es war ganz wunderbar . . .«

Sie ist erschöpft wie nach einer Geburt, weil sie Litwinowa wieder aufgebaut hat, das Paradies der Kindheit, das wir, wenn es uns zum ersten Mal wahrhaft bewußt wird, zugleich verlieren und für immer gewinnen.

Das Kind rührt sich nicht. Manchmal atmet es pustend aus. Es weiß nicht, daß eben die Wirklichkeit ganz nah gewesen ist. Eines Tages wird sie kommen, diese Wirklichkeit, aber nicht wie ein Schwall, der das Haus umstößt, sondern so wie Grundwasser, das aus dem Boden quillt, um ihn schließlich ganz zu bedecken.

»Erzähl noch mehr«, sagt es und schließt die Augen.

Die Uhr an der Wand des Kinderzimmers (»Na ja, schön ist sie nicht, hat aber einen netten Klang, sie stammt noch aus Bielefeld« hat die Mama von ihr gesagt) stößt einen Laut aus, als hätte sie Schluckauf, und schlägt die Stunde, zuerst in hoffnungsfrohem Crescendo, dann dunkler werdend und etwas detonierend, weil jeder Schlag in winziger Verzögerung noch ein paar Schwingungen des vorigen mitnimmt. Das Kind hört es nicht mehr.

V

Die Uhr stieß einen Laut aus, als hätte sie Schluckauf, und schlug elfmal, zuerst in hoffnungsfrohem Crescendo, dann dunkler werdend und ein wenig falsch, weil jeder Schlag ein paar Schwingungen des vorangegangenen mitnahm.

Um elf Uhr bekam Mutter Minna Krönig, die am Nähtisch im Erker des alten Hauses in Bielefeld saß, ihr Glas Bischof. Manchmal machte sie eine temperamentvolle Bewegung und wedelte es mit dem Spitzenjabot ihres Ärmels um. Klebrig troff es vom erhöhten Tischchen. »Achott, Mutter, schon wieder!« sagte die unverheiratet gebliebene Clara, ihr Schicksal deutlich hörbar mit Geduld ertragend, und kam mit einem Wischtuch.

An diesem Herbsttag des Jahres 1869 erfuhr das sattsam bekannte kleine Ritual eine Abwechslung durch die Uhr. »Schön, nicht? Für Heinrich zur Hochzeit. Sicher hängt er sie ins Herrenzimmer. Oder vielleicht ins Kontor.«

Noch ehe die etwas langsame Clara ihr Urteil hatte abgeben können, schwebte Mutter Minna zur Kommode, stellte die Zeiger zurück und ließ die Uhr kindlich vergnügt noch einmal schlagen. Ganz leicht nur zitterten die Glasgehänge der Lampe unter ihrem Schritt. Sie trug fast immer Satinschuhe. Bei Regenwetter wurde ein Läufer vor ihr her zum Wagen gerollt. Diese rundlich-straffe Madame war einst das verträumte, spillerige Minchen gewesen, das in seiner Jugend früh um fünf aufstehen mußte und dem sein Bruder gegen die Kälte auf dem Schulweg beim Schmied eine Blechnase hatte anfertigen lassen (mit Bändchen an den Ohren zu befestigen). Ihre Ähnlichkeit mit der Prinzessin Radziwill, um derentwillen sie einst auf dem Manöverball die Quadrille mit dem Kronprinzen Wilhelm hatte mittanzen dürfen, war ihr geblieben (daß ihre Haare grau waren, sah man nicht gleich unter der Haube). Auch am Morgen nach dem traumhaften Ball hatte sie um fünf aufstehen müssen. Die Eltern, die von ihren neun Kindern sechs großgezogen hatten, trotz ständiger Einquartierung durch Franzosen, Preußen, Kosaken, Schweden, trotz Hochwasser, napoleonischer Kriege und anderer Prüfungen des Himmels, fürchteten nichts so sehr wie die Gefahr der Verweichlichung. Es gab morgens und abends trockene Semmeln mit Milch, im Krankheitsfall keine Medizin (»Trinkt ein Glas frisches Wasser und fastet«), und wer sich während der abendlichen Andacht beim Knien auf die Hakken niederließ, bekam einen Rippenstoß. Ein vom freundlichen Nachbarn durchs Fenster gereichter Kartoffelpuffer blieb ein »leckres Traktament«. Bei der spartanischen Diät entwickelte sich das Minchen aufs erfreulichste und verlobte sich auf einer »Landpartie, bei der man schon im Freien Kaffee trinken konnte«, mit dem jungen Christian Krönig,

Inhaber von Friedrich Wilhelm Krönig & Söhne, Bielefelder Leinen, einem »vortrefflichen, hochgeachteten Mann, dessen Firma seit dem Jahr 1720 etabliert war«. Er schenkte seiner Braut einen rosa Seidenhut mit Rosen und Reseden, aus Paris verschrieben, und mit diesem Monstrum auf dem Kopf machte sie ihre Antrittsbesuche bei den Honoratioren der Stadt, diesen ebenfalls durchweg »vortrefflichen hochgeachteten Leuten, von denen einige auf großem Fuße lebten« und »in sträflichem Leichtsinne« ihren Kindern warmes Waschwasser und Ausschlafen zugestanden. Kein Wunder, wenn es mit diesen später vielfach ein schlimmes Ende nahm.

Die Hochzeit war noch im gleichen Jahr 1834. Nach dem Gabelfrühstück im engsten Kreise (manche Verwandte waren sieben Stunden weit gekommen und das mit guten Pferden) vertauschte das Minchen ihre weiße Atlasrobe mit dem Reisestaat (grünes Wollkleid, grauseidner Hut mit grünem Schleier und darüber, der Herbstkühle wegen, einen rot-schwarz karierten Mantel!) und fuhr in der eigens für diese Reise gekauften Kutsche mit dem würdig und zärtlich zugleich um sie bemühten Christian als Madame Krönig davon. Sie sah Kassel und den Rhein, erschrak, als die Hosen des Kutschers Anton plötzlich qualmten (»Dunnerja, dat muß beim Feuerslan passirt sind«), freute sich an der farbigen Landschaft und duldete die Wunderlichkeiten des Ehelebens mit der gleichen Ergebung, mit der sie beim Abendgebet immer auf den kalten Fliesen gekniet hatte. Am 4. Novemer 1934, drei Jahre vor Regierungsantritt der Königin Viktoria, kehrte sie als Herrin des Hauses in die Breite Straße zurück.

Dort im Erker stand ihr Nähtischchen noch immer, als ihre neun Kinder groß waren und sie sich mit der Befriedigung erfüllter Pflichten ins Greisinnendasein zurückgezogen hatte. Sie war sechsundfünfzig. Ihr Sohn Heinrich, derzeitiger Inhaber der Firma Friedrich Wilhelm Krönig und Söhne, Bielefelder Leinen, würde in wenigen Wochen eine Braut ins Haus bringen, ein Fräulein Eugenie Wilms, das auf der baltischen Insel Dagö und in einem Ort namens Narwa aufgewachsen war. Diese Herkunft erfüllte Clara, die den Bruder auf ihre Weise liebte und ihm in wochenlanger Mühe Tabaksbeutel stickte, mit Sorge. Waren nicht alle Baltinnen hochmütig und kalt? (Clara hatte festumrissene Vorstellungen von Baltinnen.) Mutter Minna erwog anderes: Würde die junge Dame sich für die Familie, die Firma und die Stadt Bielefeld eignen? Nach allem, was Heinrich schrieb, war sie äußerst streng erzogen und nahm sich rührend ihrer jüngeren Geschwister an. Ein merkwürdig altkluges Kind schien sie gewesen zu sein, hatte schon mit fünf Jahren aus der Bibel vorgelesen, die man ihr zu diesem Behufe aufgeschlagen auf den Sitz eines Stuhls gelegt hatte, und war denn auch seit ihrem achtzehnten Geburtstag eine Art Lehrerin in einem Privatzirkel für Lesen und Rechnen in der deutschen Kolonie Narwas. Sollte sie vielleicht ehrpusselig und langweilig sein? Nun, das war sicherlich besser als allzu temperamentvoll und dafür unzuverlässig. Man würde sehen. Ihr Vater, der alte Wilms, war als technischer Direktor der Tuchfabrik eines gewissen Napoleon Peltzer tätig, hatte Verwandte in Bielefeld und war somit kein gänzlich Unbekannter, was Mutter Minna im gegenwärtigen Augenblick Trost bedeutete. (»Clara, hol mir mal den Atlas her, ich will doch nachsehen, wo dieses Narwa liegt. Aha, auf der Höhe von Petersburg etwa, darum bleiben dort im Sommer die Nächte so hell, wie Heinrich schreibt.«)

Der rothaarige Heinrich Krönig schien selbst erstaunt, wie rasch sich alles gemacht hatte. Von einem Fest in der »Harmonie«, dem deutschen Klub in Narwa, mußten die beiden Schwestern Eugenie und Betty Wilms das ausgeliehene Tafelsilber in Körben zurücktragen, und Heinrich bot ihnen seine Hilfe an. Als er mit dem schweren Korb am einen und der ernsthaften Eugenie am anderen Arm in die Nacht hinauspilgerte, machte die schnippische neunzehnjährige Betty sich mit der Bemerkung davon, sie werde ja nun wohl nicht mehr benötigt. Das gab den beiden eine halbe Stunde des Alleinseins und der Vertrautheit, in deren Wärme sich ihre Beziehung, die bis dahin halbreif und säuerlich wie ein grüner Apfel geblieben war, zu Reife und Duft entwickelte. Mit Eugenie, die von einem Sich-in-Szene-setzen so gar nichts verstand, mußte man alleine sein, um sie kennenzulernen. Das allzu brav zurückgekämmte Haar gab ihr etwas ängstlich Strenges, und wenn sie lächelte, war es, als würde etwas von ihr weggeblasen. Doch auch jetzt, beim Gang durch die Lichtflecken der

Gaslaternen auf den Narwaschen Holztrottoiren, sprach sie nicht von sich, sondern von »ihrer Kleinen«, der nachgeborenen Schwester Ella, deren Vorname Vater Wilms, wohl in züchterischen Vorstellungen befangen, wieder mit E hatte beginnen lassen: Eleonore. Die Achtjährige war viel krank und mußte sich, schwerer Migränen wegen, wenn sie vom Kutscher in der Schule abgeholt worden war, oft erst eine Stunde in ein verdunkeltes Zimmer legen, ehe sie einen Bissen essen oder an ihre Hausarbeiten denken konnte. Eugenie machte sich Sorgen um das Kind, das vielleicht nicht groß werden würde, und verwöhnte es, sobald die gestrengen Eltern nicht hinsahen. Bei diesem Bericht ergriff Heinrich Krönig (ohne das Ungetüm von Korb abzusetzen) ihre Hand und küßte sie. Unbelastet von der Vorstellung, daß dieses Gespräch Vorbilder in der klassischen Literatur hatte, dachte er mit warmer Aufwallung, daß eine so treue Schwester füglich auch eine ebensolche Frau und Mutter sein würde.

Keine acht Tage später trat er vor Vater Wilms, um seine Älteste von ihm zu erbitten, für sich, für die Firma Friedrich Wilhelm Krönig & Söhne, für ein Leben fern vom Baltikum. Er hatte keine Zeit zu verlieren, da es Eugenie bei dem regen geselligen Verkehr in der deutschen Kolonie Narwas nicht an Bewerbern fehlte, deren entschlossenes Herumsitzen auf den Soireen im Hause Wilms er mißlich vermerkte. An solchen Abenden wurde viel musiziert, und dabei tat sich von den Söhnen Napoleon Peltzers am meisten der etwas zum

Embonpoint neigende Alexander hervor, der einen angenehmen Bariton besaß und ohne Zögern anzugeben wußte, aus welcher Oper welche Arie stammte. Nicht daß er ihm bei Eugenie in die Quere gekommen wäre, er lebte in Moskau und kehrte nur gelegentlich nach Narwa heim. Von den beiden anderen Söhnen Napoleon Peltzers war der eine bereits verlobt, und der jüngere Robert hatte, wenn er jemals an etwas anderes dachte als an Tuch und Geschäft, eher eine Neigung zu Eugenies schnippischer Schwester Betty. Was da jedoch an Geschäftsfreunden, Gutsbesitzern der Umgebung, leitenden Angestellten des Peltzerschen Tuchkontors in die engere Wahl kam, ließ Eile geboten scheinen.

Im Hause Wilms versetzte sein Kommen niemanden in Erstaunen. Mutter Natalie Wilms, einst auf Postkutschenreise in einem Gasthaus an der Straße geboren, ein humorvolles, manchmal bissiges Original, dem alles konventionelle Getue zuwider war, hatte nach dem Fest in der ›Harmonie‹ keine Frage an Eugenie gerichtet und sich ihr Teil gedacht. (Betty hatte außerdem den Alleingang der Älteren mit dem Silberkorb und dem jungen Kröning daheim bereits brühwarm geklatscht.) Eugenie wurde vierundzwanzig, worauf also warten? Das Herkommen des Bewerbers war einwandfrei, seine Mittel nicht unbeträchtlich, seine Leinenfirma hatten einen guten Namen. Nun, um das alles mochte Wilms sich kümmern, wenn er sich mit dem jungen Mann aussprach. Was Mutter Natalie an ihm bestach, waren seine Haltung, seine Ritterlichkeit, seine überartikulierende Sprechweise, und daß er bekannte, gelegentlich Verse zu machen. (Mutter Natalie Wilms machte selber welche.) Im wesentlichen stand es bei ihm wohl noch so, wie ein Schulzeugnis des Königlichen Gymnasiums Bielefeld ihm im Jahre 1856 bescheinigt hatte, das er neulich mit Humor vorwies: »Betragen ohne Tadel, Fleiß im Ganzen angestrengt.« (Die Tatsache, daß dort »Mathematik mittelmäßig, Arithmetik nicht befriedigend« stand, hatte er, als eines strebsamen Geschäftsmannes unwürdig, unterschlagen.) Was er nicht unterschlug, war ein milder Hochmut.

Vor Mutter Natalie, die sich darüber höchlich amüsierte, ließ er verlauten, daß sein Stammbaum genauso weit zurückreiche wie derjenige gewisser Familien, »die ebenfalls nur die Nase mitten im Gesicht hätten«, was im Baltikum mit seiner angestammten Überbewertung von Adelsprädikaten geradezu verwegen klang.

Man konnte nicht einmal von ihm sagen, daß er hoch hinaus wolle. Er schien der Meinung, er sei schon ziemlich hoch oben. Na ja, meinte Vater Wilms dazu, es sei schon richtig, daß ein einzelner es zwar im Lauf seines Lebens zu Reichtum und Ehrungen bringen könne, echter gesellschaftlicher Rang aber erst mehrfach vererbt werden müsse, ehe er selbstverständlich sei. Insoweit habe der junge Krönig in der Wahl seiner tüchtigen Vorfahren ganz einfach Glück gehabt.

Daß er neben der korrekten Eugenie etwas blutvoll wirkte (den Ausdruck sinnlich verbot sich Mutter Natalie als zu abfällig), würde durch Zeit und Anpassung zu lösen sein. Sollte die ganze Sache sich machen, so beschloß sie, ihrer Ältesten eine Mahnung zur Duldsamkeit zukommen zu lassen, jener Duldsamkeit, die einem Gatten sowohl innerhalb des Schlafzimmers als auch außerhalb des Hauses zustand. Bei derlei Vorträgen pflegte sie die Linke vor sich auf den Tisch zu stützen, auf deren Zeigefinger sie, wie der wackere Wilms auch, einen breiten Goldreif als Ehering trug, was ihrem Hinweis besonderen Nachdruck verlieh, und ihn aus ihren weitstehenden Augen dringlich anzublicken. (Eine Familienlegende wollte wissen, daß sie in ebendieser Stellung, den linken, tieferhängenden Mundwinkel schalkhaft eingekniffen, zu ihrem Mann gesagt habe: »Ich werde mir gestatten, dir im Frühjahr kommenden Jahres mit einem Kinde aufzuwarten . . .« Doch ist eine andere Lesart wahrscheinlicher, derzufolge sie mit der gleichen Schelmerei, aber wesentlich kürzer äußerte: »Wilms, es ist wieder mal an dem!«)

Als nach zehnjähriger Pause Ella sich anmeldete, schien ihr der Zeitpunkt günstig, die baltische Geschichte vom Kohlfeld, in dem die kleinen Kinder wachsen, bei ihrer Ältesten zu zerstören. »Weggucken und tuscheln überlaß den Dienstboten«, schloß sie, »du freu dich mit mir. Ich wüßte auch nicht«, meinte sie, während flüchtig zwei rote Flecke auf ihren Katzenbäckchen aufglommen, »wessen ich mich zu schämen hätte.« Und damit war die Sache erledigt, bis »die Hätschelpuppe Ella« geboren war.

Heinrich Krönig, der jetzt mit Hut und Handschuhen in der Linken im Wilmsschen Wohnzimmer neben dem Eingang wartete, wurde die Zeit lang, bis man Vater Wilms von einer Inspektionsrunde in der Peltzerschen Tuchfabrik herbeigeholt hatte. Die Fenster standen offen, und durch die schütteren, im Vormittagslicht schaudernden Erlen des Vordergrundes blickte er auf dunkle Baumgruppen im Park, hinter denen die breite Narowa still dahinströmte, um erst unterhalb der Fabriken immer schneller dem Wasserfall zuzueilen, den man selbst von hier aus wie ferne Eisenbahnzüge donnern hörte. An der Wand entdeckte er eine kleine Silberstiftzeichnung in schwarzem Holzrähmchen, die er am liebsten an sich genommen hätte. Es war ein Porträt der Wilmsschen Kinder.

In einem schmucken Wägelchen, vor das ein Bernhardinerhund gespannt war, saß ein Junge im Kittel, einen noch ganz winzigen, augenscheinlich weiblichen Pausback – vielleicht das Hätschelkind Ella – auf dem Schoß, hinten schob ein Mädelchen, dem etwas verkniffenen Mund nach zu schließen die schnippische Betty, und neben dem eingeschirrten Hund stand besonnen und umsichtig, das Gesicht unter dem großen Schutenhut von langen Locken umrahmt, die Peitsche als Emblem ihrer Macht in der Hand, Eugenie. (Hatte er diese rührende Szene nicht schon einmal in einem Kinderbuch gesehen? Oder in der Gartenlaube?)

In diesem wichtigen Augenblick der herannahenden Entscheidung wurde sich Heinrich darüber klar, daß er für sein Leben eine führende Hand, ein Regulativ gesucht und gefunden hatte und daß gerade diese schon dem Kind eigene Würde es war, was ihn zu Eugenie hinzog, ihr Sinn für Haltung und Distanz, die wohl niemals in Aufgeblasenheit ausarten würde. Mit der dieser Stunde angemessenen Ergriffenheit wandte er sich, nun er draußen Schritte hörte, zur Tür, durch die Vater Wilms zur hochnotpeinlichen Unterredung eintrat. Sie endete glücklicherweise in allgemeinem Wohlwollen und mit einer positiven Antwort.

Im Januar 1868 reiste Eugenie nach Bielefeld, blieb bei Verwandten und kümmerte sich um ihre Aussteuer. (»Nachtkorsetten mit Säumchen und Stickerei, für Bräute bestens passend, Stück 2 Kronen, 40 Heller.«) Weder Eltern noch Geschwister konnten die weite Fahrt zu ihrer Hochzeit machen. So waren es die Schwägerinnen, die ihr zur Trauung den Kranz aus künstlichen Apfelblüten und Myrthe aufsetzten. Sie, die sonst so rosig aussah, war so bleich wie helles Packpapier. Von Zeit zu Zeit kniff sie die Augen zu, tat einen kleinen Ruck und stieß einen winzigen Piepslaut aus. »Was ist dir denn, liebste Eugenie?« fragten die Schwägerinnen, freundliche Geschöpfe voll gesunder Sinnlichkeit, die sich bei diesem Herrichten des augenscheinlich angstvollen Schlachtopfers wunderbar bestätigt sahen, daß man als Frau seinem Schicksal nicht entging. »Ach nichts, ich muß bloß niesen«, sagte Eugenie kläglich. Die versammelte Weiblichkeit lachte begeistert, und Mutter Minna meinte, derart unterdrückte Lebensäußerungen seien sicherlich ungesund.

In der Kirche, wo Heinrich seine Braut mit einer

ungewöhnlichen Zurschaustellung von Demut empfing, äußerten weiter hinten sitzende männliche Verwandte im Flüsterton, daß sie mit einem derartigen Marmorbild sofort einfrören, während die Bielefelder über soviel pflichtbewußten Ernst in Rührung zerflossen.

Ebenso pflichtbewußt begann die kühl-korrekte Eugenie ihre Ehe zu führen, ohne Überschwang unablässig an etwas bauend, von dem sie nicht glaubte, es gleich hinter dem Traualtar fix und fertig vorzufinden.

Als Heinrichs rote Haare weiß geworden waren und ihre eigenen in den Kräuselungen der Brennschere ein wenig schütter, fuhr er nach Bad Wildungen zur Kur. Es war eine ihrer wenigen Trennungen. Dorthin schrieb sie ihm einen Brief, der nach 32jähriger Ehe mit den Worten schloß: Ich liebe dich. Es schien ihr für eine solche Feststellung weder zu spät noch zu früh. Und Heinrich Krönig, der sich soeben bei seinem Arzt in launigen Versen beklagt hatte, daß er mit »Spatlähme, Drehwurm und ein wenig Klauenseuche« behaftet sei, ergriff die kratzende, spitze Feder und die Reiseflasche mit der ins Violett spielenden Tinte und schrieb auf ein Blatt:

Auf deinem Kärtchen steht: ich liebe dich,
ein göttlich Wort, zu schön, fast wunderlich
mich treffend, wenn ich rückwärtsschauend lenke
den Blick auf mich und all mein Tun bedenke . . .

Sollte das Gerücht, das sich hartnäckig in den Winkeln des Familienlabyrinths hielt, auf Wahrheit beruhen, daß nämlich der elegante Grandseigneur Heinrich trotz seiner Musterehe eine Schwäche für feurige Schwarzhaarige nie ganz verloren habe, so war diese Schwäche entweder theoretischer Natur, oder aber er gab ihr nur mit größter Diskretion nach.

Die ersten Jahre in Bielefeld überzeugten auch die Krönigsche Verwandtschaft davon, daß mit Eugenien trotz oder gerade wegen ihrer baltischen Jugend gut zu hausen sei. Begeistert wurden ihre Rezepte herumgereicht und abgeschrieben, der Schnitt ihrer Kleider kopiert, und niemand fand es »ausgefallen«, daß sie, wie ihre Mutter Natalie mit dem Katzengesicht, den Ehering am linken Zeigefinger trug. Man brachte ihr bei, wie man Pickert kocht (lieben lernte sie es nie), und man lachte herzlich, wenn sie Pliete für Herd, Varenje für Eingekochtes und Schmandschaum für Schlagsahne sagte.

Gesundheitlich bekam ihr die Ehe schlecht. Das kindliche Rund ihres Gesichts wurde schmal, sie füllte ihre Kleider nicht richtig aus »Nimm Eisen, Liebste, es hat uns allen so geholfen . . .«, und nach einem, zwei, ja drei Jahren hatte noch immer keine Taufe stattgefunden. Als sie wieder einmal mit schweren Blutungen im Himmelbett lag und der Herr Medizinalrat besorgt die Instrumente wieder in seine Maultasche versenkte, schien es, als könne vorerst von einer Taufe überhaupt keine Rede sein. Die etwas langsame Clara, die sich zärtlich an die neue Schwägerin angeschlossen hatte, brach in Tränen gequälter Anteilnahme aus. Mutter Minna Krönig aber ließ anspannen, den Läufer vor der Haustür entrollen und eilte auf ihren Saffianschuhen zu ihrer Schwiegertochter, die mit den beiden langen Zöpfen unter dem Nachthäubchen backfischhafter wirkte, als vor drei Jahren als Braut. Beim Eintritt ins Schlafzimmer blieb Mutter überrascht stehen und horchte. Die Uhr schlug. Die beiden ersten Schläge tat sie musikalisch, optimistisch, liedhaft fröhlich, schien dann dem letzten noch besonderen Nachdruck verleihen zu wollen, verstummte mit kehligem Räusperlaut und machte sich mit verstärktem Pflichteifer wieder ans Ticken.

»So, hier habt ihr sie aufgehängt, das ist ja nett«, sagte sie, setzte sich unter leisem Knacken ihrer Korsettstäbe und machte sich daran, mit behutsamen Reden aus der Fülle der gynäkologischen Erfahrungen von Generationen jene Formeln zu destillieren, aus denen die blasse, verschreckte Schwiegertochter Zuversicht schöpfen konnte.

Im Jahre 1873 wurde der ersehnte Sohn geboren und wog über acht Pfund. Diesmal war es an der Hebamme, Frau Menkhoff, sich über die unterdrückten Lebensäußerungen der korrekten Eugenie zu wundern. So leise, wie sie nieste, brachte sie auch das Kind zur Welt. (»So schreien Sie doch, Madame Krönig, schreien Sie nur, es hört uns ja keiner . . .«) Der Junge wurde nach seinem Ahnherrn Christian getauft. Die Schwägerinnen, an der Spitze die unermüdliche, noch immer unverheiratete Clara, ergingen sich zur Feier dieser Taufe in wahren Orgien der Konfektbereitung, so daß noch Reste der Leckereien in bildgeschmückten Blechdosen westen, als ein Jahr später der zweite Junge, Fritz, geboren wurde.

Vater Heinrich beschloß, um dieser Knaben willen nun einem Plan näherzutreten, der seit geraumer Zeit immer wieder rein spekulativ aufgetaucht war. Ein entfernter Vetter bot ihm in Böhmen, dem Zentrum und Schwerpunkt der Leinenindustrie, eine kleine Weberei an, die man würde ausbauen können. Die preußischen Löhne waren zu hoch, um bei den derzeitigen Preisen für Damast und feine Leinenartikel die Fabrikation noch lange rentabel zu machen, und der Druck der Konkurrenz wuchs. Mit dem Medizinalrat, der kurz nach Fritzens Geburt den obligaten Wochenbettbesuch bei Eugenie machte (»Nur der Ordnung halber, Herr Krönig, Ihrer lieben Frau geht es vorzüglich«), führte Vater Heinrich über einem recht alten Sherry ein erstes, in geschäftlicher Hinsicht noch vages Gespräch darüber. »Verstehen Sie, Doktor, die Firma besteht nun seit hundertfünfzig Jahren, sie wird in der Tradition eines Majorats geführt, damit das Geschäft immer nur an den Ältesten weitergeht und eine Einzelfirma bleibt, so möchte man denn für Kind und Enkel, ja Urenkel, etwas wirklich Bleibendes schaffen ...« Der Medizinalrat, von Anlaß und Gelegenheit stark illuminiert, schwankte zwischen der Feststellung, daß es hienieden nichts wahrhaft Bleibendes gäbe, wovon er sich als Arzt täglich aufs neue überzeuge, und der Schmeichelei, daß es ein Geschäftsmann wie Herr Krönig auch im Böhmischen zu wirtschaftlicher Blüte bringen werde. Er entschloß sich dann zu letzterem.

Die Knaben Christian und Fritz trugen noch Kittel über den langen Hosen und spielten mit glotzenden Holzpferdchen, da begann Vater Heinrich die Fabrikationsverlagerung nach Böhmen zu betreiben. Die Voraussetzungen waren günstig, Wasserkraft war im Überfluß vorhanden, die Eisenbahn in der Nähe und, obwohl die deutschsprachigen Randgebiete Böhmens während der ersten Gründerjahre bereits einen gewissen industriellen Aufschwung genommen hatten, die Arbeitskräfte noch billig. Die Häusler in den Dörfern konnten von dem, was sie aus dem kargen Boden zogen, nicht leben und nahmen mit Freuden Heimarbeit an, im Isergebirge Glasschleifen, im Riesengebirge Weben. Man konnte ihnen vorbereitete Arbeit, bereits gespulte und über den Rahmen gescherte Ketten und das Schußgarn mitgeben, vor allem für feine Leinentaschentücher. Vorläufig wurde in der dortigen Weberei Plüsch fabriziert, der Hauptabnehmer war die k. k. österreichische Eisenbahn, die ihn zu Überzügen brauchte, rot für die erste, grün für die zweite Klasse.

Als Wohnhaus kam ein auf einer Anhöhe in einem Park alter Bäume gelegenes Anwesen in Frage: vier um einen Hof gruppierte Flügel, ein ehemals befestigter Meierhof Wallensteins, sagten die einen, ein Czernin'sches Jagdschlößchen, die anderen. Heinrich Krönig ließ es im Geschmack der Zeit umbauen. Dem schönen, etwas trutzigen Bau wurden ein zinnengekrönter Turm, törichte Erkerchen, Geländer und Estriche und eine große Freitreppe hinzugefügt, und so wurde es denn hochherrschaftlich und mordshäßlich. Auf dem Briefkopf jedoch erschien als wichtiges Beiwort: Schloß

Harta, und so stand es fast 60 Jahre lang unter hellblau verschnörkelter Schattenschrift: Friedrich Wilhelm Krönig & Söhne, Export-Artikel der Textilindustrie, Stammhaus Bielefeld, und befriedigte den geheimen Hochmut des Firmenchefs.

Vorher jedoch geschah etwas anderes, das ebenso wie der Auszug nach Harta seine bleibende Spur in der Familienchronik hinterließ, die Eugenie mit penibler Genaugkeit führte (die Hälfte der Seiten war zum Schreiben unbenutzbar, dort tummelten sich unbekleidete Genien mit Spruchbändern). Am 15. Dezember 1880 brachte sie eine Tochter zur Welt. Es ging ihr wenig gut dabei, und sie erholte sich schwer. Ein Zug unverwechselbarer Altedamenhaftigkeit verließ sie von da an nie mehr. Das Kind, das man Stella taufte, wurde, obwohl für die Firma ohne Nutzen und als Ahnfrau vermutlich einem anderen Stammbaum bestimmt, mit einer dem Hause fremden Unsachlichkeit, ja Erschütterung entgegengenommen, gefeiert und verwöhnt. Vater Heinrich, der mit dem Medizinalrat eine ausgezeichnete Zigarre rauchte, nahm dessen Bemerkung, daß das Neugeborene einen Herzklappenfehler habe und mit äußerster Schonung zu behandeln sei, nicht tragisch, verfügte jedoch, daß man diese Tatsache Eugenie vorenthielte, bis sie wieder ganz auf dem Damm sei.

Nun, es hätte Eugenie vielleicht nicht so tief getroffen wie noch vor zehn Jahren, denn sie hatten inzwischen Gelegenheit gehabt, sich davon zu überzeugen, daß die Natur sich manchmal auch dort durchsetzte, wo die Ärzte ihr nicht allzu viele

Chancen gaben. Ella, ihre kleine Schwester, war keineswegs erloschen wie ein Licht, sondern hatte sich zu einem adretten jungen Mädchen mit schönen Augen entwickelt, bei weitem die hübscheste der drei Wilmstöchter und hatte einen Arzt in Petersburg geheiratet. Im Februar 1882 schrieb Eugenie ihr dorthin:

»Liebe Ella, wenn alles so läuft, wie wir uns vornehmen, so kommen Heinrich und ich dich demnächst in deiner feudalen Häuslichkeit besuchen. Mach dir bloß keine Gedanken, du könntest nicht würdig repräsentieren, natürlich kannst du das, nur immer flott zu. Wie beschäftigst du vierzehn Dienstboten? Streu doch mal Papierschnitzel in den Besuchszimmern, um zu kontrollieren, ob anständig gefegt wird. Als Chefarzt einer Klinik wird dein Mann ja selten daheim sein, dazu seine Reisen zum Zaren. Ich freue mich über so hohe Anerkennung für ihn, die in unserem Beruf weit schwerer zu erringen ist. Jedenfalls gewinnst du Gelegenheit, dich mit dem so großen Hauswesen vertraut zu machen. Natürlich wird es Thranpötte geben, die dich für die Stellung deines Mannes zu jung finden. Mach dir nichts draus. Mutter schrieb erst neulich, du habest geradezu ein Talent, mit hohen Thieren fertigzuwerden, auch lobte sie deine fliederfarbene Konzerttoilette. Nun, ich werde mich hoffentlich bald selber von allem überzeugen.

Christian und Fritz sind munter. Meine kleine Stella hat die schönsten graublauen Augen von ihrem Vater. Heinrich war rührend und verehrte mir in ihrem Taufkissen eine Brosche aus Diamanten und Perlen, die als Kranz um einen großen Rubin geordnet sind, fast zu kostbar, um sie zu tragen. Stellas Amme mußte ich entlassen, weil sie sich mit Chateau la Nerthe einen ganz Gehörigen angeigelt hatte. Ich kam dazu, wie sie das Kind in die Luft warf.

Den Frauendisteltee gegen Bleichsucht nimm dreimal täglich, auch Frau von Flotow läßt dir dies mit besten Empfehlungen sagen. Schick mir doch das Rezept für das haarstärkende Mittel. Seit Stellas Geburt gehen mir scheußlich die Haare aus.

Was hörst du aus Narwa? Lagen nicht zwei von Bettys Jungen mit Masern? Robert Peltzer soll beim Fürsten Reuss um Anerkennung eines längstverstaubten Adelsbriefes nachgesucht haben. Im Baltikum wird auf ein ›von‹ so großer Wert gelegt. Wie ich höre, wollen die Alexander Peltzers in Moskau sich diesem Namenszusatz auf keinen Fall anschließen. Ein anderer Erfolg der Narwaer scheint mir bedeutend wichtiger: Dem deutschen Kaiser hat bei der Besichtigung der Manufaktur das helle Graublau so gefallen, daß er seine gesamte Garde so bekleiden will.

Schreibe mir bald und Gutes. Ich umarme dich, deine getreue Schwester Eugenie.«

Die Fahrt nach Petersburg kam tatsächlich bald darauf zustande. Die Reisenden fanden Ella als »Exzellenz« in einem Hause vor, das um sie herumschlotterte wie ein zu weiter Mantel. Sie, die für ihre jugendlichen Verehrer in Narwa nur spöttische Blicke gehabt hatte, hing verliebt am Arm eines gutmütigen Riesen, der fünfundzwanzig Jahre älter war als sie. Er war als Arzt sehr energisch, lehnte es gelegentlich brüsk ab, die Grillen seiner hochfürstlichen Clientèle in frische Windeln zu legen, und bekam die Herrschaften sogar gesund, was ihm allerlei Orden eintrug. Seine Ella konnte ihn um den Finger wickeln. Er schenkte ihr herrlichen Schmuck, den sie mit einem entzückten Zischlaut und einem »Na, sag mal, du bist wohl ganz und gar übergeschnappt« in eine Kassette legte und im Banksafe einschließen ließ. Er wurde nur hervorgeholt, wenn sie die Stellung ihres Mannes repräsentieren mußte, was sie, auch der noch immer auftretenden Migräne wegen, wenig schätzte.

Doch das väterliche Erbe an Energie und Selbstdisziplin war auch bei ihr lebendig. »Man hat einfach keine Kopfschmerzen«, sagte sie fest. In starre Seide gezwängt, mit dem Schmuck des verschwenderischen Arnold angetan, überstand sie, indem sie »Haltung« zeigte, die quälenden Abende. Aufrecht wie ein Schilfhalm und fast ebenso grün im Gesicht, fragte sie ihre Gäste nach persönlichen Details, die sie sich gemerkt hatte (»Wie erholt sich Ihre Kleine vom Scharlach?« – »Haben Sie auf Ihrem Gut alles nach Wunsch vorgefunden?« »Ich höre mit großer Freude, daß sich Ihr Sohn im Garderegiment Preobraschenski ausgezeichnet hat . . .«), dirigierte mit einem Brauenheben, das immer erstaunt und unzufrieden wirkte, bärtige Diener in Russenkitteln und verschwand zwischendurch hinter einer Portiere, um sich an Riechsalz zu erfrischen. Außer ihrem Arnold merkte niemand das Geringste.

In ihren Schilderungen des Petersburger Lebens, die sie Schwester und Schwager gab, klang der trockene Humor ihrer Mutter an. (»Was heißt Leben der Großen Welt? In der ›Eremitage‹ werfen die Offiziere die Gläser in den Spiegel, sie müssen kostbares Kristallglas bezahlen, der Wirt läßt aber immer nur billiges ersetzen. Und in den Separées schieben oft fremde Hände noch ein paar Flaschen unterm Vorhang durch, die jemand anderes leergetrunken hat. Nach dem Souper wird der Betreffende schon benebelt genug sein, um sie noch mitzuzahlen.«)

An einem anderen Erbteil trug sie schwerer: sie war sehr leicht gerührt und verbarg das, so gut es ging. Mußte sie in Vertretung ihres vielbeschäftigten Arnold zu einer Beerdigung, so schluchzte sie leise und leidenschaftlich, so daß die Umstehenden sie flüsternd baten, als nahe Angehörige doch weiter nach vorn zum Grabe durchzutreten. Auch dies erzählte sie mit einer Mischung aus Wehmut und Spitzbüberei. In ihrem Ankleidezimmer teilte sie Eugenie heiter und etwas verlegen an ihrer Halskette zerrend mit, daß sie hoffe, eben dies Ankleidezimmer in etwa einem halben Jahr als Kinderstube einzurichten, versprach, die Geschwister bald in Böhmen zu besuchen, und blieb auf dem Petersburger Bahnhof winkend zurück, vom zobelgefütterten Tuchmantel zu einer kleinen Walze verunstaltet. (»Nur Parvenus tragen den Pelz nach außen ...«)

Weder sie noch Eugenie ahnten, daß das erwartete Kind, ein Sohn, nach einem knappen Jahr sterben würde, an einem noch unerforschten Leiden, das dem Vater und Arzt verbot, an weitere Kinder zu denken.

Es sollten auch noch Jahre vergehen, ehe der Besuch in Harta zustande kam. Beim Umzug von Bielefeld dorthin erwies es sich, daß in der allzu damenhaften Eugenie (wirkte sie nicht doch etwas humorlos und langweilig?) noch unentdeckte Talente schlummerten, die in der Stadt nicht zur Geltung gekommen waren. Nun erst entfaltete sie, was sie vom Baltikum her gewohnt war: uferlose Gastlichkeit bei größter Bescheidenheit des Auftretens, und eine Vorratswirtschaft mit Eingekochtem und Hausgeschlachtetem, daß man hätte einer Belagerung standhalten können. Um die Fabrik kümmerte sie sich nicht. Man hatte sie gelehrt, daß Fragen nach dem Geschäftsgang oder gar ungebetene Ratschläge und Einmischungen mangelndes Vertrauen in die Tüchtigkeit des Hausherrn verrieten. Sie unterblieben somit. Er fragte sie ja auch nicht, ob die Essigbirnen sich wohl halten würden, die Weckgläser zublieben und die Kinder heile Strümpfe hätten.

Eines jedoch fiel in ihr Ressort, und darüber unterrichtete sie sich genau: die häuslichen Verhältnisse derjenigen, die für Heinrich arbeiteten. Die Weber, die mit hohen Rückenkörben in die an den Ostflügel des Schlosses stoßende sogenannte ›Schererei‹ kamen, holten dort die Kette für ihre eigenen Webstühle ab, waren froh und dankbar über neue Aufträge und schleppten sie stundenweit heim. Was geschah, wenn Krankheit im Hause war, wenn der Ernährer ausfiel? Von ihrer Mutter hatte Eugenie gehört: »Na, das wäre ja eine schöne Blamage, wenn Elend im eigenen Kirchspiel von irgendwelchen Institutionen gelindert werden müßte . . .« und war seit langem der Meinung, daß der Spruch von der Not, die am Wege steht und von Gott geschickt sei, in der Hauptsache für Gutsfrauen und Fabrikantengattinnen gälte. Sie ging den Webern nach in ihre dürftigen Häuschen (Kartoffeln, Brennholz, Öl, Wollstoff, stand später in ihrem Notizbuch) und besprach sich abends mit ihrem Mann. (»Mein Gott, Heinrich, wie können sie bei den trüben Ölfunzeln überhaupt das feine Garn mit dem Weberknoten zusammenknüpfen, es ist mir schleierhaft!«) Sie ließ den Pastor zu sich bitten und leerte, unter der Peinlichkeit tief errötend, ihre Nadelgeldbörse in seine Hände für Notfälle, die ihr vielleicht nicht bekannt würden, stiftete für das protestantische Bethaus, legte einen Fonds für die Aussteuer bedürftiger junger Mädchen an (»Na, Mutter, doch wohl nur für die tugendhaften?« neckte Heinrich) und ging, schon wieder einmal eine getreue Nachbildung einer Gartenlaubenillustration, helfen, lindern, Gutes tun, von hinten in ihren wehenden Umhängen und dem sich bäumenden Hutaufbau anzusehen wie ein Schabrackenpferd im Sturm. Als einzige Abweichung von den gottgewollten Pflichten setzte sie mit Nachdruck durch, daß Heinrich sein eigenes Schlaf- und Ankleidezimmer bezog, und breitete sich in einem privaten kleinen Reich voller Nippes und Lavendelduft aus.

Die Uhr mit dem melodischen Schlagwerk wanderte in Heinrichs Zimmer, dort schlug sie pünktlich neunmal, wenn er sich das Plastron knüpfte, die Perle hineinstach und die Tür hinter sich schloß, um zum Frühstück hinunterzugehen, und erinnerte ihn spät nachts daran, daß es nun wohl mit dem Patiencelegen genug sei. Wenn er vergaß, sie rechtzeitig aufzuziehen, so blieb sie stehen, und er gewöhnte sich daran, dies immer Sonntag morgens zu tun, bedächtig den kleinen Schlüssel an langer goldener Uhrkette hervorangelnd. Seine Bewegungen waren langsamer geworden, sein Haar und Bart schlohweiß. (»Das ist die starke Luft hier.«) Sein Sohn Fritz kopierte ihn bereits, indem er bei Ausflügen auf einer Koppe stehend spaßhaft die Nasenflügel blähte und äußerte: »Hm, jeder Atemzug eine Tasse Bouillon!«

Aus dem Kinde Stella, das man hatte schonen wollen, ohne es zum Hypochonder zu erziehen, war ein Mädchen mit langen Beinen und dickem Zopf geworden (wegen seiner überraschenden Bewegungen von den Eltern »Hüpf« gerufen), das die neuen Freiheiten des Landlebens begeistert begrüßte. Die Brüder, elegante junge Herren mit Kreissäge und Flanellhosen, begannen sich bereits um die Belange der Firma zu kümmern, und doch wurde die neue mechanische Weberei in einem kleinen Festakt nicht nach ihnen, sondern »Stella« getauft, was das Mädchen mit dem Zopf gänzlich ungeschmeichelt und mit freudiger Selbstverständlichkeit entgegennahm. Sie war auch die erste, die von der Dorfjugend erfuhr, daß ein unterirdischer Gang vom zweiten Weinkeller unter der Elbe hindurch bis zum Fuchsberg führte, wohlig schaudernd hineinkroch, so weit es ging, und mit Lehm und Spinnweben im Haar wieder am Tageslicht erschien. (Erst als ein Bauer samt Gespann in den verdeckten Ausgang am Fuchsberg einbrach, wurde der Gang auf beiden Seiten zugeschüttet.)

In ihrem Stübchen im Schloßturm umgab sie sich mit allen Greueln, die einen Backfisch glücklich machen, hing ein Krönig'sches Wappen an die Wand, dessen Ausmaße einer Hohenzollernburg angemessen gewesen wären, setzte sich bei Mondschein mit Lanolin eingerieben ans Fenster, um keine Sommersprossen zu bekommen, und hatte nur den einen Wunsch, Zirkusreiterin zu werden. Nach wenigen Wochen schon kommandierte sie einen Troß neuer Spielgefährten und lernte vom Kutscher Ignaz von Grund auf Reiten und Kutschieren.

Schenkte sie Natur und Landschaft irgendwelche Aufmerksamkeit? Der sanften Melancholie der bewaldeten Hügel, einer Ferne, die sich nicht aufdrängte und wartete, bis man zu ihr kam? Glichen die Häuser in ihren Obstgärten nicht Inseln in einem Meer von gelbgrünen Feldern, die der darüber hinrollende Wind in schattierte Streifen teilte? Wiederholten die rundrückigen Berge einander nicht echogleich, in immer heller werdendem, fernem wehmütigem Blau? Floß nicht der Wald wie rauhe Lavaströme zu Tal, ein Wald ohne Ende, in dem man Heidel- und Preißelbeeren mit einem groben Holzkamm erntete und in der tiefen, winddurchwehten Einsamkeit den Namen Rübezahls nicht mutwillig rufen durfte?

Im Herbst war der Park durch das dürre Astwerk wie mit zarten grauen Spitzen verhangen, im Winter bei dichtem Schneetreiben wurden die Umrisse seiner Baumgruppen undeutlich und begannen den Buckeln hingelagerter riesiger Tiere zu gleichen, bei Rauhreif verwandelte er sich in einen blendenden Scherenschnitt. Leise und rücksichtsvoll heizte der Diener Johann früh um sieben, wenn es noch dunkel war, die hohen Kachelöfen in allen Zimmern, und das Mädchen Stella sah ihn als dunklen Schatten vor dem lodernden Schein aus der Ofentür. »Ist es kalt heute?« fragte sie verschlafen. »Es geht, Fräulein Stella.« Dann drehte sie sich nochmal auf die Seite und dachte an eine Fahrt auf grünen Hörnerschlitten den Schloßberg hinunter und daran, daß Papa versprochen hatte, sie alle zur Spindlerbaude fahren zu lassen. Mit den Skiern und dem langen Stock konnte sie schon ganz gut umgehen, die Brüder waren um ihre Hosen zu beneiden, beim Stürzen waren sie ganz einfach viel besser dran. Beim Schlittschuhlaufen auf dem Schloßteich wiederum behinderte einen der Muff (sie ließ ihn meist absichtlich-versehentlich zu Hause). Ach, ein ›Mannsmenschk‹ zu sein, wie Papa das auf westfälisch nannte!

Im Sommer, wenn sich die Kronen der Parkbäume wie grüner Schaum an die Fenster des Turmzimmers drängten, konnte man wunderbar über die Wiesen reiten, die keine Zäune hatten (wenn man auf »Fastrade« ritt, durfte man die Hunde nicht mitnehmen, dann scheute sie). Auf den Feldern hinter der Chaussee wurde das Heu eingefahren, und man konnte heimkutschieren, stehend, mit fliegenden Haaren. Die Pferde gingen dabei nie durch, wohl aber sämtliche Haarnadeln.

Auf dem Schloßteich wuchs die Entengrütze zu einem zarten Schleier zusammen, an warmen Nachmittagen wurde der Teetisch auf dem Kiesplatz gedeckt, im bläulichen Schattengesprenkel der Baumkronen. Manchmal ließ Papa Heinrich Krönig anspannen, um eine Ausfahrt ins Riesengebirge zu machen, wobei er reizende Geschichten wußte und die Taschen voller Konfekt hatte, ein unermüdlicher Kavalier der Damen.

Die vielen Gästezimmer des Schlosses Harta standen fast nie leer. Bis zu sechs große Wärmflaschen wurden in der Übergangsjahreszeit im Bügelzimmer eingefüllt. Die Verwandtschaft aus Bielefeld fand sich ein, und auch die »baltische« Großmama Natalie. Ihr Häubchen aus gesträubter jettbestickter Gaze saß nicht ganz gerade, und ihre Augenlider hingen nun so tief herab, daß sie mit ihrer starken Nase und dem großen, lippenlosen Mund einem philosophisch-heiteren Raben glich.

Ihrem Blick entging nichts, auch nicht, daß es geschäftlich nicht so lief, wie Heinrich sich das gedacht hatte, daß die beiden Söhne bereits beträchtlich andere Vorstellungen von den Repräsentationspflichten der Firma hatten als ihr Vater (Heinrich betonte, daß Aufwand und Geschäftskapazität in einem gesunden Verhältnis zu stehen hätten), daß man aber alles in allem doch zufrieden war. Sie genoß ihren Aufenthalt in Harta in vollen Zügen, ließ sich tüchtig herumkutschieren, sorgte dafür, daß Christian, Fritz und Stella Scharaden aufführten und Menuett tanzen lernten (wenn sie mittanzte, ächzte sie ganz leise bei den tiefen Reverenzen, und das kleine Witwenschleierchen flog vergnügt im Luftzug), und wäre nur zu gern mit in den geheimen Gang hinuntergekrochen.

Sie brachte mehr Leben ins Haus, als ihren würdigen Jahren zustand, bedeutend mehr als manche der wohlerzogenen Vettern und Cousinen, sei es aus Narwa oder aus Bielefeld. (»Christian, komm, wir steigen heute nachmittag in den Keller unter der Appretur und kratzen an den Wänden, vielleicht ist irgendwo eine Nische mit Geheimdokumenten von Wallenstein!« »Stella, hör mal, kannst du schon böhmische Zwetschgenknödel machen? Ja, ich weiß, ich weiß, du wärst lieber ein Junge. Tja, möchten tut man manches. Ziege möcht'n langen Schwanz. Morgen gehen wir zusammen in die Küche und versuchen es, wenn die Köchin uns nicht hinauswirft.«

Nach fast einem Jahr war die baltische Großmutter immer noch da und ein nicht wegzudenkender Bestandteil des Schlosses. In Stellas Schulzimmer hatte, rekommandiert von besseren, ja sogar guten Häusern, Fräulein Martha Einzug gehalten, eine Pastorentochter aus Görlitz. Mit weiblichen Reizen mangelhaft ausgestattet, stets guter Dinge, war sie temperamentvoll begeistert von allem, was es dem Mädchen Stella beizubringen galt, seien es nun die Gegenkaiser, das Nildelta oder das Mendel'sche Gesetz, am begeistertsten jedoch von der Familie Krönig, die sie als eigene Sippe ins Herz schloß.

Mit ihrem eisernen Bestand an Gemeinplätzen (»Kunst bringt Gunst«, »Der deutsche Kaiser ist ein großer Diplomat«, »Morgenstunde hat Gold im Munde«) ging sie Vater Heinrich zunächst gewaltig auf die Nerven, der fand, Wilhelm II. träte in ein Fettnäpfchen nach dem anderen, und jedwedes Sprichwort hätte ein gewichtiges »andererseits«. Die naive Fröhlichkeit, mit der Fräulein Martha ihre Pflicht tat und ihre Häßlichkeit trug (es war keineswegs eine sogenannte »interessante Häßlichkeit«), nahmen ihn dann doch für sie ein.

Wie weit sie hoffte, im Hause Krönig oder dessen näherer Umgebung zu einem privaten Glück zu gelangen, wurde nie bekannt. Sicherlich bezog sie die Vorstellung von der großen Stunde ihres Lebens, vom blitzartigen Einbrechen der Liebe in ihre Existenz aus Engelhorns Romanbibliothek. Darin sollte sie enttäuscht werden. Sie erlebte allerdings ihre große Stunde auf dem wilhelminisch verschnörkelten Schloß, aber anders als erwartet.

Schon bald wechselte das Schlüsselkörbchen aus den Händen Eugeniens in die von Fräulein Martha, sehr bald wußte diese über Wünsche und Eigenheiten des Hausherrn und der Kinder ebensogut Bescheid wie sie. Stickte Eugenie an einer großen Decke, so saß Fräulein Martha ihr gegenüber und stickte die andere Seite. Vater Heinrich machte es diebischen Spaß, in Gegenwart der beiden Damen einen Witz zu machen, der bei näherem Zusehen nicht salonfähig, von ihm aber sehr diskret gebracht war. Eugenie, Mutter fast erwachsener Söhne, pflegte in solchen Fällen leicht zu erröten und mit einem sanften »Pfui, Heinrich, wenn ich dich recht verstehe« von ihrer Handarbeit aufzusehen. Fräulein Martha aber, ohne das geringste zu begreifen, lachte schallend, wobei es so aussah, als ob ihre Schneidezähne einen Schritt vorwärts taten.

Die Schulstunden droben im Turm bei Stella wurden mit derartigem Eifer und soviel Heiterkeit abgehalten, daß sich die Großmama aus Narwa mit der Bemerkung dazu fand: »Man wird alt wie 'ne Kuh, und lernt immer noch was zu . . .« Stella wollte sich auf keinen Fall verblüffen lassen und gab auf Fräulein Marthas Fragen wie aus der Pistole geschossen Antworten, die zwar nicht hundertprozentig stimmten (Stella hatte ein schlechtes Gedächtnis), aber doch bewiesen, daß sie irgendwann einmal aufgepaßt hatte. »Wie heißt die Regierung der Türkei?« »Großes Tor.« »Nein, Hohe Pforte, Stellachen.« »Na ja, sag' ich ja.« Die kiebitzende Großmama kniff lachend die Augen zu und drückte die Rechte mit dem Lorgnon an die aus der Form geratene Büste. Am Abend verkündete sie, nachdem sie Eugenie und Stella in einer Doppelpartie Halma geschlagen hatte, sie reise in drei Tagen ab und bäte um einen Wagen zur Station. »Aber Mutter, warum denn so plötzlich, es tröpfelt ja nicht auf uns, und die Miete ist bezahlt«, meinte Heinrich, und Eugenie ließ etwas erschrocken Fräulein Martha nach einer Flasche Johannisberger in den Keller steigen, weil man so gemütlich beisammen sei.

Als alle gute Nacht gesagt hatten, blieb sie mit ihrem Schwiegersohn allein, der seine Zigarre in einer Papierspitze rauchte und die Füße in den schmalen Lackschuhen bequem gekreuzt hielt. »Wegen Stella noch ein Wort«, begann die Alte. »Sie wird dir sehr bald weggeholt werden. Sie ist schöner, als Eugenie es je war, und auch bedeutend schöner – wenn du mir gestattest – als du.« Heinrich verneigte sich liebenswürdig. »Hier wären ja genügend brave Männer in deiner Umgebung, die sich glücklich schätzen würden und so weiter, aber sie sind aufs Geld aus. Ich meine nicht nur auf das Geld, das Stella ihnen einbringen könnte, schlechthin aufs Geld. Sie sprechen von nichts anderem als von ihren Geschäften und Kombinationen, wenn sie nicht gerade glauben, Süßholz raspeln zu müssen. Geld hat man, aber man spricht nicht darüber, so wenig wie über die Verdauung. Wenn es ihr einziges Thema ist, so läßt das auf etwas schließen, was einer Ehe abträglicher ist, als gelegentliche . . ., nun ja, wir verstehen uns. Laß irgend etwas geschehen, was die bestehende wirtschaftliche Ordnung umstürzt, was soll sie dann mit einem solchen Menschen, neben dem die Jahre so langweilig sind wie ein endloser Güterzug? Möchtest du mir versprechen, dir deine väterliche Zustimmung recht sauer werden zu lassen?« »Aber Mutter«, sagte Heinrich langsam und sorgfältig, »damit hat es ja noch Zeit. Sie ist vierzehn. Wenn mir einer innerhalb der nächsten sechs Jahre mit solchem Ansinnen kommt, so werde ich ihm sagen: ›Geh du nur wieder hin, wo du gewesen hast, und binde deinen Gaul an einen dürren Ast.‹ Ich hoffe außerdem, daß du Eugenien und mir, wenn's soweit ist, in dieser Frage beistehen wirst«, setzte er augenzwinkernd hinzu. »Nichts Gewisses weiß man nicht«, sagte Großmutter Natalie leichthin und ließ sich zwei Tage später, in der Reisevermummung seltsam geschrumpft und gelblich aussehend, zum Bahnhof fahren.

Im Wagenfenster, klein und kleiner werdend, blieb ein Idyll zurück, süß und trügerisch. Fräulein Martha, die ein wenig oberhalb der Kinder auf der Freitreppe stehend eifrig winkte, hätte sicherlich angesichts der vielen Jahrzehnte, die dies Idyll noch anzudauern schien, vorzeitig den Spruch »Ende gut, alles gut« zitiert. Was aber ist das Ende? Das, was zuletzt kommt, wenn das für Generationen Geschaffene gewogen und grausam gerichtet wird, als sei aller investierter Fleiß rein gar nichts. So ist denn in diesem Augenblick das Urteil schon gesprochen. Etwas tiefer als Fräulein Martha, mit einer Blume winkend, lehnt Fritz Krönig an der Balustrade. Er wird kurz nach dem Weltkrieg unverheiratet sterben, an einer nässenden Rippenfellentzündung, die er sich im Felde geholt hat, und der beklemmende Geruch seiner Verbände wird alle, die ihn liebhatten, von ihm fernhalten. Die kleine Stella, die sich so zärtlich an Bruder Christian schmiegt, wird sich um irgendwelcher Vermögensauseinandersetzungen willen mit ihm derart überwerfen, daß sie einander die letzten vierzig Jahre ihres Lebens nicht mehr schreiben. Christian selbst wird, ein weißhaariger, kerzengerader Grandseigneur, mit Frau und Sohn von den Tschechen ausgetrieben werden, einige Kilo Habseligkeiten in einem Rucksack bei sich, und in einem Flüchtlingslager elend zugrunde gehen. Schon beginnt das Idyll sich zu schwärzen, wie eine auf dicken Karton aufgezogene Fotografie, die man ins Feuer wirft, Löcher bekommt und gewölbte Ränder. Das Schloß wird veröden, die Dorfbevölkerung verheizt erst die Parkbäume, dann Türen und Fensterläden. Durch die zerbrochenen Scheiben dringt der Regen, im Winter bildet sich Eis auf den Parkettfußböden, und die tschechische Jugend wird darauf Schlittschuh laufen. Nichts hält die Zeit auf. Nichts hielt die Kutschpferde auf, die Großmutter Natalie zur Station brachten.

Ihre Reise war weit. Auch droben im Nordwesten Rußlands fiel schon das Laub von den Bäumen, eisig blies es vom Peipussee, in den windschiefen Blockhäuschen um die Eisenbahnstation Narwa hatte man bereits Moos in die Fenster gestopft, die Pferde dampften, als sie sich zur Peltzerschen Tuchfabrik hinausfahren ließ. Die Festungen zu beiden Seiten der Holzbrücke, Burgen von Märchenriesen, standen vor einem hellgrün geflammten Himmel. Durch Zinnen stach hie und da der Dorn eines aufgehenden Sterns. Die Pferdehufe klapperten auf den Bohlen überlaut.

Die Kutsche hielt vor dem großen Parterrehaus, von dem aus die Treppe hinunter in die Steingebäude am überbauten Kanal führte: große, ineinandergehende Wohnräume mit bodenlangen Fenstern, die Schlafzimmer durch geheimnisvolle Tapetentüren und Korridore miteinander verbunden. An dieses Haus, dessen Grundriß dem eines Rokoschlößchens glich, hatte Robert Peltzer nach seiner Hochzeit mit ihrer Tochter Betty noch einige große Räume angebaut, etwa um die Zeit, als sein Vater Napoleon starb, dessen Tatkraft und Energie ihr stets Bewunderung abgenötigt hatten. Nicht, daß damit Fleiß und Umsicht ihres verstorbenen Wilms verkleinert werden sollten, der als technischer Leiter hier gewaltet hatte. »Ach ja, da seid ihr ja«, sagte Mutter Natalie müde, als die Familie aus der Haustür gestürzt kam und sie aus den Decken zu schälen half. Unter dem Vordach drängten sich Betty und ihre Schar, von den an schmiedeeisernen Haken hängenden Laternen beleuchtet. Betty hatte nicht die Gabe, Freude zu zeigen, sie wirkte leicht etwas patzig.

»Müde bin ich geworden, müde«, sagte Mutter Natalie und ließ sich von den Enkeln ins Haus führen. »Von Harta erzähle ich euch morgen«, setzte sie hinzu und zog sich in ihr Zimmer zurück, wo das achtzehnjährige Hausmädchen Anna Filipowna, im langen, roten Sarafan, zwei Kupferkannen mit heißem Wasser in der Hand dastand und mit gelassenem Tierblick zuschaute, wie die alte Dame die Hutnadeln herauszog und ihr zerdrücktes graues Haar vor dem Spiegel zurechtzupfte.

Mutter Natalies erster Gang war zu ihrem zierlichen, eingelegten Schreibtisch. Sie rückte an den Photographien herum, die dort standen, Rahmen in Palettenformen, Rahmen mit gepreßten Blumen, mit Brandmalerei, geschnitzte Rahmen, Rahmen mit winzigen Margeriten in Email gelegt und mit nach hinten weggestreckten, aufgebogenen Messingfüßen. Die Bilder darin waren teilweise schon stark ins Gelbliche verfärbt: Eugenie und Heinrich auf einer Tour zur Spindlerbaude; Ella, vom Hofphotographen in Petersburg aufgenommen, mit der Miene eines Kindes, das Verkleiden spielte, einen gewaltigen Straußenfederfächer in den Händen; der treue Wilms kurz vor seinem Tode, das Kinn in die breite Krawatte gedrückt, pflichtbewußt durch die goldgeränderte Brille äugend. »Ach ja«, sagte sie noch einmal und ließ sich nieder.

An diesem Schreibtisch fand die knochige Anna Filipowna sie am 28. März 1895, als schon das Eisschieben auf der Narowa eingesetzt hatte, morgens, als sie ihr heißes Wasser brachte, eingeschlafen. Vor ihr lag ein Huldigungsgedicht zu Bismarcks 80. Geburtstag, die Feder quer darüber. Anna Filipowna setzte die Kupferkannen ab und ergriff die noch immer brennende Lampe.

»Barinja?« fragte sie leise. Und dann, Verdacht schöpfend, noch einmal, laut. »Barinja? Natalie Andrejewna?«

Es kam keine Antwort mehr. Außerhalb des Althergebrachten, Geregelten, so wie es ihre Geburt während eines Pferdewechsels auf Postkutschenreise gewesen war, vollzog sich auch ihr Tod. Man begrub sie neben dem wackeren Wilms auf dem Kirchhof bei Narwa, dort, wo man die breite Narowa ihrer Mündung zuströmen sieht, ein ziehendes Meer, und der Horizont sich unter dem ungeheuren Licht, das auf ihn niederwuchtet, zu ducken scheint.

VI

Der große Korbsessel im Kinderzimmer, den das Kind unter Ächzen und Stemmen umgekippt und auf die Lehnen gestellt hat, gibt ein knisterndes Häuschen, von warmem Zwielicht erfüllt, das ein wenig nach Staub riecht. Die Stoffkatze mit dem Stachelschnurrbart sitzt auch mit darin und schaut, auf dem einen Glasauge schielend, mit dem Kind hinaus in die grünen wolligen Teppichwiesen. Da geht die Tür. Gleich wird einer von den Großen nähertreten und fragen: »Ja, wo bist denn du?« Die Vorfreude und das unterdrückte Kichern schnüren dem Kind schon den Hals zu. Aber sie kommen zu dritt. Wem gehören die schwarzen Halbschuhe, so lang und schmal und über dem Ballen ausgebeult? Das Kind kriecht freiwillig hervor und hört das bekannte: »Sag mal schön Grüß Gott!« was kränkend und überflüssig ist. Schließlich kann man bereits mit dem Buchstabenkasten schwere Wörter legen und Treppengeländer rutschen bis ins Parterre.

Die Eltern haben eine alte Dame mit grauen Haaren heraufbegleitet, die sich sehr aufrecht hält. Jetzt lächelt sie und packt etwas aus einem Papier, woraufhin das Kind vorsichtshalber gleich einen Knicks macht, die Augen unverwandt auf den Besuch gerichtet. Dort, wo bei der Mama das Kleid oben aufhört, geht es bei der alten Dame in schwarzen Schleierstoff über und schließt um den Hals herum mit einem schwarzen Seidenbändchen. Darüber hängt eine dreifach geschlungene Kette aus schwarzen Jettperlen. Das Ausgepackte ist ein Bilderbuch. Die Mama mahnt liebevoll: »Aber recht vorsichtig, Mausel«, und der Papa setzt trocken hinzu: »Mit Büchern geht sie um wie eine Wildsau.« Die alte Dame gluckert vergnügt und sieht plötzlich ganz jung aus. Jetzt zerrt sie an ihrem Kneifer, der an einem Häkchen aus Silberdraht vor ihrem rechten Schlüsselbein baumelt – er hat sich mit seiner schwarzen Schnur verheddert. Alles erstarrt in einem Wartelächeln, bis sie ihn mit einem Ruck auf die Nase gesetzt hat und nun das Kind an der Hand zu sich heranzieht, um ihm von oben aufmerksam und beinahe spöttisch ins Gesicht zu sehen.

»Ich bin deine Großtante Ella. Und wie heißt du?« Warum fragt sie etwas, das sie doch sicherlich weiß? Das Kind wird unsicher und versucht, den blitzenden Kneifergläsern zu imponieren: »Isabella Maria Katharina. Wie drei Königinnen.« (»Schau an, der Fratz, das hat sie von der Hausschneiderin!«) »Blödsinn!« korrigiert die alte Dame kurz und bündig. »Wie drei alte Großmütter!« Mit dem Imponieren hat es nicht geklappt. Das Kind errötet und schweigt. Der Kneifer wird abgenommen, und dahinter erscheinen zwei gute, kleine Augen, trüb und lieb, deren Lider ziemlich tief herunterhängen. »So, so«, sagt die alte Dame, als wisse sie jetzt etwas, das sie habe in Erfahrung bringen wollen. Nun darf das Kind etwas fragen, nämlich, wo sie denn herkäme. Diesmal zögert sie und schaut die Eltern an, ehe sie antwortet: »Ich? – Aus Bad Oeynhausen.«

Da die Großtante dableibt, bei jeder Mahlzeit mit bei Tisch ißt und mit den Eltern über alte Zeiten und tote Leute spricht, wird deutlich, daß dieses Bad Oeynhausen nur die Endstation einer anscheinend sehr langen Reise war.

Von dort hat sie außer dem Bilderbuch noch etwas mitgebracht, ein Trinkbecherchen aus dickem, dunkelgrünem Glas mit einem Rand wie eine umgekehrte goldene Krone. Wenn man durch seinen Boden blickt, verwandelt sich das gewohnte Kinderzimmer in eine halbdunkle, verschwommene Welt von Grün, und man ahnt Trauriges. Legt man ihn hin, so richtet er sich sofort wieder auf, und stellt man ihn umgekehrt, so gleicht er einem märchenhaften goldenen Kopfputz auf überhohem, gläsernem Schädel. Das Kind spielt mit nichts anderem mehr, es nimmt ihn abends mit ins Bett, und im Einschlafen ist es ihm, als hätte nur diese fremde Großtante so etwas mitbringen können, ja als hätten der Becher und sie etwas gemeinsam, das einem die Erwachsenen nicht erklären können.

Die alte Dame ist wohlwollend, aber kritisch. Sogar die Brüder halten sich vorübergehend beim Essen gerader und sind eine Nuance höflicher als sonst. Wenn sie aber schweigt und zum Fenster hinausschaut, sieht sie traurig aus wie eine altgewordene, verwunschene Prinzessin.

Schon nach wenigen Tagen schleicht das Kind sich ins Gästezimmer der Wohnung in der Elisabethstraße (die anderen sind vorn im Salon, man muß heimlich gehen, sonst heißt es gleich: He, wohin denn? Geh du in dein Kinderzimmer!) und steht eine Weile regungslos zwischen den mittlerweile ausgepackten Sachen der alten Dame. Sie haben eine fremde Witterung, nach Pfefferminzpulver, nach Lavendel, nach dem harten Stoff, aus dem Unterröcke sind. Alles ist ziemlich armselig, höchstens ein spitzenbesetzter Frisierumhang darf gelten. Das Kind zieht ihn sofort über und läuft damit vor den Spiegel.

Sonst sind nur Kämme und Bürsten mit silbernen Rücken und Monogrammen zu sehen, ein Bäumchen aus Porzellan, an dem zwei Ringe hängen, und noch eine weitere schwarze Jettkette. Auf dem Nachttisch stehen im Lederrahmen zwei verblichene Fotografien: ein schrecklicher alter Mann mit Bart und ein noch ganz dumm guckendes Baby im Kinderstühlchen, daneben unterm Glas ein Stengelchen gepreßte Erikablüten. Im Nachttischschubfach findet das Kind ein Tropffläschchen für Medizin und ein feines, weißes Taschentuch. Das ist alles. Weil sich auf dem Gang draußen Stimmen nähern, schlüpft das Kind samt seinem Spitzenüberwurf in den Kleiderschrank; es ist sich noch nicht darüber klar, ob es dort bleiben oder im rechten Augenblick hervorbrechen wird. Die Mama und Großtante Ella kommen herein, und die Mama besteht sehr liebenswürdig auf irgend etwas, und die Großtante sagt mit einem kleinen schnaubenden Lachen: »Na, Stella, hast du dir das auch gut überlegt, ob du so'n unnützes altes Möbel wie mich aufstellen willst? Wenn du mir das Gör anvertraust, für draußen, na schön, und mit dem Alten werde ich dann schon hoffentlich fertig werden.« Man versteht kein Wort, wie meist bei den Erwachsenen. Das Gör, bin ich das? denkt das Kind, und nur dies fällt ihm auf.

Es merkt auch in den folgenden Wochen kaum, daß sich etwas vorbereitet. Brocken von Gesprächen schnappt es auf, ohne sie deuten zu können, ohne danach zu fragen. Anscheinend wird irgendwo in einem Ort namens Brannenburg ein Haus gebaut, in das außer den Eltern und der Großtante irgend jemand hineinziehen soll, über den man seufzt und es sich nicht merken lassen möchte.

Wer kann sagen, wie lang die Großtante schon da ist, wenn es schon wieder morgen ist, schon wieder Sonntag mit Nudelsuppe, schon wieder Haarewaschen und Zehennägelschneiden, und was es sonst noch an kleinen Unannehmlichkeiten gibt. Sie heißt jetzt bei allen einfach Tantella, bei den Mädchen ›Frau Geheimrat‹, und in vielen Fällen ersetzt sie die Mama. Sie sitzt mit im Kinderzimmer unter der Hängelampe mit dem grünen Porzellanschirm und strickt auf einer runden Nadel Spitzendeckchen nach einem Handarbeitsheft. Manchmal setzt sie mit einem Hieb den Kneifer auf die Nase und zählt murmelnd Maschen, wobei sie mit der Stricknadelspitze auf die Vorlage einsticht.

Neben ihr am Tisch sitzt das Kind. Es zeichnet jetzt meistens: struppige Landschaften, bewohnt von Prinzen und Prinzessinnen im Profil. Manchmal kommt auch der Papa dazu. Mit den Flügeln des Engels auf dem Weihnachtsbild ist er nicht zufrieden. »Was hat das Mädel da für einen komischen Rucksack?« fragt er, und das Kind protestiert lärmend und umarmt seine Hosenbeine.

Und gerade jetzt, wo die Bilderbücher hinter den Zeichen in der Fibel, auf der Tafel und dem linierten Papier unterzugehen beginnen, erscheint die echte, unverfälschte Kinderbuchwelt noch einmal in allen Farben und in vergrößertem Maßstab: an dem neuen Ort Brannenburg. Da gibt es Häuschen und Kühe, Hütebuben mit Stock, ferne Höfe auf rauhen grünen Bergschultern, Wagen und Pferde, Gebirgsbäche, deren Wasserfälle in ein Korsett sauber gefügter Knüttel gezwängt sind. Beim ersten Gang von der Bahn den Bachweg hinauf wird das Kind Mama und Tantella sehr lästig, weil es in jedem neuen Gebäude das neue Haus vermutet. (»Ist es das da, Mama, das da drüben?« »Nein, so warte doch, es kommt schon, lauf nur voraus!«)

Als es dann wirklich dasteht, hinter einem langen Zaun und man hineingehen kann, ist es enttäuschend: alles noch so neu, die Dielen aus gestrichenem Holz, kleine Fenster und ein Erker, eine ganz andere Badewanne als in der Elisabethstraße, ein großer Garten mit Birken und Tannen. Viele und ganz fremde Blumen wachsen überall, mit denen man Tantella echte Begeisterung entlocken kann, anders als mit den Zeichnungen und den ausgenähten Bildern aus dem Handfertigkeitskasten.

Auf der anderen Seite der Straße liegt das Wäldchen (»Gehört es wirklich uns, ganz uns?«). Es übertrifft kühnste Erwartungen und fegt die Erinnerung an Kaufladenspiele und weite, staubige Heimwege aus dem Englischen Garten für immer weg. Eine Bank wird gebaut, von der aus man das Echo der Berge anrufen und fragen kann, wie der Bürgermeister von Wesel heißt (in Wahrheit antwortet eine Stallwand), und bei der Unterhaltung mit einer so großen Macht, deren Felsabstürze im Abendrot leuchten, wird dem Kind andächtig zumute.

Bis in den Schlaf hinein, bis an die Grenze alles Tagesgeschehens bleibt die Bergkulisse gegenwärtig, in hellem Umriß auf dunklem Grund verkehrt, als habe man zu lange ins Licht geschaut, und zusammen mit den Bergnamen unverwechselbar, lebenslang eingeprägt: Samerberg, Hochriß, Heuberg, Spitzstein, Kranzhorn, Riesenkopf. Auf sie hin und durch sie ordnet sich die Welt in Nähe und Ferne. Sie umstehen die Hütte des Almöhi aus Heidi, aber auch Robinsons Insel. Sie strahlen noch in tröstlichem Gold, wenn es drunten im Tal schon kühl und blaugrau wird, über ihnen brauen sich die Sommergewitter, und an den Wolkenschatten, die über sie hinwandern, erkennt man, was am Himmel vor sich geht. Hoch droben in ihren bewaldeten Hängen verlieren sich die Stimmen der Beerensucher im Sommer, der Skifahrer im Winter und kommen manchmal als dünnes Bimmeln eines fernen Bergkirchleins wieder zurück. Alles, was das Kind in seinen Büchern liest, spielt sich in den unerreichbaren, hochgelegenen Höfen ab, deren Fenster es manchmal aufblitzen sieht.

Wo sind die Eltern geblieben, die eben noch Arm in Arm im Garten wandelten und miteinander besprachen, wohin die Akelei gepflanzt werden soll? (Der Papa setzte die Schritte betont graziös, damit es komisch aussah). Ihre Rückkehr nach München vollzieht sich nahezu unbemerkt, wie das Kommen und Gehen anderer Besucher. Tantella ist ja da. Sie sagt den Mädchen, was sie kochen sollen, daß Brotsuppe und Hollerküchel zum Beispiel nicht beliebt sind, und sie bringt abends das Kind ins Bett.

Natürlich, die Mama muß in München bei Papa und den Brüdern bleiben. Das Kind hätte das auch ohne lange Erklärungen verstanden. Auf dem Bahnhof, dessen Gleise flimmernd, saugend und beschwörend mitten ins Gebirge hineinführen, küßt es die Eltern zerstreut, verspricht, Tantella in allem zu gehorchen, und schielt nach dem gußeisernen Automaten, aus dem man gebrannte Mandeln und ranzige Schokolade ziehen kann.

Zurück bleiben, in der Reihenfolge ihrer Bedeutung für das Kind: Tantella, ein Angorakater, zwei junge Mädel aus dem Dorf, die kochen und kehren, der Dackel Wully und dann noch der vor einigen Wochen eingetroffene alte Herr mit dem weißen Haar und dem Spitzbart, Djeaduschka genannt. Er gehört zur Familie und doch auch wieder nicht. Er ist ein Großpapa und doch wieder keiner. Alle sind freundlich zu ihm, und doch ist er irgendwie ein Ding, ein Möbel, ein Gegenstand. Wenn man will, daß er antwortet, so muß man ihn fragen, ob er noch Tee will oder ein Butterbrot, dann erwidert er, manchmal auf Russisch, manchmal auf Deutsch. Niemand zeigt das geringste Erstaunen darüber, es wird wohl auch dies eine Besonderheit der Erwachsenen sein, so wie man bestimmte Dinge nicht sagen darf, oder nicht zuschauen, wie große Leute sich waschen.

Der Djeaduschka ist in seinem eigenen Zimmer, rechts von der Haustür, untergebracht. Er kommt gern zu Tisch, er ißt gern, seine Serviette wird ihm umgehängt mit zwei Zwicken an einem altmodischen, aus winzigkleinen Perlen gestickten Bändchen. Abends ist er auch dabei, stört aber nicht. Am liebsten hat er, wenn Papa und die Brüder musizieren (das eine Klavier aus der Elisabethstraße steht jetzt im kleinen Wohnzimmer). Dann erhebt er sich manchmal von seinem Stuhl, tritt ans Klavier, legt dem Spielenden die Hand auf die Schulter oder räuspert sich gedankenvoll, als wolle er singen.

Einmal hat er es sogar versucht, aber es kamen nur brüchige, rauhe Töne, und er hat von selber wieder aufgehört und gesagt: »Ich muß – ich werde jetzt – nicht hier . . .« Weil keiner eine Miene verzog, hat auch das Kind nicht gelacht, sondern woanders hingeschaut. Die Brüder haben weiter auswendig vierhändig gespielt, aber der Papa ist aufgestanden und hat ihn am Arm zur Tür geführt. »Auf der Kommode, Sascha«, hat die Mama ihm leise nachgerufen. Und der alte Herr hat plötzlich mit ganz glücklichem Gesicht gesagt: »Eine gut geführte Pension – endlich einmal –, gutes Essen, vornehme Gäste und vor allem diese enorm musikalischen jungen Leute hier ...« Und mit etwas erhobener Stimme wie zu einem Schwerhörigen hat der Papa, während sich schon die Tür schloß, gesagt: »Aber das sind doch deine Enkel, Napoleon und Herbert.« Die Mama hat eine winkende Bewegung gemacht, damit sie hinausgehen und draußen weiterreden, und sich betont Tantella und dem Kind zugewandt.

Es kommt selten vor, daß der Djeaduschka den Ablauf des Tages beeinflußt. Neulich einmal fehlte er beim Abendessen, und alle saßen so verkniffen da und sprachen manchmal etwas russisch.

Später hört man Schritte vom Gartentor her, und die Mama sagt: »Wot on, da ist er.« Der Papa legt die Serviette neben den Teller und geht hinaus, und draußen steht ein verlegener Mann, der den Djeaduschka am Arm führt. »Ich kann mir's denken, Herr Breiteicher«, hört man den Papa sagen, »und ich danke ihnen auch schön.« Das Kind kann noch sehen, wie der Papa mit einer nur ihm eigenen Bewegung bedächtig in die Westentasche langt und ein Silberstück herausnimmt, ehe es zurück an den Abendbrottisch gerufen wird. Der Papa ißt nicht weiter, er geht mit dem Djeaduschka auf sein Zimmer, und nachher holt er sein Fahrrad heraus und fährt ins Dorf.

Das Kind darf noch einmal hinaus in den lauen Abend. Die gewohnte Linie der Berge steht ganz schwarz vor einem Himmel, der zur Ebene hin noch orangefarben nachglüht, über dem Riesenkopf aber schon in silbriges Nachtblau übergeht. Es riecht nach Heu, Mist und Stall, die Sterne sind aufgegangen und riechen es vielleicht auch, in der Gegend des Schuppens raschelt etwas, wohl ein Igel. Der Sandhaufen, auf dem das Kind den Weinbergschnecken so schöne Tunnel und Treppen baut, die sie eigensinnig nicht benutzen, ist filzig schwarz, das Wasser in der Regentonne von der Sonne des Tages ganz warm. Auf dem Holztisch neben dem Hühnerzaun liegen tote Wespen und Apfelbutzen, und auch ihnen ist bei diesem Licht nicht mehr zu trauen. Schon rufen die Erwachsenen. Soll man sich verstecken, um diese herrlichen Minuten zu verlängern, ein schauderndes Glücksgefühl, das einen hüpfen macht, wie einen Gummiball?

Da geht die Gartentür, der Papa schiebt sein Rad herein und sagt: »Gehen Sie nur schon vor, Herr Doktor«, und die Mama begleitet einen fremden Herrn ins Haus. Es wird wegen des Djeaduschka sein. Wohlige Selbstgerechtigkeit durchströmt das Kind bei dem Gedanken, daß es nie, niemals so weit weglaufen und so spät zum Abendessen kommen würde, obwohl es doch alle Hefte verschmiert und die Sachen verschlampt und Nägel kaut. Es wird dadurch aufgescheucht, daß Tantella plötzlich da ist und sagt: »Na, du Unnütz, nun aber ins Bett mit dir«, und keinen Einspruch gelten läßt.

Diese strenge, tröstliche Ordnung bleibt auch, als die Eltern abgefahren sind. Von modernen Erziehungsmethoden weiß Tantella nichts.

Ein Kind hat Pflichten und keine Rechte außer denen, die ihm die Liebe einräumt. Widerspruch, auch als Rechtfertigungsrede getarnt, wird nicht geduldet. Für Übermut, Schlamperei und Vergeßlichkeit gibt es einen ›Katzenkopf‹, einen kurzen, scharfen Schlag mit dem gebogenen Knöchel. Sehr weh tut es nicht, aber es ist eine Schande, fast so wie das in der Ecke stehen, an dem nur eines schlimm ist, daß man nachher um Verzeihung bitten muß. Die Peinlichkeit eines solchen Auftritts ist so groß, daß das Kind erst dabei in Tränen ausbricht. Nie fragt es sich, ob die alte Dame streng ist, etwa zu streng. Es liebt sie glühend, erweist ihr stürmische Zärtlichkeiten und kennt nur einen Ehrgeiz: einmal so zu werden, daß sie den ganzen Tag mit ihm zufrieden ist, eine Unmöglichkeit, ein ungeheuerliches Ziel. Bisher bemüht es sich umsonst. Man kann nicht an alle Vorschriften denken, wenn man eben erlebt hat, wie ein naßgeschlecktes, neues Kalb sich auf die Beine stellt, wenn man eine gefleckte Orchidee am Kirchbach gefunden hat, wenn man sieht, wie das Alpenglühen die Berge mit Himbeersaft übergießt.

Das daheim verspottete, getadelte Kind verwandelt sich drüben im Wäldchen in Elfenfeen und Piratenhäuptlinge, kommandiert ein paar Dorfkinder herum und behält sich, in tiefem Herzensbedürfnis nach Theaterposen, die Starrollen vor. Doch aller Glanz fällt von ihm ab, wenn Tantella auf einem Spaziergang mit dem Dackel Wully den Weg entlangkommt und freundlich: »Na?« sagt. Da steht es, mit verrutschen Söckchen, verschwitzt und kläglich, und die Haarschleife ist auch wieder weg.

Gelegentlich wird der Wunsch, Tantella durch eine wundervolle Tat zu imponieren, so stark, daß ihm der Atem stockt. Dann kneift es die Augen fest zu und stellt sich vor, wie es einen Brand im Hause als erstes bemerken und sie unter Einsatz seines Lebens retten wird. (Einsatz des Lebens klingt so schön, man kann es im Badezimmer mehrfach genießerisch vor sich hinsprechen.) Wie wird sie staunen und loben!

Doch das Kind wird nie einen Brand bemerken. Es bemerkt überhaupt sehr wenig. Es schläft mit Tantella in einem Zimmer, und nur ein einziges Mal wacht es nachts auf, weil es Geräusche gehört hat: das Rechteck des Bettvorlegers liegt in kaltem Mondlicht, die Tür zum Gang steht offen, draußen sieht man Tantella im spitzenbesetzten Frisiermantel (ein langer, grauer Zopf hängt ihr den Rücken herunter) und dahinter den Djeaduschka, komplett angezogen, die wollene Schirmmütze auf dem Kopf.

»Morgen, Alexander, morgen«, sagt Tantella fest, »jetzt leg dich schön hin und ruh dich aus, sonst wirst du morgen ganz müde sein.« Der alte Herr brummelt etwas, geht aber willig in sein Zimmer. Tantella kommt zurück, schließt die Tür und lehnt sich einen Augenblick lang lauschend dagegen. Als sie sich umdreht, sind ihre Augen im Mondlicht schwarze Höhlen, und mit dem Zopf gleicht sie einem Backfisch. Das Kind schnauft fürchterlich, damit man meint, es schliefe. Aber Tantella kann man nicht täuschen. Sie wendet sich vom Fenster her um, wo sie tief geatmet hat, und setzt sich auf den Bettrand. »Na, du dummes Lüd?« fragt sie leise und schließt das Kind in die Arme, das sich aufgesetzt hat. Ihre Wange fühlt sich so trocken und flaumig an wie ein Schmetterlingsflügel. Schlaftrunken und mutig fragt das Kind etwas, was es sonst nicht fragen würde: »Wer ist der Junge in dem Kinderstühlchen, den du auf dem Nachttisch hast?« »Das ist mein Sohn Heini, er ist mit einem Jahr gestorben.« »Warum hat er Hörnchen?« »Hörnchen?« Die alte Dame fängt an zu lachen, sie gluckst, schließlich zittert das ganze Bett. »Das sind die Finger seiner Njanja, sie hockt hinter ihm und hält seinen Kopf fest, damit er das Bild nicht verwackelt.« »Ist es schon lange, daß er tot ist?« »Das kann man wohl sagen. Über vierzig Jahre!« »Na ja, dann...«, sagt das Kind erleichtert und setzt, ehe es sich zur Wand dreht, etwas hinzu, das man am hellichten Tag nicht äußern darf: »Ich will nicht, daß du ein anderes Kind hast außer mir . . .« Es kommt keine Antwort. Draußen vor dem Fenster bewegt sich der junge Nußbaum im Nachthauch, es ist, als raschelten die Blätterschatten auf den gestrichenen Dielenbrettern. Ein süßer Duft zieht herein, er kommt von den klebrigen rosa Blüten am Gartenplatz. Wie heißt der Berg, der große, waldige, über dem jetzt der Mond steht? Er heißt der Schrofen. Dem Kind kommt es so vor, als sei dies eine wesentliche Erkenntnis, von der der nahende Schlaf Schicht um Schicht abblättert wie die Häute einer Zwiebel.

Am Morgen ist alles wie immer. Der alte Herr liegt im Liegestuhl am Haus, Tantella, im schwarzen leichten Sommerkleid, den weißen Waschhut mit schwarzem Band auf dem Kopf, geht mit dem

Kind ins Dorf hinunter. Der Roller mit dem Teddykopf und der Dackel Wully dürfen nach endlosem Gebettel mit. Es fährt sich miserabel auf den Dorfstraßen, der Roller, der getragen werden muß, schlägt dem Kind manchmal schmerzhaft gegen die Knöchel. Tantella hat kein Mitleid. (»Wer nicht hören will, muß fühlen.«) Sie geht in ein fremdes Haus, und das Kind bleibt draußen und kommandiert den Dackel herum, der mit hängender Zunge hechelt, bis sie beide einen Schattenplatz unter der Weißdornhecke gefunden haben. Es dauert lange. Schließlich öffnet jemand die Tür, der Stimme nach ist es der Doktor, der neulich mal da war. Er begleitet Tantella zum Gartentor. Obwohl sie viel leiser spricht als er (»Gewöhne dir an, leise zu sein, man muß leise sein, nur das Nashorn hört man von weitem!«), versteht man bei ihr jedes Wort. Der Wully erwürgt sich beinah im Halsband, aber jetzt muß er stillhalten, damit Tantella ärgerlich sagt: »Ts, ts, sind sie doch wieder weg, die beiden«, und man dann begeistert aus dem Versteck hervorkriechen kann. Gleich wird es sein, gleich. »Nein, natürlich nicht«, sagt Tantella, »in München hätten sie ihn mit Dementia senilis nicht bei sich behalten können, deswegen haben sie ja das Haus gebaut. Also abends bis zu drei Tabletten und nachts nochmal eine, wenn er unruhig werden sollte. – Nein, daß er nicht heim kann, begreift er natürlich nicht mehr. Er ist ja sozusagen seit zehn Jahren auf Reisen. – Ich? Im Jahr 1914. Nein, aus Petersburg. Ich hatte nur mit, was man zu einer mehrwöchigen Badereise braucht. Tja, so geht's. Auf Wiedersehen,

Herr Doktor, und vielen Dank. Schauen Sie gelegentlich herein. Das Kind? Dem Kind geht's gut, wenn es nicht gerade unreife Äpfel frißt. Nein, ich bin nicht die Großmama, es ist das Enkelkind meiner Schwester Eugenie. Ja, gewiß, ich bin ja froh, in meinem Alter noch etwas helfen zu können. Das andere werden wir schon schaffen. Peltzers kommen sowieso bald wieder heraus.«

Damit aber geht es nicht so schnell. Heuberg und Riesenkopf bekommen rostig behauchte Bäuche, am Wäldchen riecht es nach feuchtem Laub und Eicheln, auch Zimt und Nelken scheinen dabei zu sein, die Herbstzeitlose blüht, von den Almen herunter kommen Züge wunderschön geschmückter Kühe, Märchentiere, die wuchtig und x-beinig dahinschwanken. Sie haben Büsche aus Papierblumen auf dem Kopf, Kränze um die Hörner, scheppernde und dröhnende Glocken um den Hals.

Im Hause werden die Kachelöfen geheizt. Das Kind bekommt kratzende Wollstrümpfe, Mantel und Zipfelmütze an, Hosen und Stiefel. Es wandert mit dem Ranzen auf dem Rücken zur Tochter des Dorfschullehrers und schreibt nach Diktat Blödsinniges, wie: »Das Salz ist sauer«, »In Indien wohnen die Indianer«. Tantella liest es, kurz durch die Nase prustend, und sorgt dafür, daß das Kind es trotzdem schön sauber ins Heft einträgt, sie strickt dabei, leise zählend, immer die gleichen Spitzendeckchen in immer komplizierteren Mustern.

Irgendwann einmal spricht der Djeaduschka das Kind an, gegen Abend, in der offenen Badezimmertür. »Du da«, sagt er, »komm her«, und zeigt in den Spiegel über dem Waschtisch. »Wer ist der gräßliche alte Kerl?« Das Kind ist verwirrt. »Das bist du«, sagt es triumphierend, einen Augenblick lang froh über seine Macht und erschrickt sehr, als der alte Herr mit wütendem Gesicht den Stock hebt und es bedroht. Was hat es denn getan? Angst und Jähzorn wallen in ihm auf: »Tantella!« schreit es, zurückweichend, und prallt ihr auch schon vors Schienbein. »Alexander, nimm dich zusammen«, sagt Tantella scharf und wendet sich in gewohntem Ton an das Kind: »Wenn du noch zwei Strophen Gedicht bis morgen lernen sollst, dann wird's aber Zeit.«

Das Licht der Badezimmerlampe blitzt in den Jettperlen an ihrem schwarzumschleierten Hals und in den Kneifergläsern vor ihrem strengen Katzengesicht. Die Ordnung ist wiederhergestellt. Es ist nichts geschehen, was man nicht sofort vergessen kann und mit dem Dackel um den Eßtisch rennen, bis er vor Aufregung schreiend kläfft. Schwerer ist zu vergessen, wenn auch Tantella vom Gewohnten abweicht.

Ein Mann mit Joppe und Pelzkragen, barhäuptig (er hat ganz schmale, eingefallene Schläfen), eine Blechbüchse am Riemen über der Schulter, kommt den Hügel herunter, auf dessen Gipfel die summende Wendelsteinbahn die Fahrstraße kreuzt. Das Kind, das soeben mit dem Leiterwagen abrodeln will, die Deichsel zwischen den Beinen, muß seinetwegen bremsen und sieht ihn sich daher genauer an. Was sucht er auf der Straße, hat er etwas verloren? Er wühlt in den Grasbüscheln am Zaun.

Drunten klinkt das Gartentor, Tantella kommt heraus, sie und das Kind wollen gehen und in den herbstlich bunten Dickichten Zweige mit weißen, schwarzen und roten Beeren holen. Der Mann bleibt stehen, er hebt die Hände. Tantella verhält den Schritt und erschrickt.

»Exzellenz! Ella Andrejewna! Ist es möglich!« ruft er. Das Kind schiebt mit trampelnden Füßen das Leiterwägelchen näher an die beiden heran, die nicht darauf achten. »Gregorij Nikolajewitsch!« erwidert sie. Verdutzt klettert das Kind aus dem Wagen und zieht den Mantel gerade, an dem mal wieder der unterste Knopf abgesprungen ist. Der fremde Mann küßt der alten Dame beide Hände. Sie poliert den Kneifer und beäugt durch die Gläser die Blechtrommel.

»Botanisieren Sie jetzt, Professor, eine gute Idee«, sagt sie. »Nein, nein«, sagt der Fremde, »ich sammle Käfer fürs Zoologische Institut, man zahlt Geld dort.« »Nun ja, ich stricke Deckchen . . ., kommen Sie Tee trinken.« Das Kind, das vor Neugier beinahe platzt, schiebt den Wagen hinters Haus und wäscht sich freiwillig die Hände. Zwischen Wohnzimmer und Küchentür kann es, während der Gast sich mit dem unsinnig kläffenden Dackel beschäftigt, einige Fragen abschießen, bekommt aber nur die Auskunft, es sei ein Professor aus Petersburg, der viel in Tantellas Haus verkehrt habe. Es solle allein losziehen und die Zweige holen und nicht wieder abreißen, sondern schön die Schere nehmen. Maulend trollt es sich, bis an den Rand gefüllt mit Mutmaßungen und Phantasien.

Vielleicht ist es doch wahr, was die Kathi behauptet hat, daß die Frau Geheimrat einmal reich war und wie eine Fürstin gelebt hat und jetzt bettelarm ist. Das Kind stürzt sich mit zusammengekniffenen Augen ins Gebüsch. Wie eine Fürstin? Bettelarm? denkt das Kind und nagt mit der stumpfen Schere an den widerwillig sich zerfasernden Stengeln herum, bettelarm kann sie nicht sein, sie hat neulich drunten im Dorf die Zahnpasta bezahlt, aber vielleicht war das Geld von den Eltern. Hat sie nicht einige Spitzendeckchen weggeschickt und Geld dafür bekommen? Ja, es ist wahr, es ist bestimmt wahr, denkt das Kind, innerlich zerfetzt von Eifersucht auf eine Welt, der Tantella früher angehört hat und von der es ausgeschlossen ist und ausgeschlossen bleiben wird. Wann hat es die Geschichte gehört oder überhört: die Frau, die ihre Wertsachen in einen Banksafe legt, nach Deutschland fährt, nie wiederkommt und nun immer dieselben Kleider, die im Koffer waren, tragen muß, bis sie zerfallen?

Petersburg, Petersburg, denkt das Kind und sieht die Waldwiese als weiten Platz, umgeben von Palästen, von Fackeln erleuchtet, Schlitten fahren vom Wendelsteinbahngleis zum Hühnerstallgitter, sausende Schlitten, und in einem davon sitzt Tantella, mit weißen Hermelinbesatz an Mantel und Muff. Das Kind läßt die Zweige fallen und hängt sich in die rauschenden, nadelstreuenden Tannenäste, um hundert Glocken in hundert phantastisch verdrehten Zwiebeltürmen zu läuten. Ella Andrejewna, Ella Andrejewna, läuten die Glocken, als Tantella aus dem Schlitten steigt und, mit Schmuck behängt wie die Muttergottes auf dem Ikon, eine schneebedeckte Treppe hinaufgeht, die unter ihren goldenen Schuhen knirscht wie Kartoffelmehl ...

Hat das Kind gesungen, gerufen, geschrien? Jenseits des Maschenzauns zur Wendelsteinbahn tauchen zwei Buben auf, der eine ist rothaarig und gehört dem Bichler-Toni. Sie beobachten erst eine Weile, dann rufen sie das Kind an, das jäh aus seinem Märchenreich fällt und schuldbewußt die Zweige aufsammelt. »Du spinnst«, schreit der eine, »du spinnst ja, wie dei Großvatta ...« Es ist, als würfe er einen Stein. Hat er getroffen? Das Kind ringt nach Luft, es fängt an zu zittern. »Ich hab' gar keinen Großvater«, schreit es zurück, vor Wut heiser, und sieht lodernde Streifen den Umriß der Buben säumen, die es im Geist erdrosselt, erwürgt, erstickt, mit einem Prügel auf den Kopf schlägt, bis sie tot sind.

Wie sehr gleicht es gerade jetzt, mit der an der Stirn klebenden Haarsträhne, den hellen, jähzornig aufgerissenen Augen dem Großvater, den es verleugnet und doch in diesem Augenblick zum ersten Mal wahrnimmt und in sein Bewußtsein dringen läßt. »Verschwindt's, oder ...« keift es mit sich überschlagender Stimme und tastet angstvoll nach etwas, womit es drohen könnte. Als die Buben sich wirklich zum Gehen wenden, stürzt es atemlos in die rotgoldene Schlucht aus Ahorn und jungen Hainbuchen, das Ende des Waldweges, und läuft heim.

Wer putzt sich schon die Schuhe ab oder die

Nase, wenn er Unerhörtes erlebt hat? Tantella, eben noch eine romantische Gestalt, ein geliebtes, persönliches Eigentum, wird sofort wieder eine strenge alte Dame mit grimmigem Gesicht, die mit Recht aufgebracht ist über das Außerachtlassen der primitivsten Benehmensregeln. »Mit dir ist doch wirklich kein Staat zu machen«, sagt sie barsch und weist des Kindes Liebkosung zurück. Sie sitzt immer noch mit den beiden Herren neben dem nach Holzrauch duftenden Samowar, auf dessen glänzenden Messingbauch im dunkel werdenden Zimmer ein helles Fensterchen bleibt, und alle trinken Tee aus Gläsern in silbernen Haltern mit Monogramm. (Die gehören der Mama, die waren auch in der Elisabethstraße.) Der Professor mit der Botanisiertrommel redet den mürrisch hingepflanzten Djeaduschka mit »Alexander Napoleonowitsch« an und bekommt leise Antworten. Nach einer Achtungspause wendet er sich wieder Tantella zu. Es ist, wie so oft bei den Großen, von einer unheimlichen Schar die Rede, die Bolschewiken genannt, unter denen sich das Kind nichts vorstellen kann. Der Professor hofft zuversichtlich, daß sie bald vertrieben sind und alles wieder gut wird und man heimreisen kann.

Tantella scheint nicht dieser Ansicht. Sie schaut über alle hinweg aus dem Fenster, in dem die Felsen des Riesenkopfs stehen, sieht uralt und faltig aus und sagt kopfschüttelnd: »Nie, niemals.« Erst in diesem Augenblick läßt sie es zu, daß das Kind sich verzeihungheischend an sie schmiegt. Hat der Djeaduschka irgend etwas von dem Gespräch begriffen? Es ist nicht wahrscheinlich. Er steht auf und greift nach seinem Stock, der sich in der Stuhllehne verfangen hat. »Ich werde jetzt ... ich muß ... nicht hier ...« beginnt er entschlossen und geht in sein Zimmer.

Den Abend über zeichnet das Kind mit heraushängender Zungenspitze im Licht der Hängelampe über dem Erkertisch. Es zeichnet einen Himmel voller Engel mit schiefem Krokodilslächeln und mitten unter sie Tantellas kleinen Heini im Kinderstühlchen, der vor vielen Jahren vielleicht einmal in Petersburg gelebt und in einer edelsteinbesetzten Wiege gelegen hat. Es hält die Hand vor, und Tantella darf nicht schauen, und abends geht es heimlich auf nackten Sohlen zu ihrem Bett, legt ihr die Zeichnung aufs Kopfkissen und küßt das ausgelegte Nachthemd. (Es riecht schwach nach Lavendel und altem Stoff.) Durchs Schlüsselloch sieht man nicht, was Tantella eigentlich im Wohnzimmer macht, so allein, bis sie schlafen geht. Ob sie Heimweh hat? Sie hat gesagt, sie fühle sich in Brannenburg so wohl. In wilder Aufwallung wünscht das Kind, ins Unbekannte vorzudringen, die Zeit anzuhalten, zurückzudrehen, geheimnisvoll Unbegriffenes zu ändern. Es kann nichts tun als das Einmaleins mit sieben für morgen noch einmal zu wiederholen und sich vorzunehmen, ordentlicher zu werden.

Nach Weihnachten – die Eltern und Brüder sind schon wieder abgereist – dreht sich die Sonne in immer höher werdenden Schwüngen um Tantella, den Djeaduschka, den Dackel und das Kind. Am

Rande des Wäldchens weicht der Schnee von den Wurzeln der Tannen zurück. Haarige, eingerollte Stengel verkünden kommendes Kraut, beiderseits der Dorfstraßen sintern schmutzige, graugelbe Harschbrocken in sich zusammen. Blinzelnd im zu starken Licht spielt das Kind auf dem Balkon und malt mit abtauenden Eiszapfen Tantellas Namen in immer neuen verschnörkelten Monogrammen auf die sonnenwarmen Fensterläden. Überall ist Frühling, hell und glänzend wie Wasser.

Der Djeaduschka geht manchmal schon ohne seine hohe Pelzmütze aus, und jemand muß sie ihm nachbringen. Er ist leicht einzuholen, weil er so lang stillsteht und mit dem Stock in den tauenden Harsch malt, was man nicht lesen kann, so wenig wie die Spuren der Hasen und Rehe auf den Wiesen. Worauf horcht er dabei so angestrengt? Auf das Echo der fernen Schüsse irgendeiner Jagd am Heuberg oder weit hinter dem Tatzelwurm? Vielleicht auf die Rufe der Postenkette von Gockelhähnen, die sich weit ins Land hineinzieht, bis dort, wo das Gebirge auseinanderweicht, um die Eisenbahnzüge aus Italien durchzulassen.

Als es schon wieder wärmer ist und selbst Tantella sich neben dem Kind entzückt und mit nassen Füßen in den unübersehbaren Schneeglöckchenfeldern niederläßt, um zu pflücken (»Nicht so kurz abreißen, schön an den Stengeln ziehen, hörst du!«), kommen die Eltern mit Tante Jelena und einem Herrn, der ihr Mann ist. (Damals in der Elisabethstraße hatte sie doch noch keinen?) Er bringt dem Kind eine Schachtel Katzenzungen mit, spricht russisch, und scheint ebenfalls Litwinowa zu kennen. Durch seine Anwesenheit lenkt er vorübergehend davon ab, daß Tante Jelena wegen des Djeaduschka irgendwie aufgeregt ist. Er tut nicht dergleichen und steht ganz steif da, als sie ihn umarmt, aber ihr Gesicht zuckt, als wäre der dicke alte Mann, den sie berührt, elektrisch geladen. Sie hat ihm eine Süßigkeit mitgebracht, die Chalwa heißt und scheußlich schmeckt.

Er freut sich darüber auf seine Weise. Als der Deckel der Schachtel geöffnet wird, deutet er mehrmals ganz schnell mit dem Finger darauf und sagt vergnügt: »Ah, das ist ja – das ist – dieses da...« Vielleicht fällt ihm der Name nicht ein. Tante Jelena und er gehen lange allein miteinader spazieren, und der neue Onkel begleitet das Kind ins Wäldchen, hilft ihm auf die untersten Zweige der Kletterbuche hinauf und bleibt geduldig stehen, um zuzuschauen, wie es droben in einer Astgabel liegen kann, die es als ›Schlafzimmer‹ bezeichnet und unter der die bemooste Röhre murmelnd den Bach in sich hineinschluckt. Daß das Kind trotz des aufmerksamen Onkels auf Tante Jelenas Rückkehr wartet, liegt daran, daß es ihr unbedingt das Märchen von Wassilissa, der Wunderschönen, vorlesen möchte und nicht bloß erzählen wie früher, als es klein war. Sie wird sicherlich staunen, wenn sie erfährt, daß diese Geschichte mit der von Lisaweta der Wunderschönen nichts zu tun hat, die sich nachts heimlich trauen ließ. (»Aber so begreif doch, Kind, das war deine Urgroßtante, sie hat wirklich gelebt, in Rußland.« »Wassilissa hat ja auch wirklich gelebt, Mama, in Rußland.«) Als es sich eifrig mit dem Buch durch die Tür schiebt, umarmt die Tante gerade die Mama. Will sie ihr gute Nacht wünschen?

»Ach, Stella«, sagte sie mit ihrer singenden, leisen Stimme, »ich konnte es mir nicht vorstellen! Glaubst du, er wäre in Litwinowa auch so geworden? Ist es wirklich nur eine Art Verkalkung?« Und die Mama erwidert mit einem kleinen Vorwurf in der Stimme: »Ja, das kann man sich auch nicht vorstellen, wenn man es nicht erlebt hat.« Dann sieht sie das Kind und schickt es schnell ins Bad, weil das Wasser schon einläuft. Die wunderschöne Wassilissa bleibt ungelesen, und zum Trost sagt die Mama: »Sie liest schon sehr nett und betont wie eine Schauspielerin.« Bei der Mama ist das ein Lob, und im Badewasser kann das Kind darüber nachdenken, warum es bei Tantella ein Tadel wäre.

Als die Tante Jelena mit ihrem Mann dann wirklich abreist, geht sie zum Djeaduschka ins Zimmer, um sich zu verabschieden, und läßt dabei die Tür weit auf. Zum ersten Mal bemerkt das Kind, daß diese Tür von innen mit Leder und Stoff gepolstert ist. Soll der alte Herr nicht durch Geräusche gestört werden? Oder ist es etwa umgekehrt und ist es der Djeaduschka, der die anderen nicht stören soll?

Der Löwenzahn blüht noch nicht lange, der Garten ist voll von seinen goldenen Knöpfen. Wenn das Kind sie abreißt oder die Knospen aus dem Rasen sticht, kriegt es für ein Eimerchen voll zehn Pfennig. (»Was, du alter Schlampamp, das nennst du voll?«)

Dafür bekommt man beim Krämer Haider zwei Bogen farbiges Seidenpapier, kann es an die Fensterscheiben kleben und in diesem schummrigen Licht das kleine Wohnzimmer in die Halle des Zwergenkönigs verwandeln. Tantella legt geduldig dabei Patience, sie hat es nur nicht gern, wenn das Kind ausgerissene Büsche ans Klavier lehnt, um einen Wald auf der Bühne darzustellen, weil Erdklumpen auf den Teppich fallen. Der Dackel Wully hat die Staupe und tut sehr armselig, dieser Komödiant, läßt sich freiwillig in den Puppenwagen legen und hängt die Pfoten über die Decke.

Komisch, Tantella hat heute gar keine Freude dran. Es ist kurz nach dem Frühstück, und wenn die Liesl oder die Kathi von draußen reinkommen, um abzudecken, dann fragt sie ohne Strenge und voll verhaltener Angst: »Noch immer nichts?« Macht sie sich etwa Sorgen um den Wully? Der Bichler-Toni von nebenan hat gesagt, Staupe kriegen die Dackel alle, und es macht ihnen nichts. Der Djeaduschka ist auch nicht zum Frühstück erschienen. Aber ein Polizist kommt. Das Kind stürzt hinaus, um zu hören, was es gibt, aber es wird sofort ins Zimmer geschickt. Es darf auch nicht mit, als Tantella zum Gasthaus Moser geht, und dabei kann man dort Kuchen bekommen, sogar Mohrenkopf. Sie will dort nichts kaufen, auch nicht essen, sondern telefonieren, und ohne Ankündigung kommt nachmittags plötzlich die Mama und küßt beide zerstreut.

»Sascha ist bei ihm, er hat ein Einzelzimmer«, sagt sie. Seltsame Dinge tun die beiden Damen, sie besehen das Schloß und den Schlüssel, der innen an der Haustür steckt, sie bereden etwas, das Tantella bedrückt, und die Mama tröstet sie. Sie gehen auch miteinander in Djeaduschkas Zimmer und lassen achtlos die Tür weit auf. »Um neun Uhr habe ich noch zu ihm hereingeschaut«, hört man Tantella sagen, und »das da hat der Mann gebracht, der ihn im Aiblinger Moor getroffen hat, er mußte es ihm geschenkt haben. Ist das nicht das Ding von Fabergé in Moskau, aus Platin und Gold, was er immer hatte?« »Nein«, antwortet die Mama trocken. »Das ist eine Imitation. Die ursprüngliche Uhrkette hat er sich bereits in der Schweizer Pension aus dem Koffer stehlen lassen.« Das Kind hat sich herzugeschlichen. Durchs Fliegengitter vor dem Fenster schaut aschendämmrig der abendliche Garten. Das Bett ist leer.

Wohin ist er gegangen, der Djeaduschka, nachdem er energisch und verstohlen den steckenden Schlüssel in der Haustür herumgedreht hat und hinausgetreten ist ins kalkige Mondlicht? Geradeaus, immer geradeaus, ohne zu zögern, leichtfüßig und schnell, gut durchtrainiert wie er ist. Nur zu Fuß kann man nach Rußland kommen, das weiß er jetzt. Stunde um Stunde wandert er, Jahr um Jahr läßt er hinter sich. Es wird ihm wohlig und warm. Er öffnet seinen Mantel, wobei er die Schultern bis zu den Ohren hinaufzieht, und sucht sein Zigarettenetui.

Wann hat er das Rauchen aufgegeben? Er kann sich im Augenblick nicht daran erinnern. Sein noch immer dichtes, schneeweißes Haar beginnt ihm an der Stirn zu kleben, seine im Alter ausgeblichenen, einst intensiv blaugrauen Augen gleichen denen seines Vaters Napoleon Tukur Peltzer. Wie dieser auf seiner berühmten Fußwanderung nach Rußland begegnet er niemandem, ein Zeichen, daß er auf dem richtigen Wege ist. Keine Hügel mehr, Weite und weißliches Licht, manchmal ein kahler Baum, ein spiegelndes Wasserloch, Gesträuch und Birken, der vertraute Duft, alterstrockenes Holz und Moor. Es kann nicht mehr sehr weit sein, der Weg nach links kommt ihm auch bekannt vor. Nun hört er schon in der Ferne singen. Diese orgelnden, schnarchenden Bässe, diese summenden Chöre kennt er, sie hüllen ihn ein wie der nahende Schlaf.

Das Geräusch der eigenen Schritte stört ihn beim Zuhören, und er setzt sich in der samtenen Schwärze eines Torfschuppens auf einen umgekehrten Schubkarren. Draußen in der silbrig bestäubten Nacht steigen die Birken wie Wölkchen aus Hauch gen Himmel. Es ist sehr kalt.

Als er aufwacht, hält ihn die Kälte umfaßt wie ein Schraubstock. Über dem Moor liegt ein Morgenhimmel, schwach aprikosenfarbig. Wo mag die Thermosflasche mit heißem Tee sein? Seine Frau läßt ihn nicht ohne eine Flasche heißen Tees auf die Jagd. Ein rasselndes Geräusch ist zu hören. Dort kommt einer vom Gut mit einem Bauernwagen, es wird auch Zeit. Er lacht vor Freude, seine Zähne schlagen gegeneinander.

»Ja, wia hätt mer's denn, Herr Nachbar . . .?« wird gerufen. Der Djeaduschka ist nicht taub.

»Strastwui, Baron Alexan' Napoljontsch«, versteht er, und bewegt sich mühselig auf den Wagen zu, an dessen Kastenbrett er sich festhalten muß, um nicht umzufallen. Mit »Wüst« und »Öh« fahren sie in den immer goldener aufblühenden Morgen hinein. Auf einem kleinen Zwischenaufenthalt in einem Bauernhof gibt die Bäuerin dem alten Herrn eine Tasse Kaffee, er kann sie mit seinen zitternden Händen nicht heben, beugt sich herab und trinkt mit gespitztem Mund, dankbar schlürfend. Er ist ganz sicher, auf dem rechten Wege zu sein. Es stört ihn nicht, daß man ihn im Auto in ein Haus mit weißgekleideten Schwestern bringt, die ihn vorsichtig und zärtlich entkleiden. Ein großer Herr, weit herumgekommen in der Welt und nun heimgekehrt, scherzt er mit dem ihn abhörenden Arzt. Er wird ihm, wie es seine Gewohnheit ist, eine gewisse Summe für Forschungsarbeiten anonym überweisen lassen.

Erst gegen Abend, als der Schüttelfrost der Lungenentzündung einsetzt, ahnt er, daß er nicht weit genug fortgegangen ist. Er setzt sich im Bett auf, und als die Schwester in großer Flügelhaube, die am Fensterkreuz gelehnt hat, zu ihm tritt, sagt er zu ihr auf Russisch wie einst zu seiner Mutter, der zierlichen Katharina: »Bemitleide mich, denn Saschinka ist traurig . . .«

Der Steinmetz am Münchner Waldfriedhof ist etwas erstaunt, daß die gewohnten und auf Grabsteinen üblichen Wendungen von ihm nicht verlangt werden. Die Herrschaften scheinen auf Konventionelles keinen Wert zu legen. Alexander Peltzer, Moskau, steht auf dem Block, als sei es ein Gästebuch, und danach einige Daten. Es wird noch Efeu gesetzt, dann gehen alle ihrer Wege.

Die Eltern werden bei ihrer Ankunft in Brannenburg von dem begeisterten Kind fast totgeredet, so vieles hat sich inzwischen ereignet. Es hat die Anfänge der englischen Sprache gelernt und den Bauchaufschwung, der Wully kann Männchen machen, und im Garten ist ein Nest scheußlicher, behaarter Tiere gewesen, junge Maulwurfsgrillen, auf die man kochendes Wasser schütten mußte, weil sie so schädlich sind. Der Papa küßt Tantella beide Hände, und sie küßt ihn auf die Schläfe und sagt: »Aber ich bitte dich«, als wolle sie einen Dank abwehren. Es wird schon seine Richtigkeit haben, die Erwachsenen haben ja für alles einleuchtende Gründe.

Auf dem umgepflügten Stück Erde vor dem Wäldchen, wo im Herbst Kartoffeln gesetzt werden sollen, hat das Kind sich ein schön geschmücktes kleines Spielgrab gemacht, fast so schön wie auf dem Kirchhof an Allerseelen oder die Kränze um den Hals der Kühe, die von den Almen kommen, oder die Girlanden um die Tür, wenn eine Braut im Haus ist. Die Blumen welken rasch, weil sie nur abgerupft und in die sauber geharkte Erde gesteckt sind. Der vorbeikommende Bichler-Toni zeigt seine braunen Stummelzähne freundlich grinsend: »Wos host'n drin? An Kanari, ha?« »Nichts«, erwidert das Kind zurückhaltend, »gar nichts.« Es spricht hochdeutsch, um Distanz zwischen sein Tun und das Verständnis des Bichler-Toni zu legen, ein Verständnis, dem es mißtraut.

Das Zimmer rechts von der Haustür im Parterre wird gelüftet, einige Möbel kommen heraus, andere hinein. Es wird Kinderzimmer. Der Puppenkoffer mit dem gewölbten Deckel (eine unbekannte Tante Katja hat ihn einmal aus Schweden geschickt), die Bücher, das Ballnetz und die russischen Kegel wandern ins Regal. Unter das Fenster kommt ein Tisch mit Schublade, an dem das Kind Hausaufgaben macht. Es stellt keine Fragen. Vom Djeaduschka spricht es niemals, weil auch die anderen ihn nicht erwähnen. Ganz langsam, wie eine Sommerwolke eine andere Gestalt bekommt, ohne daß man es merkt, wächst der Großvater, den es vergessen hat zu lieben, über das mit welken Blumen besteckte Spielgrab hinaus, wird zu einer gewaltigen Persönlichkeit in einem fernen, märchenhaften Rußland. Er trägt Haar und Bart wie der Zar, und sein Bariton klingt schöner als der Schaljapins auf der Grammophonplatte.

Ein einziges Mal, nach Wochen, bricht das Kind beim Abschied von den Eltern auf dem Bahnhof Brannenburg in Tränen aus. »Wenn aber«, schluchzt es, »wenn aber ihr alle sterbt und Tantella auch ...« Papa führt es einige Schritt beiseite, vor den Eingang des Wartesaals 2. Klasse, in dem nie jemand sitzt.

»Erstens«, sagt er mahnend, »sterben wir noch eine ganze Weile nicht, und zweitens macht das gar nichts, denn dann kommen andere Leute, die noch viel interessanter sind.« Er greift in die Westentasche, wobei er die Schultern bis fast an die Ohren zieht, und fingert ein Zehnpfennigstück heraus, während schon mit Klingklang der Zug von Kiefersfelden her sich anmeldet. »Da, hol dir was von dem scheußlichen Zeug aus dem Automaten ...«

Seiner dankbaren Erleichterung macht das Kind lieber bei Mama und Tantella Luft, da Papa dergleichen nicht schätzt und mit einem halblauten »Geschenkt!« abwehrt. Alle drängen schon zur Sperre.

Ein hauchfeiner Riß, durch den Trübsal und Angst hätten eindringen können, ist geflickt. Das Kind steigt, den Eltern zuwinkend, auf die Querverstrebung des hölzernen Gitters, das Bahnsteig und Stationsgebäude trennt, und hört, von Tantellas Arm umschlungen, mit wohligem Schaudern das Sirren und Dröhnen, mit dem das Unbekannte aus Richtung Kufstein herannaht.

VII

1898, wenige Jahre nach dem Tod der Großmutter Natalie, durfte das Mädchen Stella Krönig (Reiterin und Tennisspielerin, auch auf dem Veloziped nicht ungewandt) die Eltern ins nordwestliche Rußland begleiten, in einen Ort namens Narwa, wo Tante Betty Peltzer zur Silberhochzeit eingeladen hatte. Sie schrieb sehr nett, Eugenie möge doch von ihren Kindern mitbringen, was abkömmlich sei, auch Robert gedächte eine ganze Hetzjagd Jugend aus seiner Verwandtschaft einzuladen. Vater Heinrich sagte zu, für sich, seine Frau und seine Tochter Stella (die Söhne blieben im Comptoir), mit der er soeben erst hatte ernsthafter reden müssen, als ihm lieb war.

Sie war mit gutem Gewissen vor seinen Schreibtisch getreten; es würde sich wohl um Berlin handeln, dachte sie, wo sie ein Jahr verbringen und allerlei lernen sollte. Doch nein, es ging um ihren Kotillontänzer und getreuen Ritter, einen Ungarn namens Czikós, der, wenn auch keineswegs nur an Geld interessiert, im Sinne der Warnungen von Großmama Natalie, doch als Schwiegersohn nicht passen wollte. Gegen seine Person lagen zwar keine Bedenken vor, eher gegen die Eignung Stellas für ein Leben mit ihm.

»Mein guter Hüpp, hast du dir mal überlegt, wie das wäre, als Frau eines k. und k. österreichischen Offiziers in einer kleinen Garnison? Was du auch tust, läßt, anziehst oder äußerst, unterliegt dann der Kritik von Vorgesetztengattinnen, bloß weil sie Frau Oberst sind und du vielleicht nur Frau Hauptmann. Du mokierst dich über Leute, die Kotaus vor dem Adel machen, ja, du sagst manchmal, es käme nicht auf die Rasse an, zu der jemand gehört, sondern auf die ›Rasse‹, die er hat, Äußerungen, die du dir hier in der Freiheit erlauben darfst. Als Frau eines Militärs wird man dich nicht nur unerträglich hochmütig finden, sondern deine Ansichten bekämen auch, weil du dort als ›keine geborene‹ giltst, etwas vom Fuchs und den sauren Trauben. Darüber werden die Pferde und – nicht zu vergessen, Hunde – deines Ungarn nicht hinwegtrösten können. Ich kenne dich. Und wenn erst der Liebesfrühling vorüber ist, so wird, das glaube mir, auch dein bezaubernder Czikós von nichts anderem zu reden wissen als von Tarock und Rangliste.«

Das Mädchen Stella, bislang diesem Courmacher und Pferdejockel etwa mit der gleichen Neigung zugetan wie ihrem Terrier Tom II, glaubte ihn loyalerweise verteidigen zu müssen.

»Nein, Papa, das darfst du wirklich nicht sagen. Na ja, wir treiben hier mehr Künste als andere Leute, wie Mutter sich ausdrückt, und daß wir ein bißchen international eingestellt sind, stimmt auch, aber ich würde schon dafür sorgen, daß er sich für das interessiert, für was ich mich interessiere, wirklich, Papa.« »Mein süßer Affe«, sagte Vater Heinrich und entfernte sorgfältig ein Tabakteilchen von seiner Unterlippe, die rosig aus seinem weißen gepflegten Bart hervorleuchtete, »dein Selbstbewußtsein und deine Jungmädchenbücher in Ehren, aber das geistige Milieu, das in einem Mann nicht drinsteckt, kann auch die verliebteste Frau nicht 'reinerziehen, das glaube mir altem Meergreis.

Ich verlange ja auch gar nicht, daß dein Ungar ab morgen aus dem Hause bleibt. Er und seine Kameraden sind selbstverständlich weiterhin willkommen. Ich möchte nur bitten, daß du gelegentlich über das nachdenkst, was ich dir gesagt habe, und daß du den jungen Mann nicht encouragierst. In allem anderen kann ich mich ja sowieso auf dich verlassen. Doch schon Goethe sagt: ›Und wie man sich auch hin und wieder wende, so ist der Christe wie der Heide sündlich . . .‹«

»Schön, eine ›amitié amoureuse‹ also«, sagte Stella ernsthaft wie ein Kind, das einen Fachausdruck aufgeschnappt hat. »Tschä . . .«, sagte Vater Heinrich amüsiert und freute sich, daß die vernünftige Kühle Eugeniens sich auf die Tochter, die genießerische Sinnlichkeit mehr auf die Söhne vererbt zu haben schien. Dort richtete sie keinen oder doch geringeren Schaden an. »Damit wir uns übrigens recht verstehen, weder die Reise nach Narwa noch der Aufenthalt in Preußisch-Berlin soll irgendwie eine Verbannung sein. Das ist klar, nicht wahr? Mutter ist schon ganz kribblig vor Vorfreude, die wahre Heimat wiederzusehen, setzt Schneiderinnen ins Brot und planzt sich die unsinnigsten Federn auf den Hut. Wann fängst denn du mit deinen Vorbereitungen an?«

Stella ging, sich ihre Koffer vom Boden holen zu lassen. Außerdem wollte sie mit dem guten Fräulein Martha, das längst von der Erzieherin zur Freundin avanciert war, die »Forelle« von Schubert vierhändig spielen, irgendwelche Gläser mit Viktualien (wahrscheinlich das klassische Hühnerfrikassee) und verschlossene Kuverts mit Geld zu den Familien kranker Weber bringen, Pferde striegeln und Tini in der Küche helfen. Später versuchte sie angestrengt, aus dem Wirrwarr der kyrillischen Schrift (»Die reine Ameisensprache . . .«) russische Wörter herauszulesen, um sich auf der Reise hie und da zurechtfinden zu können.

Bruder Christian konnte man damit aufziehen, daß er aus einem ganz bestimmten Grunde nicht mitreisen wolle, weil er errötend irgend jemandes Spur folgte. Papa war in derlei Dingen sehr diskret, und Mutter schaute nur mit hochgezogenen Brauen auf ihre Arbeit nieder, wenn man Näheres wissen wollte. Christian rächte sich für neugierige Fragen, indem er den Eltern, von Gelächter halb erstickt, erzählte, daß Stella neulich in Herrengesellschaft beim Zapfenstreich fröhlich mitgesungen habe: »Zu Bett, zu Bett, wer'n Liebchen hat, wer keines hat, muß auch zu Bett, zu Bett.« Sie sei immer noch der gleiche Rowdy wie als Achtjährige, als sie mit dem nackten Zeigefinger deutete und dazu schrie: Der, der hat kein Hemd an . . . (wobei sie einmal versehentlich an einen Pfarrer geriet). Fritz suchte zu vermitteln. In Wirklichkeit sei Stella bereits eine vollendete Dame, sie hätte eben Rückfälle. In Berlin würde man ihr den letzten Schliff geben. »Sorge beim Handelsministerium für andere Einfuhrzölle für Baumwolle, Stellus, hörst du!« (Es ging die Legende, sie habe wegen eines nicht benutzbaren Klosetts auf der Bahnstation Pelsdorf kürzlich beim Eisenbahnministerium vorstellig werden wollen. Die Brüder hatten es nicht vergesen.) Ahnunglos, aber enthusiastisch behauptete Fräulein Martha, Stella setze alles durch, einfach alles.

Auf dem Bahnhof hätten Fräulein Martha und der feurige Csikós, der mit Rosen für Mama Eugenie und einem Wagenrad Frühlingsblumen für Stella erschienen war, in ihrer Ergriffenheit beinahe ansteckend gewirkt, obwohl Stella von dem Wilmsschen Erbe des Gerührtseins nicht allzuviel mitbekommen hatte. Beklommen versprach sie am Ende des Bahnsteigs hinter dem Rücken eines diskret wegschauenden Dienstmannes fast mehr, als sie wollte. (»Bitt' Sie, Fräulein Stella, bitt' Sie gar schön«, sagte der Anbeter, echte Tränen in den Augen, und legte einen Augenblick seine Stirn in ihre Hand, als ahne er Schlimmes.) Dann stieg sie in den Bummelzug und reiste nach Berlin, um herrliche Tage mit den Eltern in großen Hotels zu verbringen, im Tiergarten zu reiten, bei Dressel zu essen und am Sonnabend, dem Galatag für Vorführungen von Pferdedressuren, in den Zirkus zu gehen, respektvoll begleitet von Vettern aller näheren und ferneren Verwandtschaftsgrade. (»Mein Gott, Papa, schau bloß die Fuchsstute . . .«) Vater und Tochter kamen sich auf der Reise näher denn je und konspirierten auf unschuldige Art gegen die Schwächen von Mutter Eugenie, zu denen ein völliger Mangel an Orientierungssinn gehörte. (»Komm, woll'n mal hier in den Hausgang treten, wetten, daß Mutter in die falsche Richtung läuft, wenn sie aus dem Posamentierwarenladen kommt?«)

Sie brachten es sogar fertig, die pflichtbewußte Eugenie ihrer Rolle als Ballmutter zu entheben. Heinrich zog kurzerhand mit Stella alleine los. Was der schüchternen Eugenie eher Beklemmung verursachte, machte ihnen ein diebisches Vergnügen: sich im Mittelpunkt neugierigen Interesses zu fühlen und dabei Dinge zu hören, wie man sie in den ›Fliegenden Blättern‹ unter die gezeichneten Witze schrieb. (»Wer ist der alte Herr in Zivil, sieht aus wie so'n Jroßfürst?« »Taallos, taallos, das muß ich sagen, soll'n reicher Koofmich aus der Textilbranche sein, Böhmen-Mähren oder sowat.« »Die Tochter, Donnerwetter auch! Haben Herr Kamerad schon Glück versucht?«)

Mutter Eugenie nahm nachts im Hotel freundlich kopfschüttelnd entgegen, was man ihr zu berichten hatte.

»Wir haben Robert Peltzers Schwester getroffen. Sie fährt auch zur Silberhochzeit! Vor Bismarck hat sie gesungen, mit Straußenfedern auf dem Kopf, Mutt, und stell dir vor, von der Frau des englischen Gesandten hat sie gesagt: Ah, les anglaises, les anglaises! Pendant la journée elles sont boutonnées jusqu'au cou, mais pendant la nuit on peut faire ce qu'on veut . . ., wie findest du das?« platzte Stella entzückt heraus. »Etwa das«, murmelte Vater Heinrich, sich zum Gutenachtkuß zu Eugenie niederbeugend, »würde ich von ihr selber behaupten.«

»Pfui, Heinrich, wenn ich dich recht verstehe«, mahnte Eugenie sanft.

Nein, langweilig wurde die Reise nicht. Ab Stettin tauchten immer mehr entfernte Verwandte und Bekannte auf, mit ihnen zusammen bestieg man das Schiff, einen rechten Seelenverkäufer, und stampfte über die kabbelige, fensterkittgraue Ostsee. Die Damen, die erst noch mühsam Konversation gemacht hatten, zogen sich in ihre Kabinen zurück, und im sogenannten Salon versuchten sich ein Pianist und Stehgeiger an den ›Filles de Cadiz‹ von Léon Délibes, denen nur noch einige heftig rauchende Herren zuhörten.

Am übernächsten Morgen entstieg das alte Reval den Wassern und endlosen, waldigen Ufern, in seiner Mitte ein stachliger Hügel: die schneeweißen, spitzen Türme der protestantischen Kirchen, die blaurotgoldenen Zwiebeln der orthodoxen Kirchen, die pastellfarbenen Giebel der schwedischen Häuser aus dem 16. Jahrhundert. Zarter Holzrauchduft zog dem Schiff entgegen, ehe es in den teerigen Hafendunst eintauchte. Die noch etwas bleiche Eugenie band entschlossen den Samthut mit einem Schal fest und ging an Deck, wurde lebhaft, deutete, erklärte, brauchte baltische Ausdrücke, die sie daheim in Harta längst durch böhmische ersetzt hatte. Sie ließ sogar die bestellte Kutsche leer abfahren, um das Vergnügen zu haben, sich selbst einen Isvoschtschik zu mieten, eine Droschke, deren Kutscher auf dem Bock hing wie ein in sich zusammengerutschter Kleidersack. Erst als er aufblickte, sah man, daß außer Bart und Mütze im Nußknackergesicht noch zwei grelle Äuglein lebten. Er sprang ab und half Eugenie einsteigen, deren kurze russische Kommandos nicht zu ihrer vor Freude zitternden Stimme paßten. (»Mutter übernimmt jetzt, Hüpp, wir halten uns stille . . .«)

Ja, sie übernahm jetzt. Sie kannte fast alle Herren vom Peltzerschen Kontor, die als kleine Delegation den Reisenden entgegengeschickt waren, fand auch vieles, das Stella auffiel, gar nicht erklärenswert. Plötzlich gab es keine Nachnamen mehr, nur noch Vor- und Vatersnamen, die, rasch gemurmelt, einander aufs Haar zu gleichen schienen. Es war schwer, sich durchzufinden. Mutter, die doch sonst sparte, wo es ging, ließ sich hier von Kellnern und Kutschern nie etwas herausgeben. Junge Leute trugen gestickte Hemden mit hohem Kragen außerhalb der Hose, mit einer Seidenschnur gebunden, das sah doch wirklich aus wie ein Karnevalskostüm. Am erstauntesten war Stella darüber, daß sie plötzlich einige Brocken Russisch verstand. Sie mußten sich unter Kleinigkeiten, des Erinnerns unwert, verkrochen haben und waren nun wieder da.

Erst am nächsten Morgen fuhr man mit der Bahn nach Narwa weiter, in staubigen, allzu schwellend gepolsterten Coupés mit hellen Leinenüberzügen. Auf winzigen Stationen, kaum mehr als eine Scheune und ein Bahnwärterhäuschen, rissen bärtige Männer die Abteiltür auf, um Gläser mit heißem Tee anzubieten. Im warmen Licht des Frühlingsnachmittags erreichte man Narwa. Von hier aus führte nur noch eine eingleisige Bahn weiter nach

Petersburg: ein dünner Glitzerfaden über die Eisenbahnbrücke, der bald von Wäldern verschluckt wurde.

Die Ankommenden, von Vettern und Cousinen abgeholt, überquerten einige Werst weiter flußabwärts in mehreren Kutschen die Holzbrücke, auf deren Bohlen die Räder überlaut rasselten. Die Narowa war hier breit und floß in einem ruhigen Bogen. Auf ihren hohen Ufern lagen zwei Festungen, bösartig einander entgegengeschoben, bis auf den äußersten Rand der Klippen. Der eckige Turm der Hermannsfeste auf dem deutschen Ufer hatte noch etwas beinahe Behäbiges, drüben am Ostufer aber lag Iwangorod, äußerstes Bollwerk des Ostens schon zu der Zeit, ehe Peter der Große die baltischen Provinzen eroberte: fette, flachgedeckte Rundtürme mit zu Zinnen ausgefransten Mauern verbunden, wie Schwimmhäute zwischen den Zehen einer gespreizt hockenden Riesenechse, grau, steinalt, melancholisch, Symbol einer Herrschaft, bei der einem Knute und Folter einfielen.

»Gräßliche Dinger, Mutter, hast du dich denn nie gefürchtet?« fragte Stella, aber Eugenie hörte sie nicht. Das hölzerne Donnern der Brücke war der Trommelwirbel gewesen, der die Parade ihrer Kindheitserinnerungen einleitete.

Jenseits der beiden Festungen kam eine Strecke völliger Weite und Leere. Ein Staubwölkchen am Ende der Chaussee hatte die Farbe überreifer Himbeeren. Mückenschwärme folgten den Pferden. Über den schwarzen, undurchdringlichen Wäldern, die die Straße nach Gdow begleiteten, färbte sich der Himmel in durchsichtigem Apfelgrün. Wohlig zurückgelehnt, die eine Hand am pompösen Samthut, begrüßte Mutter Eugenie den Türhüter am großen Tor des langen Zauns, der die Fabrikstadt der Narwaer Tuchmanufaktur umschloß. »Dies alles«, sagte sie mit einer weiten Armbewegung, »gehört nun dazu.« Es waren Arbeiterhäuser, hölzerne Trottoirs, auf denen die Männer die Mützen herunterrissen, die Frauen knicksten, hohe, dunkle Bäume, sauber gehaltene Vorgärten und über allem Holzrauchduft und ein gleichmäßiges, dumpfes Brausen, das Stella für das Geräusch der Fabrik hielt, es wurde bald lauter, bald leiser, je nachdem Gebäude es vorüberließen oder dämpften: der Wasserfall.

Man hielt vor einem hölzernen Parterrehaus mit großen Fenstern, langer Veranda und Wintergarten, von dem aus eine Treppe mit flachen Stufen zum überbauten Kanal und den steinernen Fabrikgebäuden hinunterführte. (»Wohnen wir hier, Papa?« »Nein, im Klub, dort drüben links.«) Unter dem Vordach entstand ein Durcheinander von Aussteigenden und Begrüßenden. »Na, da seid ihr ja«, sagte Betty, die Silberbraut, die etwas in die Breite gegangen war. Es war ihr nicht gegeben, Freude zu zeigen, sie wirkte meist etwas patzig. Waren die vielen jungen Leute, die sie umstanden, alle Vettern und Cousinen? Stella, die kaum jemanden kannte, setzte aus Verlegenheit ihre hochmütigste Miene auf. Wundervoll eingerichtet war man hier, das mußte sie zugeben: seltene Teppiche, alte Bilder, Antiquitäten, Sammlerstücke, auf den Kommoden Vasen mit Deckeln und Henkeln, groß genug, um ein Kind darin zu verstecken. Im Salon mit dem goldgelben Damast, den das Porträt einer Ahnfrau mit mandelförmigen Augen und zerbrechlicher Taille beherrschte (diese Maler schmeichelten ja immer, wer weiß, wie sie wirklich ausgesehen hatte), wurden Heinrich Krönig und seine Tochter von der Flut der einander küssenden Damen in eine Fensternische gespült.

Man hörte russische und deutsche Zwitscherlaute der Wiedersehensfreude. »Das kann länger dauern, Hüpp, bis wir drankommen«, raunte Vater Heinrich »komm, ich zeig dir was.« An der Wand der Nische hing eine blasse Silberstiftzeichnung: ein Wägelchen mit Bernhardinerhund davor, ein Junge im Kittel, ein rundliches Baby auf dem Schoß, und neben dem eingeschirrten Hund, das Gesicht unter dem Schutenhut von langen Korkenzieherlocken umrahmt? (»Wer soll denn das sein, Papa?« – »Erkennst du sie nicht? Das ist deine Mutter Eugenie!« – »Und das runde Mopsgesicht da, doch nicht etwa Tante Ella?«)

Auch in der Fensternische wurden sie entdeckt, von einem bärtigen Mann, der sein Gewicht mit Leichtigkeit zu tragen schien (er wog an die zwei Zentner) und, während er schon mit Vater Heinrich sprach, die hellen, cholerischen Augen anerkennend auf dem Mädchen Stella ruhen ließ: »Wie geht's, lieber Herr Krönig? Was hat die Zeit Ihnen angetan?, wie man auf Russisch sagt. Das ist also Ihre Tochter.« »Hüpp, dies ist Alexander Napoleonowitsch Peltzer aus Moskau, der ...« »Ach was«, sagte der majestätische Falstaff, »wir sind verwandt, wenn auch nur angeheiratet«, worauf er sie ohne weiteres küßte und Vater Heinrich in ein Gespräch über gemeinsame Jugendzeiten in Narwa verwickelte. Stella schlenderte alleine weiter bis ans Ende der Zimmerflucht, deren Türen sämtlich offenstanden, in ein kleineres Wohnzimmer, dessen ganze Wand von einem Gobelin bedeckt war. Vor diesem Gobelin blieb sie stehen. In einem Oval aus Blaugrün, fahlem Hellgrün und bleichem Senfgelb saß ein Krieger in barocker Zierrüstung. Sein Gesicht war abgewandt, dem Hintergrunde zu, wo in unwirklichem, strohigem Licht seine Kameraden ihre Pferde tummelten, herrliche Tiere, deren Schwänze wehten. Stella trat ganz nah heran und berührte verstohlen das rauhe, staubig riechende Gewebe, das aus solcher Nähe seinen Zauber verlor und in ungeordnete Punkte stumpfer Wollfarben zerfiel.

In der Tür stieß sie auf die Tante, die ihr einen jungen Mann als Vetter vorstellte und wieder davoneilte. Stella murmelte einen Gruß, neigte den Kopf und überließ dem augenscheinlich nicht sehr redegewandten Jüngling ihre Hand. Auch er hieß Alexander Peltzer und stammte aus Moskau wie sein Koloß von Vater. Sie nahm wahr, daß er störrisches, dichtes Haar hatte und daß sein eines Ohr an der unteren Hälfte etwas abstand. Ein hübscher Mensch, alles in allem, sehr groß, größer als die Brüder daheim.

Welchen Eindruck sie selber machte, spürte sie nicht. Der junge Mann rang nach Luft, aber er tat es gewissermaßen höflich. Er hätte vielleicht gern gesagt: Also doch, ich hatte recht, so etwas gibt es, wenn auch selten! oder vielleicht auch seine entzückte Überraschung in ein kurzes, aber schwerwiegendes »Dunnerlittchen!« gelegt, wie man es ihm in seiner Braunschweiger Gymnasiumszeit beigebracht hatte. Aber er sagte und tat gar nichts. Alexander Peltzer junior, genannt Sascha, der vor wenigen Tagen zweiundzwanzig Jahre alt geworden war und sich, um älter auszusehen, einen etwas struppigen Schnurrbart hatte stehenlassen, war recht ungewandt in konventionellen Redewendungen und im Augenblick vor Schüchternheit geradezu erstarrt. Sein Leben lang würde er unfähig bleiben, großen Gefühlen Ausdruck zu verleihen, und statt dessen immer einen Scherz machen, ein witziges Wort hinwerfen. Diesmal dauerte es einige Sekunden, ehe er es fand. Er sah das außergewöhnliche Mädchen dastehen (im dunkelgrauen Reisekleid, von dem Fräulein Martha gesagt hatte, es hätte solch einen schönen Fall) und richtete, um sein seelisches Gleichgewicht wiederzufinden, sein Augenmerk auf den einzigen Fehler, den er entdecken konnte, auf ein rundes, dunkles Muttermal in der Mitte der Stirn, oberhalb der Nasenwurzel, schluckte trocken und sagte dann forsch: »Das Kastenzeichen, liebe Cousine, tragen Sie vollkommen zu Recht!«

Es war nicht nur gegen jede Regel der Wohlerzogenheit, auf ein körperliches Merkmal anzuspielen, es war geradezu unverschämt. Das Mädchen Stella stieß einen Laut aus, ähnlich wie »Tsch!«, und ging taftraschelnd aus der Tür. Drüben im kleinen Saal umarmte sie Tante Ella und ihren Mann, beide soeben aus Petersburg eingetroffen. Dann ließ sie sich von einer knochigen Weibsperson, wohl einer Art treuer Magd des Hauses, Anna Filipowna genannt, ein Glas Madeira reichen. Sie ahnte nicht, daß ihre Freiheit zu Ende war, das Los geworfen und ihr Bild in den Augen eines Menschen für immer festgelegt. Dieses Bild würde noch das gleiche sein, wenn ihr Gesicht ledern und faltig geworden war, ihre Beine von der Wassersucht aufgetrieben und das kühle Leuchten ihrer Augen vom nahen Tode verschleiert.

Die folgenden vierzehn Tage genoß sie so, wie man es mit achtzehn Jahren kann. Sie spielte an den langen, hellen Abenden noch spät Tennis, fuhr im Motorboot in die Nebenarme der Narowa, hörte die Nachtigallen auf der Parkinsel, während sich die Mainacht kühl mit glänzenden Sternen über sie hinwegdrehte, feierte draußen in Hungerburg Feste am Meer in einem Pavillon oben auf der hohen Düne und machte auf vielen Gruppenaufnahmen ein etwas verkrampftes Photographiergesicht. Von Robert Peltzers Söhnen gefiel ihr Otto am besten, der ahnungslos und freundlich seiner Ermordung entgegenwanderte.

Mit den Cousinen aus Moskau verstand sie sich bald recht gut, wenn sie auch nach ihrem Dafürhalten etwas wenig private Initiative entwickelten. (»Keinen Schwung haben sie, Papa, so 'n bißchen Tranpötte, verstehst du!«) Mit dem ›Vetter Sascha‹ (er war, nahe besehen, sehr amüsant, gebildet und bescheiden) lachte sie über eine Anekdote, die sich um das Vorderfenster des Robertschen Hauses rankte, vor dem sie soeben miteinander (zum wievielten Mal?) fotografiert wurden: nach einem Ball im deutschen Klub war Großvater Napoleon Tukur Peltzer eher heimgefahren als seine tanzwütigen Töchter und hatte sie ausgesperrt, versehentlich oder absichtlich. Die imposante Marie war in dem glücklicherweise nur angelehnten Fenster, durch das sie einstieg, in ihrer großen Robe jämmerlich steckengeblieben, und der deutsche Nachtwächter der Fabrik hatte sie mit der Bemerkung vollends hineingestopft: »Ja, ja, Fröln, wir sind allzumal Sünder!«

Im Klub, bei Robert Peltzer und in Eduard Peltzers Haus am Wasserfall, genannt das Wasserpeltzer-Haus, aß Stella köstliche, ihr unbekannte Dinge wie Stör, Sudak, Birkhahn und Piroggen, trank ihrer Mutter strahlend zu und hörte Vater Heinrichs charmante Damenreden. Zwischendurch fand sie Zeit, eine vor lauter Unsicherheit schnippisch geratene Postkarte an den treuen Ritter Czikós von der Sessia zu schreiben und an Fräulein Martha unbefangene Berichte, in denen sie zugab, daß Narwa ihr mächtig imponierte. »Man ist so gar nicht spießig hier, aber auch so gar nicht protzig. Onkel Robert hat übrigens seiner Tochter hier im Jeweschen Kirchspiel ein Gut gekauft, Kurtna heißt es, 13 000 Morgen groß, das ist ein ganzer Landkreis. Sie ist mit einem Engländer verlobt, der auf der Farbik tätig ist, und wird wohl später mit Kind und Kegel auf diesem herrlichen Besitz leben. Dort soll übrigens an einem der letzten Tage noch mal tüchtig gefeiert werden. Was machen Diana und Tom, fressen sie, oder lassen sie die Ohren hängen? Mittwoch fahren wir ab, begleitet von den Moskauer Peltzers, hochmusikalischen Leuten. Der Vater ist ein bißchen ein Donnergott. Der Älteste heißt nicht, wie dort in der Familie üblich, Napoleon, sondern Alexander, was Sascha abgekürzt wird. Bitte, liebste Martha, sagen Sie dem Johann, daß nur er die Amaranth reitet, er weiß dann schon. Die beiden Blusen bitte gleich an meine Berliner Adresse.«

Das Familienfest der Silberhochzeit, das nahezu ohne Pause gefeiert worden war, ging zu Ende. Was wäre noch daran erwähnenswert: die sieben jungen Männer mit besten Aussichten für Karriere und Fortkommen, die fünf jungen Damen dazu, die, sämtlich nicht häßlich, in die Lederbalgkamera blickten, wie die Infantinnen auf alten Gemälden mit dem Vogel auf der Faust, achtsam, aber ohne Sorge, daß er wegfliegen könnte? Die schmunzelnden Eltern, schon zu Randfiguren geworden, die Wehmut über Versäumtes tapfer verbeißend, über nicht eingeschlagene Wege, nicht genutzte Möglichkeiten?

Die belustigende Beharrlichkeit, mit der Robert Peltzer im Gespräch Anzug- oder Mantelstoff seines Gegenübers prüfend zwischen den Fingern rieb, als sei noch immer Kette und Schuß das Allerwichtigste? Die köstlichen alten Weine, die langen Sitzungen unter weißgrauem Nachthimmel bei ausgetrunkenen Teegläsern, die aufmerksamen

Dienstboten, der Familie schon seit der vorigen Generation verbunden, eine Landschaft, deren melancholische Weite zu leise sprach, um nicht vom Lärm der Vergnügungen übertönt zu werden? War an alledem vielleicht irgend etwas unheimlich? Hätte das unerbittliche, konstante Summen der Fabrik eine Warnung sein sollen? Das Sägen des Windes an den hölzernen, geschnitzten Firstbrettern, der Gesang der Nachtigallen auf der Parkinsel?

Von der Parkinsel her kam auch das Boot mit dem Mann, der geangelt hatte und eingeschlafen war. Zwischen den hängenden Zweigen, mit denen die strömende Narowa spielte, trieb es flußabwärts, dahingleitend wie auf Öl, immer schneller, den schlafenden Mann auf einem alten Sack unter den Ruderbänken wiegend. Das näherkommende Donnern des Wasserfalles weckte ihn nicht, wohl aber der gellende Anruf des Fabrikwächters, der seine Todesnot einleitete und um entscheidende Sekunden verlängerte. »Hätte er den Mann doch schlafen lassen, er konnte ihm ja doch nicht helfen.« »Vielleicht war es Pflichtgefühl, was ihn schreien ließ!« »Vielleicht hat er auch gemeint, der Kahn sei leer!« »Der Ärmste, was für ein Erwachen, eine Minute vor dem Tode.« »Möchtest du ahnungslos in den Wasserfall gerissen werden?« »Na, lieber ahnungslos als unter Heulen und Zähneklappern!« »Wenn schon nichts zu machen ist, möchte ich es nicht vorher wissen!«

Kaum so viele Brettchen, um einen Hundesarg daraus zu machen, spie die Narowa weiter flußabwärts wieder aus. Natürlich ging man nachsehen, ob man seiner Familie helfen müsse. Vor der Hütte des Ertrunkenen spielte hinter dem geflochtenen Zaun ein halbblödes Kind. Es hatte wenig davon, daß man es so reich beschenkte.

Die jungen Leute, die nicht gerne angerufen werden wollten, wenn die Gefahr schon nahe war, verabschiedeten sich voneinander bei einem letzten festlichen Zusammensein draußen auf dem Gut Kurtna. »Kommt wieder! Komm wieder, Stella, du bist hier immer willkommen ...« »Natürlich, gern. Wir kommen von jetzt an jedes Jahr, ganz bestimmt ...«

Doch daraus wird nichts. Auch über das »fürstliche Kurtna« ist schon entschieden. Am Ende des Ersten Weltkrieges wird es von Bolschewikenbanden geplündert werden. Was an Vieh nicht fortzutreiben ist, wird im Stall erschossen. Die Eigentümer, Robert Peltzers Tochter und ihr Mann, der Engländer, werden noch eine Weile in einer Dienerstube ohne Feuer und Licht unterm Dach leben, durch deren zerbrochene Scheiben der Schnee hereinweht. Nur nachts kochen sie, nachts holen sie ein paar Gemüse aus dem Garten. Niemand soll wissen, daß in der Ruine noch jemand lebt. Die Bolschewiken werden über die Narowa zurückgedrängt, schon fängt man an, aufzuatmen, da kommen sie wieder. Narwa liegt unter Artilleriebeschuß. Trotzki in eigener Person, so heißt es, stünde mit seinen Truppen in den von Schüssen erfüllten Wäldern an der Chaussee nach Gdow. Als Frieden wird und die nagelneue Republik Estland ihre nagelneue Fahne entrollt, haben die Besitzer Kurtnas nur noch einen Gedanken: Fort, fort von diesem Vulkan, der jeden Tag wieder ausbrechen kann, nach England, wo geordnete Verhältnisse herrschen.

Nach ihrer Abreise steht das Haus kurze Zeit leer, bis es während der großen Flecktyphusepidemie als Hospital benutzt wird. Ärzte und Schwestern stecken sich einer nach dem anderen an und sterben. Schließlich ist nur noch ein Doktor übrig, um die wenigen Überlebenden zu versorgen. Eines Tages kann er die grausige Einsamkeit nicht mehr ertragen und läßt alles im Stich. In den hellen, heiteren Räumen Kurtnas bleiben verfärbte, aufgetriebene Leichen zurück, und von der heute festlich umkränzten Tür unter dem hölzernen Portikus wird ein Rinnsal von Toten in den Park und auf die Felder hinausführen, Reste einer Prozession der allerletzten, die vergeblich vor Hunger und Verlassenheit haben flüchten wollen. Kein Peltzer wird Kurtna mehr betreten.

Doch das würde morgen sein.

Als heute das Mädchen Stella, von allen fröhlich abgewinkt, zu den Eltern in den Landauer stieg, roch es nach frischgemähtem Rasen und Jasmin. Die schon niedrig stehende Sonne stach in Kreuzform durch die schütteren Stellen im Laub der Bosketts.

In Berlin lernte Stella singen, große Hüte tragen und in der Kochschule Petersilie wiegen. Zu Weihnachten fuhr sie nach Böhmen heim und sah in ihrem in allen Balken knackenden, zum ersten Mal seit langem wieder geheizten Turmzimmer das Schneegestöber vom Riesengebirge heranziehen. Auch ihren braunäugigen Czikós sah sie wieder, den inzwischen Kaiser Franz Josef zu sich in die Hofburg nach Wien zitiert hatte, um irgendeinem halbmilitärischen Amt vorzustehen. Entscheidende Worte fielen nicht, das hatte sie ihrem Vater so gut wie versprochen, und es schien im Augenblick auch weder eilig noch wichtig.

Zu den Feiertagen (Whist und Pfänderspiele, Schlittenfahrten, zum Neujahrsempfang um elf Uhr vormittags Straßburger Gänseleberpastete) tauchte unvermutet »Vetter Sascha« Peltzer auf, der in Lodz eine Lehrzeit durchmachte, Tuchfabrikation, natürlich. Das lag nahe. Als angeheirateter Verwandter, gemeinsame Narwaer Erinnerung ins Treffen führend, zog er mit dem Ungarn etwa gleich, behauptete sich gelassen und duldete, daß das begeisterte Fräulein Martha in ihm den Repräsentanten eines ›Reiches aller Reußen‹ sah (faustgroße Juwelen, Troikafahrten, Auspeitschungen und leichtsinnige Gardeoffiziere). Am liebsten hätte sie gesehen, daß er in der Halle von Harta Krakowiak getanzt hätte, aber er konnte nur Balalaika spielen, und das tat er denn auch. Im Sommer, sagte er zum Abschied ganz nebenbei, käme er vielleicht wieder, um sich mal das Riesengebirge gründlicher anzusehen. »Ja, lieber Sascha, komm nur«, meinte Vater Heinrich freundlich, »wir wollen nun die einmal geknüpften Beziehungen nicht wieder abreißen lassen, bis wir in die Altweibermühle müssen.«

Auch mit Stella in Berlin blieb der Moskauer Vetter unermüdlich in Kontakt, und sie war die Empfängerin jener Postsache, die sich kein Sammler entgehen ließ und die am 9. 9. 99 um 9 h aufgegeben war.

Ja, so ein Datum stand fest und blieb bei Absender wie Adressat gleichermaßen unvergeßlich. Anderes, Wichtigeres vollzog sich ohne Datum. Die Beharrlichkeit des sonst so wenig zielstrebig wirkenden jungen Mannes begann Stella zu beunruhigen und damit zu rühren. (Was hatte Vater Heinrich von ihm gesagt: ›Ein interessierter, also ein interessanter Mensch.‹) Als er im Winter 1899 in den mit staubigen Makartbuketts gezierten Räumen ihrer Pension auftauchte, um ihr ohne lange Vorreden einen Heiratsantrag zu machen, erschrak sie und wurde ärgerlich.

»Ach was, nun sei doch vernünftig«, sagte sie, »gerade wo wir uns gut vertragen und nette Kameraden sind, fängst du auch noch mit der blöden Courmacherei an!« Doch nicht nur der Ungar, dessen Umrisse in Stellas Erinnern nebelhaft zu zerfließen begannen, hatte Pferdeverstand gehabt, auch der pferdefremde Moskowiter wußte, daß man so ein Tier geduldig immer wieder an die Hürde heranführen mußte. Für diesmal ließ er alles auf sich beruhen. Vier Wochen später stürzte das mit Häubchen und Tändelschurz angetane Mädchen der Pension zu Stella ins Zimmer und rief aufgeregt: »Jotte doch, jnäd'jes Frollein, da is der Russe schon wieder!«

Tatsächlich, da stand er im Salon, Pelzmütze und

Handschuhe in der Hand, suchte sich mit dem rechten Zeigefinger auf dem verstimmten Klavier eine Melodie zusammen und pfiff mit gerunzelter Stirn vor sich hin. Die eben noch beim Gedanken, dieser Mann könne ihr Schicksal sein, ganz in Abwehr erstarrte Stella traute ihren Ohren nicht, als er völlig harmlos äußerte: »Die ganze Narwasche Mischpoche sitzt im Rüdesheimer und wartet schmeichelhafterweise auf uns. Wie wäre es mit einem Glas und ein paar Weinbergschnecken? Es könnte auch ein Königinnenpastetchen sein, was ich persönlich für passender hielte . . .« Sie atmete tief aus, als hätte sie zu lange die Luft angehalten, und stellte ihn der eintretenden Pensionsmutter als »Alexander Alexandrowitsch Peltzer« vor, als bekenne sie sich zu den Gebräuchen seiner russischen Heimat.

Sie war den Abend über unbefangen, ja übermütig, neckte sich mit der ganzen Vetternschaft herum und behauptete im Laufe des Gesprächs, sie heirate nur einen Mann, der Otto hieße, alle Ottos seien reizend. (Vielleicht ein Gruß an den Vetter in Narwa oder an den wie ein Gestirn untergegangenen Otto Czikós von der Sessia.) Sie verstand nicht, warum alles jubelte außer Sascha, der hinter gespreizter Hand lautlos lachte, dann hüstelte, als ahme er jemanden nach, seinen Paß aus der Tasche zog und vor ihr aufblätterte. Da stand es: Staatsangehörigkeit niederländisch, besondere Merkmale keine, Geburtsort Moskau, Vornamen Otto Alexander. Stella errötete tief, als habe sie eine Taktlosigkeit begangen, eine neue Flasche wurde angebrochen, man trennte sich spät. Wie gelang es dem so schüchternen Sascha, in nachdrücklicher Verliebtheit allen anderen den Rang abzulaufen und Stella im Taxameter auf einem gewaltigen Umweg und allein nach Hause zu bringen? Welche Worte fand er endlich, unweit des Bandenburger Tors, auf die hin ihm seine störrische Amazone endlich in die Arme sank? Die beiden Beteiligten erwähnten diese entscheidenden Minuten niemals.

Der heimlich verlobte Sascha fuhr nach Lodz zurück, wo er im Zustand seligen Übermuts seine Aufmerksamkeit nicht so sehr kaufmännischen Belangen oder der Tuchfabrikation als vielmehr dem Sammeln von jüdischen Witzen zuwandte, und tauchte bereits wenige Wochen später wieder in Berlin auf. (Um sich die langweilige Bahnfahrt abzukürzen, machte er Schüttelreime.) Schon im Hotel prallte er auf Vater Heinrich Krönig, der auf der Reise nach Wiesbaden mal nach seiner Tochter hatte sehen wollen, den Plänen des beherzt vorstoßenden Sascha wohlwollend gegenüberstand und nur schmunzelnd meinte: »Mein lieber Junge, in einer derart wichtigen Angelegenheit rate ich dir doch dringend, schriftlich bei Tante Eugenie als der obersten Heeresleitung anzufragen, wobei ich finde, daß ihr alle beide noch derart piepsjung seid, daß es nicht eilt.«

Auch dieser Brief, bei dem jeder Buchstabe mit Anfangsdrücker und Modulation geradezu dem Pinsel eines chinesischen Meisters zu entstammen schien, hatte die etwas barocke Ausdrucksweise, die schon früh an dem Knaben Sascha aufgefallen war und die man seinerzeit in Braunschweig abfällig als ›originell‹ bezeichnet hatte.

»Liebe Tante Eugenie«, schrieb er am 3. März 1900. »Du weißt nun schon, daß ich Deine Stella liebhabe und sie heiraten will. Sie hat mir gesagt, Du hättest wohl im Prinzip nichts dagegen, und dadurch wird es mir leichter, mich jetzt bescheidenerweise persönlich mit der Bitte an Dich zu wenden, Du wolltest mich in Gnaden zu Deinem Schwiegersohn in spe ernennen. Sicherlich hast Du gemerkt, daß ich seit langem nach diesem Titel strebe. In Narwa schon kam mir die bekannte Erleuchtung, die oder keine, doch gab es da noch verschiedenes durchzumachen: Erst einmal eine abkühlende Dusche von Stella, und dann den Czikós, eine harte Nuß. Dann kam das unbestimmte Hangen und Bangen, bis ich schließlich merkte, daß meine Actien besser standen als am Anfang, und jetzt sind wir uns einig. Onkel Heinrich, den ich in Berlin sprach, meinte, wir könnten ›im Sommer weiter über den Fall reden‹. Er hat damals meiner mangelnden Courage liebevoll unter die Arme gegriffen und mir die Sache leicht gemacht, der gute alte Herr.

Mit meinen Eltern habe ich gesprochen, sie waren nicht nur vollständig mit meiner Absicht einverstanden, sondern darüber hinaus geradezu entzückt. Mitte nächsten Jahres komme ich nach Moskau zurück und werde dort persönlicher Adjutant meines Seniors. Ich hoffe, da es mir an gutem Willen nicht mangelt, mit der hier genossenen höheren kaufmännischen Bildung diesen Posten gut ausfüllen zu können. Schlimm ist nur, daß Moskau so weit ostwärts liegt. Ich erwarte mit Spannung Deine Ansicht und bin inzwischen Dein ergebener Alexander Peltzer, genannt Sascha«.

Kamen auch im Lauf des Jahres begeisterte Briefe aus Litwinowa, waren auch die Kommentare der Freundinnen recht amüsant (»Stella mußte ja von jeher eine Extrawurst haben, nach Moskau, man denke ... « – »So besonders reich sind die Peltzers gar nicht, Tuchleute aus dem Rheinland, der Großvater soll als Handwerksbursche nach Rußland gegangen sein, ausgefallenerweise sind es holländische Untertanen, da finde sich einer zurecht!« »Die Freiheit, die sie sich immer gewünscht hat, wird sie in so internationalen Kreisen ja wohl haben, aber dafür so weit von daheim, schrecklich«), so klang doch aus dem Brief, den Heinrich Krönig von Wiesbaden schrieb, unerwartete Besorgnis auf:

»Meine liebe Eugenie, gewiß, als Mensch und Mann ist Sascha das Beste, was wir für Stella erhoffen dürfen, aber mangeln ihm nicht jene Kräfte, mit denen sich im kaufmännischen Beruf geschäftlich befriedigende Ergebnisse erzielen lassen? Die Peltzers sind vielseitig, zum Teil fast genialisch begabt, aber unfähig, auf schmalem, unbequemem Pfad zu einem begrenzten, sicheren Ziel zu gelangen. Ihre spöttische Skepsis hindert sie, ein solches Ziel überhaupt als erstrebenswert anzusehen, sie glauben, sich die Fülle der Möglichkeiten offenhalten, ein Leben mit interessanten Erfahrungen anfüllen zu dürfen. Sie glauben, man habe die Wahl, sich für Notfälle abzusichern und dafür tägliche

Bequemlichkeiten und Genüsse zu opfern, oder aber dies einfach zu unterlassen. Das sind Spielereien, liebste Eugenie. Wer Verantwortung übernimmt, muß stets um der Zukunft willen die Gegenwart opfern. Auch wenn Vermögen da ist (ein glücklicher Umstand, da sich mit derlei Eigenschaften keines erwerben läßt), gilt es doch, dieses zu erhalten und nicht in alle Winde zu zerstreuen. Was, wenn die jungen Leute gezwungen wären, ohne Rückhalt des väterlichen Unternehmens sich durchzuschlagen? Rußland ist ja wohl ein Land, in dem man materiell leicht fortzukommen vermag, doch ideell leidet man dort auch um so leichter Einbuße an schätzenswerten Eigenschaften und rutscht sehr leicht abwärts.«

Eugenie war nicht taub für den Ton der Bitterkeit, der in Heinrichs Sorge mitschwang. Hier klang zum ersten Mal in voller Aufrichtigkeit heraus, daß das Experiment des geschäftlichen Neubeginns im Böhmischen nicht recht nach Wunsch gegangen und daß dieser Fehlstart nie mehr rückgängig zu machen war. Bisher war diese Tatsache nur in Scherzgedichten zum Geburtstag gestreift worden (»An die Mutter, Gattin, Steuermann und Drehpunkt Eugenie zum 18. Januar«, gerollt, mit Seidenband umwunden).

Sicherlich machte sich Heinrich zu viele Sorgen, anscheinend ging doch alles ausgezeichnet weiter, und wenn er sich gelegentlich über die Indolenz seiner Söhne beklagte, die eines Tages mit dem immer stärker werdenden Druck der Konkurrenz würden fertig werden müssen, so war das nicht tragisch zu nehmen. Wahrscheinlich hing diese Stimmung mit seinem Gesundheitszustand zusammen. Wiesbaden hatte ihm heuer nicht gutgetan. Nach Moskau hatte Heinrich geschrieben:

»Lieber Herr Peltzer, Sie wissen, daß Ihr Sohn Sascha sich für meine Tochter lebhaft interessiert, und meine Frau und ich stehen der Sache nicht unsympathisch gegenüber, soweit es seine Persönlichkeit anbetrifft. Ganz offen aber habe ich in Berlin dem Sascha mitgeteilt, daß ich Stella nichts als ihre Aussteuer und ein Nadelgeld geben würde und Garantie verlangen müsse, auf welch sicherer Basis er eine Frau zu unterhalten gedenke. Meine Tochter ist einfach erzogen, aber, wie es auf dem Lande einmal zugeht, doch nicht ganz ohne Ansprüche geblieben. Da beide Theile noch zu jung sind, um so recht den Ernst einer gemeinsamen Lebensführung erfassen zu können, sollte meiner Meinung nach eine eventuelle Verheirathung vor 1902 nicht ins Auge gefaßt werden.

Belieben Sie, mir nach hier Ihre Ansichten und Pläne gütig zukommen zu lassen. Ich benutze die Gelegenheit gerne, Sie in Erinnerung schöner Stunden in Narwa herzlich zu grüßen usw.«

Es hatte energisch und entschlossen geklungen. bei Heinrich etwas Ungewohntes. Vielleicht hing dies allzu starke Betonen der nötigen Sparsamkeit mit der Ansicht zusammen, die er sich insgeheim über solch großzügig verwaltete Vermögen gebildet hatte. Von ihrem Vater, dem wackeren Wilms, war Eugenie ein tiefer Respekt vor dem Glück der Napoleon Peltzers eingeflößt worden, auch glaubte sie, selbst sparsam und vernünftig zu sein. Was also sollte – Unglück mochte Gott verhüten – den Kindern zustoßen. Schlimm war nur, daß Moskau so weit fort war. Wie oft würden sie, die Alten, eine derartige Expedition unternehmen können? Wie oft würden die neuen Pflichten den Kindern die Möglichkeit dazu lassen? Im Halbschlaf kam es ihr manchmal vor, als suche sie die Tochter auf einer Landkarte, die ohne Brille nicht zu lesen war. Sie freute sich, sie wenigstens in eine Gegend entlassen zu dürfen, die ihrer eigenen Kindheitsheimat, dem Baltikum, glich. Es war wohl hier wie dort dasselbe helle, weite Rußland mit der schläfrigen Mittagsstille seiner Häuser, die einen einhüllte wie ein Federbett, jener Märchenhäuser, deren altersgraues Holz schimmerte wie das Fell eines Tieres.

Und die Ehe selbst? Sie würde der ihren nicht gleichen, die sie einst mit so ehrpusseligem Eifer geführt hatte wie ein Diktat, bei dem man zum Schluß null Fehler zu haben hoffte. Stella wollte mehr und anderes. Würde sie, wie Rabelais sagte, aus den Freuden der Liebe das große Vielleicht greifen? Es gab kein vollkommenes Glück, wohl aber ein dauerhaftes. Ein solches würde sie sich erwerben und erhalten. Die Voraussagen der Freunde und Verwandten, in diesem Hauswesen würde wohl Stella die Hosen anhaben, amüsierten Mutter Eugenie herzlich, denn sie wußte genau, daß Stella regiert und von einer Autorität geführt werden wollte, die sie schrankenlos anerkennen konnte. Gerade deswegen gab sie sich manchmal etwas emanzipiert.

Derlei Überlegungen wurden durch konzentrierte Beschäftigung mit der Aussteuer abgelöst, so, als vermöchte die Zahl der Paradekissen oder Teedecken die Fürsorge zu verlängern, die man dem Kind von nun an nicht mehr würde zuwenden können. (»Gediegen, gediegen, Eugenie, aber schlicht!« – »Ach, Mutt, wie wundervoll, der Blumendamast, den haben doch bestimmt noch meine Enkel!« – »Sind 24 Servietten nicht genug? Mehr als 22 Leute lade ich doch nicht ein . . .«) Und mittendrin, beim Öffnen einer Tür, beim Griff nach dem Schlüsselkorb, plötzlich das Bewußtsein, was einem bei der Trennung alles verlorenging: das junge Mädchen, das, seit es die Haare aufgesteckt trug, solch überraschende Grazie entwickelte (»Stella mit dem Schwanenhals funktioniert als Junge bestenfalls . . .«); der Backfisch mit dem Zopf, der fröhlich mit den Eltern reiste und in ein Wachstuchheft gewissenhaft Alter, Gewicht und Marmorfarbe der Denkmäler eintrug; die struppige Kleine im Kinderstuhl, Brei essend, und zuletzt das Äffchen, das nach Butter roch, auf dessen weitgeöffneten Augen die Welt noch gestaltlos lag wie ein Haufen Schutt. Wie viele Töchter einen doch verließen in der einen, die groß wurde.

Vor Leinenschränken, Silberkästen und zusammengerollten Teppichen stieß Eugenie auf Fräulein Martha, ein selig vergnügtes Fräulein Martha, das sich in fanatischer Selbstlosigkeit in die Liebesgeschichte ihrer Stella hineingesteigert hatte. Aus Schicklichkeitsgründen hatte sie als sogenannter ›Elefant‹ das Brautpaar überallhin zu begleiten, saß mit ihnen in Stellas Turmzimmer unter dem viel zu großen Wappen und den Schulzeitnippes und schenkte ihnen zur Hochzeit einen silbernen Elefanten als Briefbeschwerer, den sie freudig erregt überreichte und dabei aussah, als sträube sie die Vorderzähne. Diese Hochzeit war auch die ihre, und so leerte sie den Pokal romantischen Glücks auf einen Zug. (Er hätte ein ganzes armes Leben reichen sollen.) Gewiß, da war die Episode mit dem Prokuristen der kleinen Papierfabrik gewesen, der ihr einen Antrag gemacht und dann vergessen hatte, sie zu heiraten. Sie hatte ihn nie daran erinnert.

Nun aber entließ auch sie eine Tochter in die Welt, tauschte ein Stück ihrer selbst gegen ungeahnte Möglichkeiten ein. (»Jeder Zoll ein Fürstenpaar, die zwei, und beide so schön, so außergewöhnlich schön . . .«) Am Polterabend trank sie einem undeutbaren Traum zu und sich einen Schwips an. Waren die Scharaden nicht von ihr einstudiert, die Wäschebänder nicht von ihr gestickt, die Sachen, die schon vor einiger Zeit vom Comptoir aus die Reise nach Moskau angetreten hatten, nicht zum größten Teil von ihr geordnet?

Am nächsten Tag, dem 12. Juni 1901, bei der Trauung im protestantischen Bethaus, das Eugenie (heute in braunen Spitzen) so viele Zuwendungen verdankte, betete wohl kaum jemand inbrünstiger als Fräulein Martha. Den Blick auf die Schuhsohlen der vor ihr knienden Stella (heute in weißem Atlas) gerichtet, rang sie mit Gott, während der Prediger sich über den in diesem Fall unerläßlichen Text aus dem Buch Ruth verbreitete: »Wo Du hingehst . . .«

Ihre Gebete waren von keiner Erfahrung, keiner Skepsis getrübt, sie sah Sascha und Stella von Glück umwallt, wie alte Kaiserbilder vom Purpurvorhang, hinter dem siegreiche Schlachten sichtbar werden. Der Bräutigam war so blaß, als bräche eine Krankheit bei ihm aus. Er vertrug Feierlichkeiten schlecht, am schlechtesten solche, bei denen er zu den Hauptdarstellern gehörte, und er ertappte sich beim Einsetzen des etwas asthmatischen Harmoniums dabei, daß er die Lippen spitzte und mitzupfeifen versuchte. Stella kämpfte mit aller Kraft gegen die Rührung (das Wilmssche Erbe). Man hätte ja glauben können, sie sei bange vor dem fernen Land und den unbekannten Verhältnissen.

Sie ließ sich von der Verwandtschaft abküssen und flüsterte dem freudig schluchzenden Fräulein Martha ins Ohr: »Sie kommen uns dann gleich in Moskau besuchen. Heiliger Affe von Benares, hab' ich einen Hunger. Wahrscheinlich ist mir davon so flau!« Das Essen (»bitte, liebe Eugenie, auch das schlicht, aber gediegen«) bestand aus sieben Gängen. Man trank außer dem Sherry und Cognac Chateau Labégorce, einen 1893er Forster Jesuitengarten, eine Stiftsweinauslese des gleichen Jahrgangs und Champagner. Vater Heinrich hielt eine Tischrede, während der niemand es sich einfallen ließ, mit Brotkügelchen zu spielen, und war – ein unermüdlicher Kavalier der Damen – die Säule der Festlichkeit. In Wahrheit fühlte er sich miserabel und hatte sich beim Arzt angesagt. (»An einem der nächsten Tage, lieber Doktor, Sie wissen ja, bei uns ist gerade großer Trubel.«)

Gegen Mitternacht, als Stella sich zum allerletzten Mal vom piependen Wetterhahn in ihrem Turmzimmer einschläfern ließ, saß der Bräutigam, von manchem erstaunten Blick gestreift, noch immer auf der untersten Stufe der Hallentreppe und unterhielt sich mit seinem Schwager Christian. Der gönnte sich nur wenige Minuten Erholung, weil er einer braunäugigen vermögenden jungen Dame dringend die Cour schneiden mußte. Vater Heinrich sah zu den zweien hinüber und erlaubte sich, außer Hörweite Eugeniens, einen milden Herrenwitz: »Sehen Sie die beiden da, mein lieber Kommerzienrat«, sagte er, »der eine ist noch nicht getraut, und der andere – traut sich noch nicht!« Da die Akustik der Halle des ehemaligen Czerninschen Jagdschlößchens durch raffinierte Deckenwölbungen Überraschungen bereitete, geriet denn auch eine in der anderen Ecke stehende Dame in prustendes Kichern: Ella aus Petersburg, noch immer zierlich und dünn, zu dieser feierlichen Gelegenheit mit einem Solitär um den Hals und mit so weitem Rock, daß man hätte Küken darunter ausbrüten können.

Auf der dunklen Terrasse, goldumsäumt durch das aus den Türen fallende Licht, standen die Gäste noch lange, nachdem die Ehrenabordnungen von Arbeitern und Feuerwehrleuten reichlich bewirtet wieder abgezogen waren.

Am 13. Juni reisten die jungen Peltzers auf Umwegen nach Moskau ab, im Gepäck, außer dem Üblichen, eine Balalaika und eine in Perlmutter eingelegte Tanzkarte der auf Postkutschenreise geborenen Natalie Wilms mit dem Katzengesicht. (»Laß mir das Ding, Mutt, es macht mir so einen Spaß!«) Was sie noch mit sich führten, war eine Aura unerklärlicher, unerschöpflicher Anmut, mit der sich Alltägliches in Besonderes, Sentimentalität in Attitüde verwandeln ließ, ein Vorrat, der, von keinem Rost angefressen, bis zu ihrer goldenen Hochzeit reichen sollte. Doch das hielten sie, wie auch den langen Atem ihrer gegenseitigen Zuneigung, für etwas ganz Selbstverständliches.

Während sie unzählige Male den Zug wechselten und der Staub fremder Wartesäle und Bahnhöfe über ihnen stand wie ein flimmernder Lichtkegel, setzte sich Mutter Eugenie hin und schrieb, nach ihrer Gewohnheit ohne Datum:

»Mein Hüppchen, nun bist du fort, und im Turmzimmer regt sich nichts mehr, wie ich auch horche. Gestern abend lief ich Euch noch nach auf die große Treppe, rief und winkte, aber Ihr werdet mich wohl nicht gesehen und gehört haben in der Finsternis, denn ich vermute, daß sich Sascha tröstend mit Dir beschäftigte. Papa führte seinen Kummer, damit ihn ja niemand merkt, auf dem Trottoir spazieren, ich würgte ihn hinunter so gut es ging, und las in der ›Woche‹, begleitete Euch dabei in Gedanken bis in die ›Goldene Gans‹, aus deren Federn Ihr Euch jetzt wahrscheinlich erst erhebt, denn nun kommen drei böse, langweilige Tage.

Mach Dir keinerlei Gedanken über das, was mal sein könnte, sondern freue Dich zunächst auf Euer stylvolles, behagliches Heim. Sei den Thranpötten zum Trotz immer so vergnügt als möglich. Ein froher Sinn ist wie ein guter Anlauf beim Sprung, man kommt weiter damit. Unser Eßtisch ist schon wieder auf sein kleinstes Maß gestellt, sieht jämmerlich aus. Eben war Christian da. An wen schreibst du denn? An Stella, schon? Soviel? Ich glaube selbst, es ist nun genug. Deine Dich liebende Mutter Eugenie.«

Doch auch Stella datierte nicht, setzte nur ein »Mittwoch, abends.«

»Liebe Mutt! Wimmelt es bei Euch noch immer so von Gästen? Sascha und ich haben einen kannibalischen Schnupfen, schicke Deine berühmten Pulver nach Berlin, Savoyhotel.

Du, wir haben noch schrecklich viel Geld über, mehr als die Hälfte, und sind doch heute 3 Wochen unterwegs. Dabei haben wir schrecklich nobel gelebt, oft Sect getrunken. Sascha ist ein rührender Junge, als Ehemann fast noch reizender, als er als Bräutigam war. Er weiß immer viel besser, was ich will, als ich selber. Das kann so bleiben. Ich hätte wahrhaftig nicht gedacht, daß ein ›Mannsmenschk‹ so riesig nett sein kann, und überhaupt und so, und du verstehst schon.

Bitte erinnere Fräulein Martha an die Sachen, die sie noch nach Rußland schicken soll. Mein Magen ist wieder in Ordnung, ich glaube, es war nur der gräßliche Klimbim bei so einer Hochzeit. Ich esse morgens zwei Eier, Sascha besteht darauf, und bin auch gar nicht mehr so blaß. – Versuch die Briefe immer am Dienstag nach Moskau abgehen zu lassen, nach Litwinowa geht keine Post, und Sascha bringt sie dann mit. Eure glückliche Tochter Stella.«

Litwinowa, 13. Juli 1901

»Wir sind endlich angelangt, wurden hochfein empfangen mit der Troika, geschmücktem Kutscher, die Pferde mit Blumen. Hier war alles bekränzt, mit Blüten und einem gemalten Willkommen. Am Abend kamen alle Leute vom Gut, zwei ganze Ortschaften, um mich ›anzusehen‹, brachten mir Brot und Salz und Eier und wünschten uns 150 Jahre zu leben und einen ganzen Haufen Kinder. Ein alter Mann rief Sascha zu: Väterchen, deine Frau ist noch hübscher als meine Schwiegertochter. Offenbar das feinste Compliment, was er machen konnte. Den Frauen war ich meist zu mager, ›die Arme‹ nannten sie mich. Über hundert Leute mögen hier gewesen sein, in ihrem schönsten Feiertagsgewand.«

». . . Wir haben es sehr schön und lustig hier, meist wird deutsch gesprochen, mir zu Ehren: wir fischen, gehen spazieren, spielen Verstecken. Mein Pferd ist eine Kreuzung von Araber und Engländer. Sascha hat mir einen entzückenden Terrier geschenkt, weiß und hellbraun, der Bob heißt. Madame Roman, eine rührende Seele, sieht mir jeden Wunsch an den Augen ab, sie kämmt und bürstet jeden Tag mein Haar und reibt es ein. Die Njanja, die Sascha und seine Geschwister aufgezogen hat, brachte Blumen in einem Kistchen, das sie mit Seidenschleifen rührend scheußlich garniert hatte. Die gute Seele wird eines Tages sicher ein goldenes Alter bei ihrer Herrschaft haben. Aus einigen Scherzchen, über die Sascha schmunzelte, schließe ich, daß sie sich bereits nach der nächsten Generation Schutzbefohlener sehnt. Na, es eilt ja nicht.«

»... Gestern war nun unser erster Hochzeitstag, und da Sascha erst abends aus Moskau herauskommen konnte, habe ich mit Dela und Jelena eine Kutschfahrt gemacht, den Kutscher haben wir zu Hause gelassen. Ich immer auf dem Bock des Tarantas, wir fuhren in ein Kloster, und die Mönche waren sehr erstaunt, Unterröcke zu sehen, und haben sich über uns amüsiert. Mein Gaul hat colossales Temperament, leicht im Zügel. Denk Dir, das Tier ist fünf Jahre alt, und ist noch nie beschlagen worden, weil es auf diesen weichen Wegen hier nicht nötig ist, und hat auch niemals gelahmt. Schade, der Doktor meint, nun solle ich besser nicht mehr reiten. Alle sind so besorgt. Aber an den Sarafan (so praktisch er jetzt ist!) muß ich mich erst gewöhnen, mir fehlt immer die Schürze dabei. Katja und Jelena sehen wunderbar darin aus, ich finde, zu mir paßt er nicht. Daß auch Katja zum September erwartet, schrieb ich Dir wohl schon. Dela ist es egal, welches Baby zuerst kommt, sie strickt lieber für zwei als für eines. – Jelena und ich spielen vierhändig, amüsieren uns gottvoll dabei. Leider kann man nie sicher sein, Papa Alexander nicht zu stören, der sich zu den verrücktesten Tageszeiten plötzlich in eins der Gästezimmer schlafen legt. Er reist auch unvermutet ab und weiß nicht, wann er wiederkommt. Er ist kein Mann langüberlegter Entschlüsse, scheint es. Auf die Jagd geht er viel, wofür ich vollstes Verständnis habe. Ihr solltet die Wälder hier sehen. Eure glückliche Tochter Stella.«

3. Oktober 1902

»Lieber Sascha! Endlich nach all dem Hangen und Bangen ein telegrafischer Jubelton aus Moskau! Riesenfreude hier und allerorts. Pflegt Stella und den musikalischen Jungen gut. Wird er Napoleon heißen? Euer getreuer Vater Heinrich Krönig.«

2. Dezember 1903

»Mein lieber Hüpp!

Es freut mich sehr zu hören, daß Ihr so nette Bekannte gefunden habt, es ist notwendig, jemanden zu haben, mit dem, hinaus aus dem Kreise der engen Familie, man sich unterhalten kann, nachdem man einen gemeinsamen Boden der Interessen gefunden hat. Nur muß man fortfahren, die eigentlichen Wurzeln seines Glückes in der Familie zu suchen. Daß Dein Jupiter von Schwiegervater so aufgeräumt gegen Deinen Mann ist, läßt auf ihn befriedigende Resultate von Saschas Reise schließen, und so hat letzterer gewiß bald mehr Gelegenheit, sich nicht allein nützlich, sondern auch sich unentbehrlich zu machen, und kommt so allmählich zu Bedeutung im Geschäft. Sprich Du nur in allen Zweifelsfällen immer zum Guten im Interesse Deines Mannes und zum Vortheil des Friedens in der Familie. Nirgend mehr, als wenn man im Auslande lebt, hat man Ursache, sich von der allerliebenswürdigsten Seite zu zeigen, und nirgend mehr kommen ohnedies die bösen Stunden, wo alsdann man Reue empfindet und sich allein fühlt. Eine kluge Frau kann auf sich viel Schönes vereinen und, älter geworden, einen bedeutenden Mittelpunkt bilden, aber jung, muß sie sich unterzuordnen gelernt haben. Unterschätzt niemals Eures Jupiter-Papas gute Absichten und freut Euch der uneingeschränkten Liebe Eurer Mama Marie Fjodorowna. Deinem Bübchen gib einen ›idealen‹ Kuß von mir, meine Schnurrbarthaare waren ihm offenbar immer sehr eklig. Die Koseform Poltschik für seinen schönen Namen Napoleon? Hätte der große Korse sich träumen lassen, bei seinem Rußlandzug mit so verballhorntem Namen wegzukommen? Er hätte es gewiß nicht! ... Dein getreuer Vater Heinrich Krönig.«

12. Juni 1904

»... Wir kuren, lieber Hüpp, tun sonst wenig, gehen abends in eine Moselkneipe, damit Mutter sich erholt vom Hütebesehen. Sage nichts, liebe Stella, aber Mutter hat einen gesehen, der ihr gefällt, M. 42,– kostet, ich fürchte für ihre Gesundheit, denn der geht ihr mächtig im Kopf herum, auf ihren Kopf wird er schwerlich kommen, denn dazu müßte zuvor ihr russisches Prämienlos mit 200 000 Rubel herauskommen, Du kennst ja Mutter. Alle Wilms sind sparsam. – Wenn Sascha Generaldirektor des väterlichen Betriebes würde, so hätten auch wir hier unsere Freude. Euer Jupitervater plante es schon voriges Jahr. – Frau L. hat radfahren gelernt, schneller, als ich dachte, hat aber eiternde blaue Flecken am Hinterbein. Da sie sie mir nicht zeigen wollte, habe ich ihr gesagt, es könne möglicherweise Beulenpest daraus werden. Dir fünf Küsse, davon zwei an Napoleon. Fräulein Martha ist rein närrisch mit Eurem Jungen, daher habe ich ihr seine Fotografie geschenkt; ich glaube, die nährt sie selbst. Dein getreuer Vater Heinrich.«

17. August 1905

»Lieber Hüpp, Mutter wird über unsere Reise ausführlich berichtet haben, es war ganz nett und nebenbei gesagt auch billig, da wir in Florenz für zwei Zimmer in der I. Etage und wirklich vorzügliche Verpflegung beide zusammen nur 11,20 Mark bezahlten. Saschas Geburtstag haben wir festlich mit einer Bowle gefeiert. Aber – Euer Krieg! Ich habe von Anfang an gefürchtet, wie es gekommen ist. Die guten Russen haben immer an einem Übermaß von Selbstvertrauen gelitten und wissen alles besser. Nun, es wird nicht so enden, wie begonnen, aber reelle Gloria wird es wohl kaum geben. Sei klug, d. h., sei russisch-patriotisch, hörst Du! Dein getreuer Vater Heinrich.«

1906

»Lieber Sascha, der Inhalt Deines Schreibens vom 3. cr. hat mich überrascht in Freude und Befangenheit. Es ist ein schöner Gedanke, Euch in München so viel näher wohnend zu denken, aber auch keine Kleinigkeit, in Deinem Alter noch sich als Malschüler fühlen und zunächst einmal sich in socialer Stellung auf dem Abstieg zu befinden.

Dein Entschluß zeigt einen starken Mut und geziemendes Selbstvertrauen, und ich denke, wenn Dein alter Herr Deine Vorschläge bezüglich Zinsgenuß annimmt, so möge es Dir zu größerer Befriedigung ausschlagen als Deine bisherige Tätigkeit. Selten spinnt sich ein Lebenslauf dem lohnend ab, der in einen ihm nicht zusagenden Beruf hineingebracht worden war. Doch es ist ein kräftiger Schnitt durch das alte Leben und ein bedeutsamer Schritt nach so gänzlich anderer Seite. Fast auf keinem Gebiete bedarf man so sehr der Miterkenntnis und des Verständnisses der Umgebung als auf dem der freien Kunst, und es muß der rechte Ton des Ernstes gewahrt bleiben, wenn man, unbeirrt durch Feste und Nebensächlichkeiten, mit Freude kräftig arbeiten soll . . .«

Was Vater Heinrich »in Freude und Befangenheit überraschte«, erstaunte Mutter Eugenie kaum. Zwischen den Zeilen der Berichte über das wundervolle Leben in Moskau und Litwinowa hatte deutlich gestanden, daß Sascha im väterlichen Geschäft eine Statistenrolle spielte und auch die nur halben Herzens, daß sich ein stummer, unhörbarer, ja unerhörter Kampf zwischen Stella und ihrem Schwiegervater entsponnen hatte. Fernes Grollen (»Ich versteh' ja nicht, warum hier niemand den Mund aufmacht, auch Sascha nicht . . .«) wurde lauter (»Also unter diesen Umständen kann Sascha hier nie was werden, es ist ja gegen unseren Senior kein Aufkommen . . .«) und steigerte sich zum Fortissimo: »Na, hier kann ich's ja wohl sagen, daß er ein altes Ekel ist, neben dem man nicht arbeiten kann, geschweige denn leben. Ich bewundere die geliebte Mama Marie Fjodorowna, ich bewundere sie aufrichtig . . .«

Eugenie, die ihrer Mißbilligung über derlei Reden durch nachdrückliches Klappern mit dem Fingerhut Ausdruck verlieh und nur leise mahnte, dachte an das Wort ihrer eigenen Mutter: »Als allererstes sorge dafür, daß sich dein Mann in seinem Beruf wohl fühlt, mit dem Rest richte dich ein.« Für sie, die erfaßt hatte, daß Sascha sich »mehr zum Künstlerischen hingezogen fühlte«, kam somit der Schritt vom Kaufmann in Moskau zum Malschüler in München nicht so unerwartet wie für die übrige Verwandtschaft. (»Da sieht man's, es fehlt eben bei den Moskauer Peltzers der rechte Ernst . . .«) Ein Vetter von Sascha, Sohn der imposanten Tante Marie mit den Straußenfedern auf dem Kopf, malte in München. Er war es übrigens auch, der behauptete, Saschas Skizzen verrieten große Begabung.

Ein Besuch in der schönen, musenfreundlichen Stadt München (Heinrich fühlte sich so wenig wohl, daß er in Harta blieb) beruhigte Mutter Eugenie dann vollends. Keineswegs bohèmehaft hatten die Kinder sich in einer großen Wohnung mit Stuckdecken im Vorort Schwabing eingerichtet. Poltschik gedieh und war für sein Alter sehr groß. Das Atelier, ein seriöser, heller Raum (»Verstehst du, Mutt, das Licht muß von Norden kommen, damit es gleichmäßig den Tag über anhält . . .«), lag innerhalb der Wohnung, sie hatten zwei Mädchen, es wurde durchaus nicht auf Spirituskochern zwischen schrägen Wänden, nackten Modellen und drapierten Brokaten gekocht.

Sascha ging in die Akademie und zeichnete und malte, was die übrige Malklasse auch zeichnete und malte: bierselige Dienstmänner mit Knollennasen, ausgemergelte alte Nonnen, Voralpenlandschaften, Stilleben mit Äpfeln. Ein Professor verbesserte ihn. Die ganze Gruppe radelte ins Murnauer Moos oder an die oberbayrischen Seen, entdeckte billige Sommerfrischen und raunte einander dafür Geheimtips zu. Vor dem Alpenpanorama stellte man Staffeleien auf, abends brachte man den von Mücken zerstochenen Daumen kaum wieder aus der Palette. Man versammelte sich um den Samowar in der Elisabethstraße, es waren junge, anregende Leute, ganz ohne Schlapphüte und Flatterkrawatten. Viele musizierten, alle malten, einige gründeten eine »Neue Künstlervereinigung« (»Gehörst du denn nicht dazu, Sascha?« »Gott bewahre, ich kann längst nicht genug!«), und alle, alle hatten Räder.

Stella hatte wohl für immer das Pferd mit dem Fahrrad vertauscht. Auf dem Rad fuhr sie mit den anderen ins Isartal und Inntal, ja sogar an den Gardasee, den Rucksack auf dem Rücken, übernachtete in flohreichen Hütten, stieg auf die Berge. (»Hast du nie Herzflattern dabei, Hüppchen, sei vorsichtig, hörst du ...«) Man mußte »fesch« sein, und Stella empfand es als hohes Lob, daß man ihr attestierte, das sei sie. Fröhlich tanzte sie auf den Faschingsfesten der großen Brauereien mit Leuten aus dem Kreis um Stefan George und Kathi Kobus. (Bei einer solchen Gelegenheit ließ sich ein bekannter

Chirurg von einer unleugbaren Ähnlichkeit zwischen den beiden großen, schönen Menschen täuschen und hielt bei Sascha feierlich um die Hand seiner Schwester an.)

»Fesch« war auch, daß Stella im Bojarinnenkostüm aus Moskau, das sie steif wie eine Teemütze umstand, noch ganz kurz vor ihrer zweiten Niederkunft zum Bal paré ins Deutsche Theater ging und danach zum Donisl, Weißwürste essen, am feschesten, daß sie wenige Wochen später, ihren zweiten Sohn in einem Körbchen neben sich, mit der Postchaise an den Waginger See fuhr, um der mit Sascha vorausgeradelten Malklasse die Freude nicht zu verderben. Durch gespreizte Hände gerahmt prüfend angeblickt zu werden, war sie mittlerweile gewöhnt, oft wurde sie von mehreren Malern gleichzeitig porträtiert (»Eigentlich sollte man das ja als Triptychon malen, Sascha, den Hut, das Kleid und sie ...«) und entging den langweiligen Sitzungen erst, als sie mit ihren Jungen zusammen Mumps bekam.

Während die bayrische Köchin seufzend russische Gerichte kochen lernte, sogar Buchweizengrütze (»Mei, i woaß aa net, wos 's allweil ham mit dem Hennafuada ...«), lernte Stella die Besonderheiten zeitgenössischer Maler unterscheiden. Langsam drängten sich zwischen den bürgerlichen, geliebten Plunder (die traditionsbeladenen russischen Andenken inbegriffen) moderne Bilder, Aktzeichnungen in Rötel und Kohle, Parklandschaften mit kubischen Bäumen, Städte, aus Würfeln gefügt, und schließlich die phantastischen farbigen Aufschreie, deren Gegenstand nicht mehr erkennbar war.

Sascha selbst schloß sich keinerlei »ismus« an, er malte nur immer besser, seine Himmel wurden leicht und leichter, Wolken und Büsche luftiger, eine anfänglich noch lederne Dichte bei Waldstücken löste sich auf. Jahrzehnte später ließ er dann, wo er nur konnte, die Häuser weg und gab nur Landschaften wieder, jeden Baum als unverwechselbare Persönlichkeit. Was die Freunde malten, sah er sich interessiert an, zu einer eigenen Ausstellung war er nie zu bewegen. (»Unfug, laß doch das bißchen Beachtung denen, die was auszusagen haben . . .«) Er verkaufte an Liebhaber, die Freude daran hatten, sich einen Blick durchs Fenster an die Wand zu hängen. Wo er konnte, lernte er Neues dazu, ein ewig Neugieriger, und die Welt blieb ihm, was sie einst dem Knaben Sascha gewesen war: ein Museum, das zu durchwandern sein Leben kaum ausreichen würde. Darin etwas bedeuten wollte er nicht.

Stella, die von Natur aus eher danach angelegt war, in der Welt etwas zu bedeuten, und die darin nichts wurde als glücklich, packte ihren kleinen Vorrat an Ehrgeiz (»Der Mann, den ich nehme, wird einmal von sich reden machen . . .«) schon in diesen ersten Schwabinger Jahren fein säuberlich in die Kommode wie ein Taschentuch, um ihn für ihre heranwachsenden Kinder wieder hervorzuholen. (»Los, streng dich an, du sollst mal sehen, wie weit du es bringst, nur keine Bange . . .«) Hoffnungsfroh hielt sie an dem Irrtum fest, die Qualität von Saschas Malerei werde sich eines Tages von selbst durchsetzen, obwohl er es so gar nicht verstand, für sich Reklame zu machen.

Beide vermißten die großzügigen Verhältnisse in Rußland nicht, in die sie jeden Sommer mit beiden Jungen zurückkehrten. Sie fanden München in gewissen Dingen, die sie für unentbehrlich hielten, bedeutend anregender. Stellas »Uns geht es einfach prachtvoll«, das in den Briefen an Mutter Eugenie Krönig stets wiederkehrte, war völlig aufrichtig, und nur die kleine Defensiv-Formel auf die Frage, wie es denn nun eigentlich weitergehen solle (»Was nicht ist, kann ja noch werden«), klang so, als stamme sie aus dem Gemeinplatz-Repertoire des treuen Fräulein Martha.

War auch Vater Heinrich davon überzeugt? Ein Hauch von Ungeduld war in seinem letzten Brief spürbar gewesen:

». . . daß Poltschik bereits die in meinem Schreiben an ihn zum Ausdruck gebrachten geistreichen Aperçus verstanden und ihre Sprachschönheit gewürdigt hat, ist ein bemerkenswerter Zug. Sprachliches liegt wohl allen Peltzers ganz besonders und mag eine Folge der Musikalität sein. Ich denke mit Vergnügen an Saschas nuancengetreue Dialektwiedergaben, selbst solche aus fremden Zungen. Schade, daß er nicht in allem so fix ist, sonst wäre er bereits tit. Professor der Malzunft mit Staatsaufträgen und Orden.« Er schloß dann: »Ich bin heute zum ersten Mal wieder auf und gehe nicht ins Comptoir, wo Christian und Fritz mich auch noch gar nicht haben wollen. So ganz richtig gesund werde ich wohl nicht wieder. Behalte lieb Deinen getreuen Vater Heinrich Krönig.«

Nein, so richtig gesund wurde er nie mehr. Mit der Zeit gesellte sich zu den Schmerzen anderes, Schlimmeres. Bei einer Partie Piquet mit dem Doktor, der früher nur wegen eines bestimmten Jahrganges Johannisberger aufs Schloß gekommen war, brachte er es einmal brüsk zur Sprache: »Doktor, wir sind ja unter uns Pastorentöchtern, sollen diese, Pardon, gräßlichen Manipulationen ewig so weitergehen? Und ich soll damit eines Tages von mir lieben Menschen abhängen und ihnen Unästhetisches zumuten? Doktor, das hält ja kein Mensch aus. Nun, geben Sie schon zu, daß es Blasenkrebs ist und daß ich auf den Mist gehöre!« »Aber liebster, bester Herr Krönig . . .« »Werden Sie nicht zärtlich, passen Sie aufs Spiel auf«, sagte Vater Heinrich.

Von den Damen verabschiedete er sich an diesem Septemberabend früh und ging nachts in seinem Zimmer lange Zeit auf und ab, erwägend und bedenkend. Nach kurzem, unruhigen Schlaf stand er gegen 8 Uhr auf und schrieb mit Krakelbuchstaben ein Briefchen mit der gleichen Feder, mit der er so viele Geburtstagsgedichte und Scherzscharaden an Eugenie verfaßt hatte:

»Dir getreuste, liebste Eugenie, ein letztes Lebewohl! Es ist mir ein furchtbarer Gedanke zu wissen, daß Du Dich aufopfern würdest, wenn es mit mir ein langsames Ende nehmen würde, qualvoll und schrecklich für meine Umgebung und mich.

So will ich ein Ende machen mit der Pistole, das Herz gefüllt mit Dankbarkeit gegen Dich, die Du mir das ganze Leben so verschönt, so veredelt hast.

Gott behüte Dich und gebe Dir einen schönen Lebensabend.

Angst packt, Angst!

Der Deinige.«

Der Hahn der alten Pistole ließ sich nicht spannen. Vater Heinrich schlich sich in die Speisekammer hinunter zum Werkzeugkasten. Mit der Zange ging es. Er schloß die Tür zu seinem Zimmer und sah ordnungshalber auf die Uhr. Es war halb neun, und da er gestern vergessen hatte, sie aufzuziehen, kramte er umständlich den Schlüsselbund aus der Hosentasche und holte es nach. Zitterten seine Hände etwa?

Eugenie, die in der Nacht ein Migränepulver genommen hatte, schlief in den Morgen hinein. Fräulein Martha jedoch wachte von einem Geräusch auf. War das nicht die Speisekammertür? Konnte jemand das Frühstück nicht abwarten? Was war daran bedrückend? Ahnungen und Befürchtungen legten sich klebrig auf sie wie ein Spinnennetz. Mit jagendem Herzen fuhr sie aus dem Bett, und es hätte des dumpfen Knalls nicht mehr bedurft, um sie auf bloßen Füßen durchs Haus und ins richtige Zimmer zu treiben. Sie schrie nicht, sie rief niemanden herbei. In einen unschönen Schlafrock aus Görlitz, ihrer Heimatstadt, gehüllt, mit aufgelöstem, schütterem Haar, erlebte sie die große Stunde, in der sie über alles hinauswuchs, dessen sie sich fähig geglaubt hatte.

Er hatte gut gezielt, der alte Herr. Es war keine Spur von Leben mehr in ihm, und ein Stückchen seines Schädelknochens klebte samt Blut und Haaren im Spiegel. Sein Gesicht, fast unzerstört, gelb wie eine Birne, war nicht sofort kenntlich. Hatte es dieser Unkenntlichmachung bedurft, um der Pastorentochter vor Augen zu führen, daß sie ihn von dem Tage an, als sie zwanzigjährig nach Schloß Harta kam, geliebt hatte? Mittlerweile war sie sechsunddreißig, und ihr ganzes Wesen hatte sein Bild eingesogen, wie der Siegellack den Abdruck des Stempels. Daß gerade sie es war, der er sich in letzter, äußerster Hilflosigkeit und Intimität zeigte, empfand sie als seltsam beglückendes Privileg, und sie machte sich ohne Zögern daran, sein Bild auch für die übrigen wiederherzustellen. Sie wusch ihn, brachte alles in die gewohnte Ordnung, bahrte ihn auf. Sie, die sich sonst vor jeder Nebensächlichkeit ekelte, von so vielem schockieren ließ, arbeitete mit ehrfürchtiger Zärtlichkeit, in atemloser Eile, wie um nicht in der verfänglichen Situation, in der er ihr allein gehörte, angetroffen zu werden. Das Stückchen Schädelknochen nahm sie an sich. In einem silbernen Döschen versteckt, begleitete es sie ein Leben lang, und vielleicht hoffte sie, es dereinst in den Himmel mit einschmuggeln zu können.

Erst dann weckte sie Eugenie mit schonenden Worten, benachrichtigte, zischelnde Laute durch die gesträubten Vorderzähne stoßend, die restlichen Hausbewohner und schickte zum Arzt und zum Pastor.

Eugenie, zunächst vor Schreck erstarrt, nahm ihre ganze Energie zusammen und schloß sich mit dem Pastor zu einer kurzen Aussprache ein, ehe sie ihn zu Heinrich ließ. Bolzengerade stand sie am

Ende des ovalen Mahagonitischs ihm gegenüber und stützte die Zeigefinger auf die Platte wie einst ihre Mutter Natalie. Und wie diese wohl höchstwahrscheinlich gegen die Vorschriften des Geistlichen gesiegt hätte, so gelang es auch ihr. Auf den »Partes«, die in alle Welt abgingen, stand: »Nach langem Leiden verschied heute morgen gegen dreiviertel neun in seinem siebzigsten Lebensjahr ...« Im Hause verbreitete sich, nebelgleich, der bleiche Friede, der nach dem Schrecken kommt.

Sascha und Stella trafen aus München ein, der Stadt voller Maler, Musiker und Bierkeller. Auf dem weiten Weg hinter dem Sarg her zwischen den Schwägern Christian und Fritz sagte Sascha leise: »Der alte Herr hätte sich jetzt einen Tobak angebrannt ...« »Ja, das hätte er«, meinten die Schwäger ebenso leise, und vorübergehend wurde ihnen leichter zumute. Am Grabe bewegte frischer Wind die vielen Kranzschleifen, die vergnügt wedelten, während der Pastor über Hebräer 6, Vers 10 predigte: »Denn Gott ist nicht ungerecht, daß er vergesse Eures Werks und der Arbeit der Liebe.«

Es wurde früh Herbst, das Licht bekam die Farbe alter Wachskerzen, morgens klebten die Schmetterlinge erstarrt an der Wand, und die Balkonkästen brauchten kein Wasser mehr. Als alle Verwandten abgereist waren, blieb Fräulein Martha, ein großer Trost für Eugenie. Am anderen Ende der Stickereidecken arbeitend, wußte sie mit Gewißheit, daß von nun an jeder Schritt, jede erfüllte Pflicht die Trennung der beiden Krönigs voneinander verkürzte, und dieser Glaube, von dem sie wie von feinem Öl bis in die Fingerspitzen durchdrungen war, teilte sich Eugenie mit. Nicht, daß es nicht noch höchst angenehme Stunden gegeben hätte: man hielt die »Wiener Mode«, der Rezepte wegen, im Sommer kamen die Peltzerschen Jungen aus München, Napoleon, noch immer mit seinem Kosenamen Poltschik gerufen, und Herbert, zur Großmama in die Ferien, begabte, musikalische Kinder, die nur die unvermeidlichsten Dummheiten anstellten, noch immer fanden Nichten aller Art den Weg nach Harta und hatten ihre Freude an den Blaubeerwäldern des Riesengebirges, wenn Tante Eugenie sie ausfahren ließ.

Und doch begann das Haus sein Ende zu wittern, seine Umrisse begannen zu verfließen wie bei einem Spiegelbild im Wasser. Der Weltkrieg, der Tod von Fritz, die Inflation (»Mein Gott, Fräulein Martha, wovon wird man denn Geschenke machen, wenn das eigene Geld nichts mehr wert ist?«) waren nur noch Tropfen, die dieses Spiegelbild trübten. Das Haus vermochte viele Dinge nicht mehr festzuhalten, sie wanderten fort, manches nach München in die Wohnung in der Elisabethstraße: das große Eichenbrett, auf dem schon in Bielefeld Kräuter gewiegt worden waren, das grünweiße Geschirr mit der bauchigen Kanne aus der Aussteuer von Großmutter Minna Krönig (kaum jemand wußte noch, daß sie einmal das kleine Minchen mit der Blechnase gewesen war), der Paravent mit den gestickten Pfauen, die große Saftkelter für Johannisbeeren und Trauben, Mutter Eugeniens Porträt, auf dem der Maler sich mit der

Rubinbrosche zu Stellas Geburt vergebliche Mühe gegeben hatte. (Die Farbe war in dicken, rauhen Krümeln aufgesetzt und konnte die Brillanten nicht funkeln machen.) Ein paar Möbel kamen, von Sascha mit leisen, bissigen Worten kritisiert als einer Periode unglücklichen Bürgergeschmacks entsprossen und von Stella mit ungewohntem Eigensinn verteidigt. Was es auch war, es überzog sich alles sofort mit einer Art Lackschicht, durch die das Frühere zu sehen war und die es doch dem Jetzigen anpaßte; geheimnisvolle Einverständnisse bildeten sich zwischen den Dingen, deren Auswirkungen die Bewohner der Wohnung unterworfen waren.

Ganz zuletzt kam die Uhr, die Vater Heinrich immer Sonntag vormittags aufgezogen hatte, wobei er den Schlüsselbund gleich für den Schrank mit dem Sherry und den Zigarren draußen behielt. »Na ja«, urteilte Sascha, »schön ist sie nicht, aber sie hat einen netten Klang.«

Als müsse sie sich produzieren, stieß die Uhr einen heiseren Laut aus und schlug dann langsam zuerst in hoffnungsfrohem Crescendo, später dunkler werdend und etwas falsch. »Ich kenne sie schon, so lange ich denken kann«, beharrte Stella, »sie kommt ins Kinderzimmer!«

Ja, man hatte am Ende des Weltkrieges, als auf allen Zentralheizungskörpern Steckrüben trockneten und einen penetranten Geruch verbreiteten, das große Südzimmer wieder zur Kinderstube machen müssen. Stella reagierte auf diese Tatsache nach so langer Pause mit Schrecken, Auflehnung und Tränen. Sascha spendete amüsanten, doch auch amüsierten Trost und holte nach überlanger Wartezeit (»Ich glaube, das verflixte Gör kommt überhaupt nicht mehr . . .«) freudig gespannt das letzte Taxameter vom Elisabethplatz. Es hatte nur noch zwei aufgepumpte Reifen, die anderen waren platt. Mit Müh und Not erreichte man die Klinik in Nymphenburg. Das zur Welt gekommene Kind, über und über mit weißblondem Fell bedeckt, als sei es vorsorglich in einen Kokon eingesponnen, war ein Mädchen und wurde nach der schottischen Urahnin getauft, die den Brand Moskaus überstanden hatte. Stella sah sich durch das Geschlecht des Kindes auf unerklärliche Weise bestärkt und bestätigt und ließ sich zu Hoffnungen und Erwartungen hinreißen, die angesichts der allgemeinen Lage unberechtigt waren. Eine Tochter! Wenn sie schön wurde, stand ihr die Welt offen. (»Nö«, sagte Sascha aufmerksam und sachlich, »schön wird sie nicht, schau, sie hat ja die Augen ganz nah beieinander und eine zu kurze Nase. Aber vielleicht lernt sie Sprachen und Kochen, das wäre auch etwas.«)

Über das Gitterbett dieses Spätlings hängte man die Uhr. Doch um diese Zeit hatte Fräulein Martha ihren Stab schon weitergesetzt, in andere hochherrschaftliche Häuser, und Mutter Eugenie war tot. Klein, hell und leicht hatte sie ausgesehen, als freue sie sich, als stünde sie nicht am Ende, sondern am Anfang. Nur in ihrem rechten, vom letzten Schlaganfall verzogenen Mundwinkel, in dem ein wenig Speichel silbrig eingetrocknet war, lag ein Vorbehalt, als wolle sie sagen, daß man sich das Leben zwar aussuchen könne, aber erst hinterher.

VIII

Die Tür, aus der das Kind herausschnellt wie der Kork aus der Flasche, gehört zur Ebermeyerschule. Der Unterricht ist zu Ende. Für die ans Dunkel des Korridors gewöhnten Augen gleicht die flimmernde Helle, die von hohen Wolken in Straßen und Vorgärten herunterstäubt, blassem Rauch. Vor den Büschen tanzen die Fliegen wie Goldfunken. Das erste Stück Heimweg rennt das Kind immer, um aus der Gefahrenzone zu kommen, in der Buben in Rudeln um die Ecken biegen und es hänseln. Heute hat es im Diktat beinahe null Fehler gehabt. Für null Fehler gibt es ein goldenes Papiersternchen, für zehn Sternchen ein Fleißbillett, für zehn Fleißbilletts eine Schleife ans Kleid. Aber so etwas ist niemals zu erreichen, so wenig wie das Vortanzendürfen in der Isadora-Duncan-Schule.

Schon wegen des Beinahe ist es voller Jubel und glaubt einen Augenblick, die Buben sollten nur kommen, und es würde ihnen ... Doch nein, da sind sie schon. Sie johlen, sie spucken nach Zielen. Es fehlen ihnen Vorderzähne und Manieren. »Was hast'n du überhaupts für an blöden Daatsch auf?« beginnt das Gefecht. Die ahnungslosen Eltern haben dem Kind auf einen blonden Pagenkopf auch noch ein Samtbarett aufgesetzt, das nun plötzlich zum Makel wird.

»Wia-r-a so a deppeter Maler schaust aus!« wird geschrien. Das Kind atmet flach, hastig, zornig. Hier ist sein Zuhause angegriffen, die Welt, in der es nach Terpentin riecht, die Welt von Krapplack und Schweinfurter Grün, von Blauem Reiter und Neuer Sezession – was für schöne Worte! – von Erbslöh, Kanoldt, Jawlenski und Kandinski – was für schöne Namen! Mit den Vorschriften der Großen ist in solchen Situationen nichts anzufangen. Was nützen ruhige Erwiderungen, und seien sie noch so gescheit, wenn die Gegenseite sie nicht gelten läßt, sondern mit nachäffendem »Äpäpäpä« niederbrüllt.

Von der Stelle an, wo man die Sandkiste Ecke Isabellastraße sieht, verfällt das Kind in gesittete Gangart. Es könnte sein, daß man einem von den Erwachsenen begegnet. Tantella zum Beispiel, die noch etwas in der Drogerie geholt hat. Sie schilt nie auf der Straße, erst im Treppenhaus. (»Aus dir soll wohl mal eine Dame werden? Na, da bin ich aber gespannt . . .«) Noch nie ist dem Kind eingefallen, dieses Ziel etwa nicht erstrebenswert zu finden, da sich die Erwachsenen in diesem Punkt einig sind. Sie sind es nicht in allem, was sehr interessant ist. Neulich in Brannenburg haben zum Beispiel alle eine Bergtour gemacht, und dabei ist der Mama schlecht geworden. Sie hat sich droben auf dem Gipfel hinlegen müssen, und beim Absteigen wurde immerzu gefragt: »Geht's noch? Geht's noch?« Hat da nicht Tantella leise und aufgebracht zu Papa gesagt: »Aber Sascha, so etwas kann doch Stella gar nicht leisten bei ihrem Herzklappenfehler, da hättest schon du der Vernünftigere sein müssen.« Und der Papa hat schuldbewußt geschaut. Und neulich, als wieder einmal so ein merkwürdig schäbiger Herr mit russischem Akzent lange mit Papa im Salon gesprochen hatte und unter Dankesbeteuerungen wegging, hat die Mama in Hörweite des Kindes ausgerufen: »Und ich sage dir, Sascha, nie wirst du's wiedersehen, nie!« Ging es um Geld? Sie spricht auch noch immer rasch und scharf Russisch, wenn der Papa dem Kind im Atelier, wo es ihm beim Farbenreiben helfen darf, Soldatenlieder beigebracht hat, kernige, rhythmische, in denen schöne, klangvolle Worte vorkommen, die in Schule und Kindergarten verboten sind.

Nun biegt das Kind um die Ecke und taucht in den Laub- und Staubgeruch der Baumreihen zwischen Reitweg und Trottoir. Es klingelt nicht, sondern stößt das Tor mit dem Schulranzen auf, was der Hausmeister nicht sehen darf. Das bunte Glasfenster im Treppenhaus steht offen, und es schaut einen Augenblick lang hinunter auf die Pflasterung des Hofes, auf dem es gespielt hat, als es klein und dumm war. Jenseits der Mäuerchen und Gitter beginnt eine unbekannte, aber hörbare Welt: Hundebellen, Teppichklopfen, dumpf zufallende Tore, das grelle Schilpen der Spatzen, traurige Gesänge abspülender oder bügelnder Dienstmädchen.

Die Leni daheim, die singt nicht, die hört zu, was das Kind ihr erzählt, und zeigt sich erstaunt über Dinge, von denen die übrigen Erwachsenen sich nicht imponieren lassen. Wunderbar blödeln läßt es sich mit ihr, und gescheit ist sie auch. Sie kann das Magische des Lebens in der Elisabethstraße in etwas Reales verwandeln, indem sie sagt: »Mei, jetzt gehst scho bald in die vierte Klass', jetzt werst fei scho direkt g'scheit« oder »Tu nur fleißig Klavier üben, daß d' aa amoi so schee spuist wie der Pappa und die junga Herrn«, oder auch »Ja, die Frau Geheimrat, die is sakrisch streng, aber jetzt tu net röhr'n, sie meint dir's gut.«

Als sie dem Kind die Wohnungstür öffnet, taucht ein Schatten hinter der Glastür des Eßzimmers auf – die Mama. Es stürzt auf sie zu, erzählt seine Erlebnisse, kleidet aber bereits die Frage, ob es künftig etwas anderes zur Schule aufsetzen darf als das blöde Barett, in eine mehr oder minder artige Bitte.

Die Hände werden noch immer am Hahn über der Badewanne gewaschen, weil das riesige Klatschmohn-Waschgeschirr zu schwer ist, und zum Kämmen geht man hinüber an Mamas großen Toilettenspiegel. (»So halt doch endlich mal still!«) Statt der Schleife gibt es jetzt eine Haarspange die auch nicht hält. Das grüne Samtkissen mit den Broschen und Hutnadeln darin ist unverändert und auch die unbekannten Leute auf den Bildchen mit ihren Kämmen und Bärten und Jabots. Das Kind fragt nie mehr nach ihnen, denn sonst muß es sich ihre Namen und Geschichten merken. Vorfahren sind ebenso langweilig wie fruchtbare Tiefebenen und Staubfäden bei Blumen und die Lesestücke im Lesebuch, die man vom ersten Tag des neuen

Schuljahres an kennt. Außerdem handelt man sich durch solche Anfragen Mahnungen ein, so wie neulich, als die gestickte Buchhülle in der Handarbeitsstunde so fürchterlich wurde und die Mama ernsthaft beunruhigt ausrief: »Die manuelle Geschicklichkeit hat sie nicht geerbt und das Sportliche auch nicht, ja, was zum Kuckuck hat sie denn geerbt?«

Dem Kind, dem man Rechnen und Heimatkunde beibringt, das sich aber über die Geheimnisse des Weltalls nach eigenen Methoden unterrichtet, fällt es nun schon schwerer, abends beim Einschlafen auf dem gestickten Wandschirm von einem blassen Seerosenblatt zum anderen zu springen, um in den leeren, grauen Hintergrund zu gelangen. Nur noch selten hört es die Krallen der Plattstich-Pfauen über die blankgewordene alte Seide schaben.

Jedes Neue, das man in der Schule lernt, verdrängt ein Stück dessen, was man seit undenklichen Zeiten gewußt hat. Zugwind weht von der Tür, Schuhe knarren, ein grüner Schattenweg füllt sich mit dem eigensinnigen Tropfen eines Vogelrufs, und das Fremde, Andere, Rätselhafte ist da, zu dem man immer im Aufbruch ist und zu dem man niemals hinkommt. Davon wissen die Großen nichts. Sie können mit der Schere Dinge ganz gerade abschneiden, kein Bändchen, keine Schnur verknotet sich bei ihnen, ihre erfahrenen, geschickten Hände ordnen den wüstesten Wirrwarr sofort, sie wissen Rat und Mittel gegen fast alles, sie sehen einem an, ob man gelogen hat, oder ob man Masern bekommt, sie sind mächtig im Geheuren. Das

Nicht-Geheuere kann man nicht mit ihnen teilen, eher noch mit einer Puppe, der Buche im Brannenburger Wäldchen, oder dem grünen Stehaufglas, das Tantella von einer Reise mitgebracht hat, von einer Reise, die für immer in der Elisabethstraße endete.

Ein paar magische Formeln gibt es noch: Wenn man dem Zwang nachgibt, die im Innern aufsteigenden Verse zu zitieren, wird – manchmal – der Zauber wirksam. Papa scheint davon etwas zu wissen, aber er erklärt es einem nicht. Was er erklärt, sind andere, sachliche Dinge, gründlich und genau, notfalls schaut er dabei selber nochmal im Lexikon nach.

Er hat jetzt aufgehört, Klavier zu spielen, und da klopft auch schon Tantella und bittet zu Tisch. Sie zerrt an ihrem Kneifer, der sich am schwarzen Bändchen verheddert hat, um ihn mit einem Ruck auf die Nase zu setzen und das Kind spöttisch zu mustern.

Wenn sie geht, macht sie kleine, schwankende Schrittchen, aus Koketterie, damit der Tod sie das nächste Mal nicht übersieht. Auf ihren Lippen liegt nur noch ein bißchen Farbe, wie auf einem verblichenen Löschpapier. Hat sie schon immer der gemalten Großmama Eugenie mit der Rubinbrosche geglichen? Werden Menschen und Bilder einander mit der Zeit ähnlich? Wöchentlich einmal geht sie mit in die Duncan-Tanzschule am Englischen Garten und sitzt geduldig an der rauh gekalkten Wand des Saals im ersten Stock. Im Sommer hat sie dabei den weißen Waschhut auf, im Winter eine schwarze Samttoque. In einem engen Korridor schälen sich die Kinder aus ihren bürgerlichen Sachen und bekommen blauseidene Säckchen an, aus denen die blassen Arme und Beine überlang hervorhängen. Eine Stunde lang bemühen sie sich nach den Gongschlägen fahlgewandeter Damen, Laufen, Springen und Grazie zu lernen. (». . . und noch einmal: eins-und-schwingen, so war's schön . . .«)

In die Klavierstunde geht das Kind allein, mürrisch mit der Notenmappe schlenkernd. Die Klavierlehrer wechseln. Der eine sagt, man müsse ganz weich aus dem Ellbogen heraus schwingen (er hat Böcklins »Toteninsel« über dem Flügel), und der andere, man müsse die Finger aus dem Handgelenk heraus schleudern. (Bei ihm gibt es ein Metronom.)

Das Kind lernt Schumanns »Fröhlichen Landmann« und den »Ersten Verlust«, aber nie richtig Noten lesen. Vielleicht gibt es sich nicht genug Mühe, wo doch Papa und die Brüder immer auswendig spielen und ein Lied mit allen Harmonien greifen können, das man ihnen nur ein bißchen vorsummt. Wo lernt man so etwas?

Mit Tantella geht es Sonntag vormittags zum Standkonzert vor der Feldherrnhalle, mit der Mama ins Odeon zur Schöpfung von Haydn, und mit dem Papa in die Tonhalle zu den Donkosaken.

Es darf auch gelegentlich mit zu einem Kammermusikabend bei Freunden der Eltern. Zu solchen Gelegenheiten bekommt es nicht das gräßliche, kratzige Matrosenkleid an, dessen fertiggebundener, schwarzer Umhängeschlips meist schief sitzt, sondern ein seidenes Kleid und eine Anstecknadel aus Korallen und Brillantsplitterchen. (»Gib ja acht darauf, hörst du, und verlier' sie nicht, sie ist noch von der Großmama Marie Fjodorowna.«) Immer diese Ahnen, die neben dem Spiegel tot und aufmerksam aus den kleinen Rahmen schauen. Das Kind tritt vor Ungeduld von einem Fuß auf den anderen und macht sich die weißen Strümpfe schmutzig.

Es ist verblüffend, daß die gleichen Erwachsenen, die in Kleinigkeiten derart streng sind, aus heiterem Himmel so unendlich großzügig sein können. Da sitzt der Papa am Schreibtisch und sagt: »Ochsenfrosch, komm mal da her ... Sprich mir mal nach«, sagt er. Und dann kommt ein russischer Satz, den man nachspricht. Der Papa verbessert nur an einem Wort. »Na also«, sagt er, »den Rest lernt sie schnell. Sie kann mit.« Mit? Wohin? Die Mama hat mehr Sinn für freudig-feierliche Momente. »Ja, da schaust du, gell«, sagt sie, »wenn du brav bist, nehmen Tantella und Papa dich im Mai nach Narwa mit.« Und die Schule? fragt das Kind, und die Aufgaben? und hat für den Schluß des Satzes schon nicht mehr genügend Atem. Die Eltern, die sich vor niemandem fürchten, selbst vor Fräulein Ebermeyer nicht, wissen auch hier Rat. Die Bücher kommen in den Koffer, und man wird daraus lernen und mit Tantella rechnen. Es ist einfach, einleuchtend und überwältigend. Für immer? fragt das Kind harmlos. »Ach wo«, heißt es, »nur bis Ende des Sommers.«

Das ist fast ebensolang, und das Kind muß eilig in die Küche stürzen und es der Leni erzählen. Erst abends, im Halbdunkel, als der Papa auf dem Stuhl auf den zerdrückten Leibchen und Strümpfen sitzt und Morgensterns Zauberformeln nur noch im leisen Klappern der Jalousie forttönen, fällt es dem Kind siedendheiß ein, daß diese Reise die Antwort auf ein Gebet sein könnte, nein, sogar mit Sicherheit ist. Es kann sich mit einem Mädel aus seiner Klasse nicht vertragen, einem lebhaften, aggressiven Kind, das ihm Kränkungen zufügt und beim Streit auf das wirkungsvoll-höhnische »Äpäpä« absinkt. Irmi heißt die Feindin. Das Kind hat gebetet, bis ihm der Schweiß ausbrach, der liebe Gott möge sie aus dem Wege räumen, und er hat die Sache augenscheinlich auf andere, elegantere Art gelöst.

Stockend wird Papa gefragt, ob er das für möglich hält. Die Anwort ist nicht ja, nicht nein. »So haarscharf klappt das nicht. Der alte Herr ist nicht Mathematiker, sondern Künstler, man merkt's an vielem«, sagt der Papa. (Man weiß nicht, ob das ein Witz ist, aber das weiß man ja sowieso nie bei ihm.) »Und überhaupt mag ich diese Kuhhändel nicht: Bravsein gegen Schönwetter beim Schulausflug und dergleichen.« Er steht auf und läßt die Fingerknöchel knacken. Das Kind möchte es gern lernen, aber Tantella findet es ungehörig, und die Leni sagt, man kriegt davon Wasser in die Gelenke. In der Frage der Feindin Irmi wird keine Einigkeit erzielt, was das Kind nicht hindert, sich nach Papas Fortgang in einer wortlosen Jubelhymne der Dankbarkeit beinah aufzulösen.

Wären nicht die anderen, die dem Kind beständig mit ihrem »Na? und nun gehst du auf eine so große Reise« in den Ohren lägen, es merkte nichts davon, weil es sich nichts unter Narwa vorstellen kann. Gottlob, das dämliche Matrosenkleid bleibt zu Hause, soviel ist sicher, Tantellas weißer Waschhut mit dem schwarzen Band kommt in den Koffer, und zur Reise trägt sie ihre Uhr an einer langen Kette. Papa und sie genießen die Fahrt im Schlafwagen gar nicht: das Geratter und der Schmutz und der Geruch nach schwefligen Eiern von der Lokomotive her, das kleine Waschbecken, an dem man sich grün und blau stößt. Tantella scheint außerdem entschlossen, die fremde Umgebung und zugelassene Öffentlichkeit als Prüfstein dafür zu benutzen, wie weit ihre Dressur schon gediehen ist, und das Ergebnis ist nicht ermutigend.

In ihrer seufzenden Unzufriedenheit ist sie so reizend, daß das Kind manchmal plötzlich während der Fahrt im Taxi oder in der Halle des Hotels sie umhalsen und abliebeln muß. (»Uff, mein Haarnetz, so paß doch auf!«) In Berlin besucht man – ohne Papa – eine stattliche Dame mit hochtönendem Namen, die an Zeichnungen im Simpl erinnert. (Natürlich hat das Kind nicht nur auf den gebundenen Jahrgängen gesessen, es hat gelegentlich hineingeschaut und sich Witze gemerkt, und die Mama hat es nicht gern gesehen.) Die Dame, die eine Großtante sein will, obwohl Großtanten wohl eher wie Tantella sind, wiederholt mehrfach, daß sie sich freut, die Enkelin ihres armen Bruders Alexander zu sehen, und äußert ungeniert, wie wenig das Kind doch seinen schönen Eltern gleicht. »Wenn man denkt, wie Stella aussah ...« Die strenge Tantella, die sonst so etwas niemals tut, zieht das verdutzte Kind zu sich heran, richtet ihm die Haarspange und sagt ganz nebenbei: »Darauf kommt es nicht an. Sie ist erst zehn und lernt sehr brav.« Das einst so glühend ersehnte Lob, da ist es nun, in Berlin, in einer fremden Wohnung, bei einem Stück Sandkuchen, der so trocken ist, daß er förmlich zu den Ohren herausstaubt. Der Religionslehrer hat recht, Gott gibt die Dinge zu seiner Zeit, nämlich zur unerwarteten.

Von Süßwein und Lob durchwärmt, besieht das Kind das Bild an der Wand, auf dem die Großtante vor Bismarck singt, ein Büschel Straußenfedern auf dem Kopf, in einem widerwärtigen Kleid, so tief ausgeschnitten, daß es unanständig aussieht. Es läßt sich zum Abschied küssen und wundert sich, daß sie mit echten Tränen in den Augen sagt: »Ach, Ella, wenn man so an früher denkt . . .«

Tantella zieht die Handschuhe an, sie schneidet immer eine kleine Grimasse dabei, und sagt abschätzig: »Tschä, das ist nun nich anders.« Das Kind hat inzwischen einige der feststehenden Wendungen in der Umgangsprache der Erwachsenen begriffen: So wie sie früher einmal jung waren, waren sie früher auch alle reich. Daß sie beides nun nicht mehr sind, ist eine Gegebenheit wie die Tatsache, daß nur Frauen Babies kriegen können. Diese Großtante tut dem Kind gar nicht leid, und es erzählt Papa nichts von dem Besuch. Ob er selbst weiß, daß er früher mal schön war? Ob man so etwas merkt?

Langweilig wird die Reise nicht. Ab Stettin tauchen immer mehr entfernte Verwandte auf, denen das Kind seine schönsten Knickse macht. Mit ihnen besteigt man das Schiff, das dem Kind riesig vorkommt. Es verirrt sich trotz aller Ermahnungen auf den vielen Decks und Treppen und muß einen Steward nach dem Rauchsalon fragen. Im Rauchsalon sitzen die Herren, die zur Generalversammlung der Aktionäre in Narwa fahren. Dieser Ausdruck ist nun geläufig. Es sind Onkels darunter, die schon in der Elisabethstraße waren, sie sprechen hauptsächlich von Moskau und Litwinowa, obwohl sie in der Schweiz, in Paris, in London leben und nicht alle Peltzer heißen. Warum sie sich so weit zerstreut haben, kann man nicht fragen, sonst nennt Tantella einen naseweis.

Sie liegt in ihrer Kabine und ist sehr schweigsam. Man ißt ohne sie im Speisesaal, dessen Fenster sich abwechselnd rechts und links langsam mit dem Blau des Meeres füllen. Leider riecht es überall nach warmem Maschinenöl und Linoleum, und daß man kein Ufer sieht, ist kein Trost. In der zweiten Nacht kann man nicht recht schlafen, weil einem übel ist.

Am Morgen wird es ruhig, und eine Märchenstadt steigt aus den fernen, waldigen Ufern, erst grau, dann bunter werdend: Reval. Über ihr glitzern blaurotgoldene Kuppeln wie verhexte Tulpenknospen. Das Kind erkennt sie gleich: es sind die Kirchen aus dem russischen Bilderbuch. Und der erste Iswoschtschik, dessen Gefährt man nach einigen schwankenden Schritten über das Kopfsteinpflaster besteigt, hat den Fußsackbart und die

Fuchsäuglein der Kegelpuppen daheim im Kinderzimmerschrank.

Tantella kennt die Herren des Peltzerschen Kontors alle, und man redet sie nicht mehr mit Frau Geheimrat oder Exzellenz, sondern nur noch mit Ella Andrejewna an. Kein Mann heißt jetzt mehr Herr Sowieso, alle haben Vatersnamen auf »itsch«, und man bringt sie sofort durcheinander. (Jüngere Leute, von denen man nicht weiß, ob es vielleicht Diener oder Boten sind, gehen zwischen ihnen hin und wieder und tragen Kittel mit gesticktem Kragen, wie die Brüder daheim im Sommer oder zum Fasching.)

Bald steigt man wieder in einen Zug. Auf die Dauer wird das Reisen vielleicht doch öde, wie die Großen immer behaupten. Vielleicht sind es auch nur die kratzigen Leinenüberzüge im Abteil oder der Staub und die eintönige Gegend mit nichts drin: das Kind muß zur Ordnung gerufen werden, flegelt sich in den Polstern und mault.

Ein Onkel, Andruscha Peltzer, auch aus dem Moskau, das es nicht mehr gibt, nimmt es mit auf den Korridor, stellt es vor sich ans Fenster und erzählt ihm in stockenden Worten – er muß sie erst suchen, denn sein Deutsch ist nicht flüssig – von Jugend- und Jagderlebnissen. Und obwohl Erwachsene nicht richtig erzählen können, bevölkern sich die vorüberziehenden Straßen, die ins Unbekannte führen, mit Troikas, mit quietschenden Karren, mit freundlichen Leuten, die in seinem Bericht vorkommen, die Wälder füllen sich mit Füchsen, Wölfen und Bären, manchmal glaubt das Kind, sie auf der entgleitenden Waldwiese gerade noch verschwinden sehen. Hier und da liest man an einem Stationsgebäude eine estnische Aufschrift. Estnisch ist eine komische Erbsensprache, klingt wie selbstgemacht bei Schreibspielen. (Ach, die Schreibspiele: Die eingeladenen Kinder, verlegen, denen man als Gastgeberin ebenso verlegen und daher zu forsch entgegengetreten ist, und die einen leer und sich selbst zuwider zurückgelassen haben, in Unordnung, wie die herausgerissenen Fächer des Spielschranks. Das Kind meint, seitdem sehr lange gelebt zu haben.)

Im warmen Licht des Maiabends erreicht man die Station Narwa. Von hier führt nur eine eingleisige Bahn nach Petersburg weiter, ein dünner Glitzerfaden über die Eisenbahnbrücke, der bald von Wäldern verschluckt wird. Das Kind schaut bei Erwähnung des Namens Petersburg Tantella aufmerksam ins Gesicht, aber sie verzieht keine Miene. Erst bei den wartenden Wagen stößt sie einen kleinen Zischlaut des Erkennens aus. Auch der alte Kutscher auf dem Bock erkennt sie, als sie zu ihm tritt. »Ella Andrejewna«, murmelt er. Seine Augen stehen voller Wasser, mit entschlossener, zitternder Bewegung nimmt er die schmierige Mütze ab, legt sie sorgfältig auf die Knie, ergreift mit beiden Händen Tantellas Ärmel, beugt sich vorsichtig darüber, wie um etwas sehr Kostbares nicht zu verschütten, und küßt ihn, Unverständliches brabbelnd. »Ja, ja, kann mir's denken, du alter Saufaus«, sagt Tantella auf deutsch, halb lachend, halb gerührt. »Was ist denn mit dir los, du Dummbart«, setzt sie hinzu, weil das Kind fürchterliche Grimassen schneidet und ihm die Tränen übers Gesicht laufen. (Das Wilmssche Erbe.) »Los, steig ein, es ist alles in Ordnung.«

Etwas weiter flußabwärts fährt man in mehreren Kutschen über die Narowa. Die Pferde riechen so stark, daß die blaue Polsterung ihren Geruch angenommen hat. Tantella und das Kind fahren als letzte, Papa mit einigen Herren im Wagen vor ihnen. Auf den Bohlen der Holzbrücke rasseln die Räder überlaut. Das Kind hört nicht darauf, es krampft sich in Tantellas Arm, kriecht ihr beinahe auf den Schoß. Was stellt es sich bloß so an? Wegen der beiden Festungen?

Aus ihren altersgeschwärzten Schießscharten und Luken steigen Schwärme von Dohlen auf und sprenkeln den Himmel wie Fliegenschmutz einen Spiegel. Drunten zieht die Narowa einen breiten Bogen, glatt und glitzernd wie mit dem Daumen geglättetes Stanniolpapier.

»Und was liegt drüben?« fragt das Kind tonlos.

»Drüben? Die Tuchfabrik, ein paar Villen und die Chaussee nach Gdow. Paß auf, du zerdrückst mir ja den Mantel!«

Als das Städtchen Narwa aus dem Blickfeld verschwunden ist, gibt es nur noch eins zu sehen: die goldenen Staubwolken der vorausfahrenden Wagen, die Mückensäulen über den Pferdeköpfen und den Horizont. Schließlich kommt ein Holzzaun und ein Tor. Vielleicht gehören sie zur nächsten Stadt? Und wann kommt die Fabrik? Nun fährt man an Baumgruppen vorbei, an niedrigen Häusern, vor denen Männer die Mützen ziehen und die Frauen knicksen. Über allem liegt Holzrauchduft und ein gleichmäßiges, dumpfes Brausen, bald lauter, bald leiser. Ist sie das?

»Was tut so?«

»Der Wasserfall. So einen hast du noch nie gesehen. Warte nur.«

Man hält vor einem hölzernen Parterrehaus mit großen Fenstern, langer Veranda und Wintergarten, von dem aus eine Treppe zum überbauten Kanal und den steinernen Fabrikgebäuden hinunterführt. Jetzt erst merkt das Kind, wie müde es ist. Es nimmt die zur Begrüßung Versammelten kaum wahr, wird von Tantella durch große, ineinandergehende Räume geführt, sieht Gold und poliertes Holz, Spiegel, damastbespannte Wände, Kronleuchter, Ahnenbilder. »Gell, das ist hier ein Paläh?« fragt es, befriedigt, das fremde Wort einmal anwenden zu dürfen. Tantella lacht, sie gleicht einer gähnenden Katze. Ein Bärenfell liegt, böse glotzend, Schlußpunkt einer Erzählung aus der Eisenbahn, vorm Kamin.

»Und wo werde ich schlafen?«

Am Ende der vielen Zimmer gibt es noch eines, ein kleineres, dessen Türen angelehnt sind; seine Wand ist fast ganz von einem wollenen Bild in trübseligen Farben bedeckt. Ist es gestickt? Vor dem fahlen, grünblauen Hintergrund sitzt ein altmodischer Ritter in einer zierlichen Rüstung, die an gewisse Türschlösser erinnert, den Rücken an einen Stamm gelehnt. Helm und Waffen hat er neben sich und läßt seinen einen Fuß ins Wasser baumeln. Sein Gesicht ist abgewandt, dem Hintergrund zu, wo seine Kameraden im fahlen, strohigen Licht Pferde tummeln. Aber er sieht sie nicht an, er sieht wohl eher von dem weg, was vor dem Bild im Hause, im Zimmer ist.

»Was ist das . . .«, fragt das Kind und hofft auf eine Geschichte. Es kommt keine.

»Das ist ein französischer Gobelin. Willst du noch was essen?« Eine knochige alte Frau tritt ein. Sie ist mordshäßlich und trägt in jeder Hand eine Kupferkanne mit heißem Wasser. Nachdem sie Tantella begrüßt hat, wendet sie sich dem Kind zu, als kenne sie es seit langer Zeit und sagt: »Nu, Sdrasdwui, Isabella Alexandrowna.«

Das Kind schaudert ergriffen. Isabella Alexandrowna, das bin ich, denkt es. Es sieht sich selbst auf dem Teppichsessel sitzen, von dem die Füße in den schwarzen Spangenschuhen baumeln: eine Schülerin aus München, mit blondem, binsenglattem Haar, unordentlich, vergeßlich und doch Gefäß und Vehikel von Dingen, die längst gewesen sind und noch andauern. »Sag, Sdrasdwui, Anna Filipowna«, raunt Tantella. Die alte Anna, die seit vierzig Jahren im Hause ist, lacht. In ihrem Unterkiefer erscheinen zwei übriggebliebene Eckzähne, wie in einem herausgezogenen Schubfach. Es sind die Hauer der Baba Jagá aus dem Märchen, die im Mörser durch die Wälder jagt und ihre Spur mit dem Besen verwischt.

Das Kind ißt Ei und Butterbrot, legt sich in das vor dem Gobelin bezogene Sofabett, atmet den staubig-fetten, fremden Geruch, der von dem

Wollbild ausgeht, und schaut, nachdem Tantella fortgegangen ist, noch eine Weile auf den goldenen Lichtstreifen unter der Tür. Im anstoßenden Zimmer hört man Gelächter und Stimmen und von draußen her den Nachtwächter, der mit seinem Stock über das Trottoir tappt, dahinter ganz fern das Brausen des Wasserfalls. Er soll so groß sein, daß er Balken wie Streichhölzer zersplittert, wenn er sie überhaupt wieder herausgibt.

Am nächsten Tag wird es tatsächlich hingeführt und ist von der brüllenden Gischtstufe im Fluß nach all dem »Na, du wirst staunen« fast enttäuscht.

In die Fabrik will es – bitte, bitte – nicht mitgenommen werden, weil es einmal mit der Klasse eine Führung im Deutschen Museum langweilig gefunden hat. Der Park ist zum Spielen ebenso ungeeignet wie der Englische Garten. In den hohen, alten Bäumen neben den still und glänzend um die Inseln herumgleitenden Flußarmen singen die Nachtigallen, und ihr Lied zieht sich durch den Gesang der übrigen Vögel beinahe aufdringlich, wie ein glitzernder Faden durch ein Gewebe.

Man muß mit Tantella Besuche machen, bei Fremden, bei Bekannten, die schon einmal in der Elisabethstraße waren (daß man sie nicht wiedererkennt, darf man nicht zeigen, sonst sind sie beleidigt). Überall bleibt man recht lange, und es fällt schwer, die Füße ruhig zu halten, nichts anzustarren, was im Zimmer ist, und sich nicht durch die Haare zu fahren. Trotzdem macht das Kind in Narwa gern Besuche, weil dabei eine Art künstlicher

Sonne über ihm aufgeht: sie wärmt, aber gleich so, daß der Schweiß ausbricht. Plötzlich schaut man es mit Interesse an, nicht wie daheim, wo Papa und die Maleronkel prüfen, ob die Farbe des Kleides zur Haarfarbe steht, Mama einen liebevoll mustert (niemand weiß, was sie dabei denkt), Tantella kontrolliert, ob die Knöpfe zu sind und der Scheitel gerade. Hier aber heißt es: »Wissen Sie, Ella Andrejewna, sie erinnert mich an Jelena, nur daß sie blond ist.« »Wie wenig sie Stella gleicht, schade ...« »Da, jetzt hat sie genau so ausgesehen wie ihre Großmutter.« »Von den Peltzers hat sie die Augen, die Bewegungen ...« »und die Schlamperei«, ergänzt Tantella trocken.

Der Name Peltzer, den man in München in der Schule buchstabieren muß, damit das »t« nicht vergessen wird, hier bedeutet er etwas, hier bedeutet man selbst etwas, auch wenn man erst zehn ist. Man kann zum Beispiel ins Kontor hinuntergehen, die flache Treppe, und wird dort erkannt und bekommt von Herrn Tuulik Briefmarken, ohne sie bezahlen zu müssen. Und man kann sich Tuch für einen Mantel aussuchen, und niemand bittet einen zur Kasse.

Dem Papa begegnet das Kind nur bei den vielen festlichen Essen in diesem und jenem Verwandtenhaus, bei denen alles anders ist als daheim und man zu Tantella hinüberschielt, welches Besteck jetzt drankommt und ob man sich nochmal nehmen darf, ohne daß sie die Stirn runzelt. Erst abends tritt er dann ans Diwanbett unter dem Gobelin, setzt sich, faltet die Hände zwischen den

Knien und fragt: »Tja, und heute?« Das Kind antwortet nicht und versucht im Halbdunkeln den Umriß seiner Gestalt zu erkennen, die es nie wirklich angeschaut hat und nicht beschreiben könnte. (Es wird sie vielleicht erst dann wahrnehmen, wenn Alter und Hinfälligkeit sie verzerrt haben.) In der fremden Umgebung wirken die Verse, die der Papa spricht, neu und anders, diese Verse, die zum geheimen Losungswort zwischen ihnen geworden sind. Was wird es heute sein? »Palmström steht an einem Teiche« oder »Die Sonne tönt nach alter Weise«? Der Papa, der sich über so vielerlei spöttisch amüsiert, was andere nicht komisch finden, lacht niemals, wenn man Worte wie »In Brudersphären Wettgesang« halblaut wiederholt. »Ja, das hat er schön gemacht, der Geheimrat Goethe«, sagt er wie zu einem Erwachsenen.

Ist es so, daß er alle ernst nimmt, die sich für etwas begeistern? Das scheint es nicht allein zu sein. Das Kind beginnt zu ahnen, daß er, der für sich selbst keine Würde nötig hat, diese Würde an die Kleineren und Schwächeren abtritt, an Dummköpfe, Kinder, Hilflose. Am Schluß des letzten Verses sagt er: »Ja. So ist das«, (er könnte auch Amen sagen) und »Jetzt schlaf, sonst schimpft Tantella.«

Ja, Tantella legt das Szepter auch hier nicht aus der Hand. »Sitz gerade, was ist das für eine flegelhafte Anlehnerei!« »Du siehst aus wie eine Wilde!« »Wer redet denn schon wieder ungefragt?« Fürchterlich sind die Rechenstunden mit ihr, es gibt Katzenköpfe und Tränen. Nachmittags wird das Kind, damit es sich konzentriert, in eines der unbewohnten Zimmer, einst Reich einer toten Urgroßmama Natalie (wer war das?) gesteckt und soll dort das Große Einmaleins lernen.

Der Schreibtisch, an dem es sitzt, hat zierlich verdrehte Beine, vielleicht tanzt er heimlich nachts auf ihnen und der Hahnenschrei hat ihn überrascht. Auf seiner filzbespannten Platte stehen Photorahmen, komische, in Palettenform, Rahmen mit winzigen Margueriten in Email eingelegt, Rahmen mit getrockneten, gepreßten Blumen, mit Brandmalerei, geschnitzte Rahmen mit nach hinten weggesteckten, aufgebogenen Messingfüßen, die Bilder darin gelblich verfärbt: ein Ehepaar mit Kindern, auf den Alpenstock gestützt, darunter steht: Gruß von der Spindlerbaude (wo ist die?), ein alter Herr, das Kinn in eine breite Seidenkrawatte gedrückt, streng durch die goldgeränderte Brille äugend. Und das da, das war Tantella, als sie noch jung und unermeßlich reich war. Sie hat ein starres Kleid mit Schleppe an und einen plusterigen Federfächer in der Hand, als wolle sie abstauben damit.

Ein Kind ist auch da (der Rahmen mit den Blümchen), das nur beim Fotografen so brav schaut, das merkt man gleich, es hat ganz struppige Haare und auf der Stirn, über der Nasenwurzel, einen runden, dunklen Punkt. Wo nur (fünf mal vierzehn ist – siebzig) hat es von diesem Muttermal schon etwas gehört? (Neun mal vierzehn? Wieder vergessen.) Natürlich, es ist einfach die Mama. Wie süß sie war, damals. Könnte man doch eben ganz kurz zu ihr, die so heiter und besorgt zugleich ist, sich mit einem freut und das Unsinnigste mit Geduld anhört. (Wie still es ist. Ob die Fliegen auf dem Fensterbrett auch schon so lange tot sind wie diese Urgroßmama, die das Zimmer bewohnt hat?) Es gäbe so vieles zu erzählen, das Kind fühlt sich wie eine vollgestopfte Schublade, die nicht mehr recht zugeht, es möchte einiges loswerden.

Schon morgens wird es von einem langgezogenen, wimmernden Brummton geweckt, dann sitzt Großonkel Robert Peltzer in seinem Sessel im Salon, mit weiß-silberner Weste und Stock, und macht Atemübungen. Nie hat er das Kind, das erschrocken auf bloßen Füßen dastand, gesehen, so wenig wie der Djeaduschka es gesehen hätte, dessen Bruder er sein soll und dem er gar nicht gleicht. Oder doch? Gleichen sich alle alten Männer? Vor dem Essen tritt das Kind zu ihm, macht einen Knicks und bekommt eine schlaffe, trockene Hand gereicht. Einmal hält er es am Ärmel fest und reibt mit gerunzelter Stirn den Stoff des Kleides zwischen den Fingern. »Kein reines Kammgarn«, krächzt er. Daß ihm Tuch noch immer so wichtig ist? Eine Brille braucht er nicht, er sieht gut, seine Augen blicken mürrisch und grell, weil er schwerhörig ist. Alle sprechen sehr laut mit ihm. Das Kind äfft sofort nach, wie die anderen ihn behandeln, mit einer Mischung aus Ehrfurcht und Ungeduld.

Es glaubt, den Großonkel interessiere nur, was ihn persönlich angeht, so wie damals den Djeaduschka. Das ist ein Irrtum. Bei Tisch erzählt es lebhaft Papa und Tantella von der Fahrt nach Hungerburg, vom Baden im Meer. Der Großonkel kaut, seine Kiefer schieben sich mahlend übereinander, seine altersfleckigen, mageren Hände bewegen mit Nachdruck das Besteck. Unvermutet wendet er den Kopf. »Ella«, sagt er, »hörst du sie? Die Diktion hat sie von ihrem Großvater Heinrich Krönig.« Es ist, als hätte er in dem einen Satz allen Atem verbraucht. Alle lachen, das Kind verblüfft mit, obwohl das Unsinn ist, es kennt gar keinen Großvater Heinrich Krönig, der muß vor langer Zeit gestorben sein.

Will es nach Tisch beim Küchenausgang hinaus, so erschrickt es, denn dort liegt, hinter der Tür zum Schrankzimmer, die alte Anna Filipowna auf dem Bügelbrett. Seit vierzig Jahren hält sie ihr Mittagsschläfchen so. Das Bügelbrett ist zu schmal, ihre nackten, schwieligen Füße und das zerdrückte, mißfarbene Kleid hängen zu beiden Seiten herunter.

Neulich als man im Wagen in die Stadt fuhr, wälzte sich ein Mann auf dem Trottoir und schrie gellend, weil zwei Möbelpacker einen Spiegel über ihn wegtrugen, in dem er sich erblickte und nun meinte, er hinge irgendwo am Himmel. Tantella hat gleichmütig gesagt: »Der hat wahrscheinlich Denaturat getrunken, davon wird man so.« Als sei nicht Wodka schlimm genug.

Und nach dem Besuch beim Konditor, der die rosa glasierten Alexanderkuchen macht, geriet das Kind auf einem Rekognoszierungsgang (»Nun lauf schon zu, aber nicht zu weit«) in eine völlig leere Kirche, ohne Stühle, ohne Menschen, und vor dem Altar stand ein offener Sarg mit einem Toten drin.

Sein Kopf war gelb und kahl wie eine Holzkugel, und weil der Mann so schrecklich alleingelassen aussah, hat das Kind ein inniges »Müde bin ich, geh zur Ruh« für ihn gebetet. Es hat Tantella nichts davon erzählt.

Doch auch das Peltzerhaus selbst hat seine Geheimnisse. Daheim in München und Brannenburg hat das Kind manchmal versucht, seinen Schutzengel zu überlisten, um ihn in Person zu erblicken. Ruckartig hat es sich nach ihm umgedreht, aber immer zu spät, er hatte sich schon wieder unsichtbar gemacht. Im Haus oberhalb der Treppe zur leise raunenden Tuchfabrik ist es umgekehrt. Einige Geheimnisse scheinen sich gleichmütig zu entschleiern, ehe man wegschaut: raschelnd fallen plötzlich Blütenblätter im totenstillen Zimmer auf die Brokatdecke, das Ticken der vielen Uhren (sie schlagen nacheinander, jedes Zimmer hat seine eigene Zeit) vereint sich sekundenlang zu einem flüsternden Chor und löst sich dann wieder voneinander, gleichgültig tuend, wie ein Haufen Verschwörer. Schatten spielen am Boden, die Luft wird manchmal um einen Schein grauer, gleichsam dichter, als fülle sie sich mit Rauch, wenn man ganz still sitzt, tun die langen Vorhänge einen Schritt ins Zimmer und dann hastig wieder zurück, als müßten sie sich für ein Versehen entschuldigen, und die Dame im großen Goldrahmen lächelt einem zugleich spöttisch und beruhigend zu. Ihre Schultern im grüngestreiften Musselinkleid fallen derart steil ab, daß niemals ein Hemdträger darauf gehalten haben kann, ihre Augen erinnern an die Madonna auf dem Ikon, und ihre Brauen sind schwarz und dicht wie bei Tante Jelena. Dem Kind, das ihr abwesend ins Gesicht blickt und seine Mückenstiche oberhalb der verrutschten weißen Söckchen kratzt, kommt sie bekannt vor. Hat sie nicht einen hohen Kamm im Haar? Ist es möglich, daß die gleiche Dame in klein und oval daheim über Mamas Toilettentisch hängt? In der großen Standuhr schwebt die bleiche Mondscheibe des Messingperpendikels unter dröhnenden Knacksen hin und her. Ist das nicht viel eher eine »Totenuhr« als der Holzwurm, den man in Bayern so nennt?

Das Kind sitzt allein im gelben Salon, weil die Mädchen unter Aufsicht der Anna Filipowna in der Küche arbeiten, der Großonkel Robert von einer Krankenschwester im Garten spazierengeführt wird und Tantella nicht da ist. Sie hat mit einer kleinen Grimasse die Handschuhe angezogen und sich vom Kutscher in die Stadt fahren lassen. (»Na, willst du mit? Ich fahre auf den Friedhof, da liegen vier deiner Urgroßeltern. Nein, natürlich, sowas interessiert dich nicht. Immer nur Firlefanz im Kopf. Also, ich bitte mir aus, daß du das Einmaleins mit siebzehn wiederholst, es hat gestern keineswegs gesessen.«) Insgeheim waren beide voneinander enttäuscht.

Weit draußen, in einem Stadtteil, den die deutsche Kolonie als Sievertshausen bezeichnet, dort, wo man die breite Narowa ihrer Mündung zuströmen sieht, ein langsam ziehendes Meer, liegt der ummauerte Garten mit den Gedenktafeln für die Begrabenen. Mit wehmütigem Neid sieht Tantella auf die ordentlichen Beete nieder und riecht den Duft der ersten Frührosen. Nun, da sie an den Ort ihrer Kindheit zurückgekehrt ist, findet sie, sie habe endgültig genug gelebt. Vor ein paar Tagen ist sie in der Küche ohnmächtig geworden und mit einem erleichterten »Na, endlich!« unter den großen Herd gesunken. Sie hat gehofft, es sei der Schlaganfall. Hat man ihr nicht prophezeit, sie würde nicht alt? Sie ist sechsundsechzig und seit einem Vierteljahrhundert Witwe.

Vorwurfsvoll ächzend bückt sie sich und zupft ein Unkraut aus dem Grab des wackeren Wilms und seiner Natalie. An schattigen Stellen liegt noch Tau, und an den Bäumen schwanken die zarten, eingerollten Seidenpapiertütchen der jungen Blätter, als würden sie niemals dunkel und ledern. Mit einem Schäufelchen gräbt sie ein wenig bei Napoleon und Katharina Peltzer herum. Sie macht keinen Unterschied mehr zwischen den Sippen, die längst in eine verschmolzen sind, zwischen den Menschen, zu denen ihr Erinnern zurückreicht, wie zu den Grundmauern eines Hauses. Während sie sich aufrichtet, die Hand ins schmerzende Kreuz gedrückt, denkt sie an ihren Entschluß, den sie noch geheimhält. Sie wird der Aufforderung ihrer Nichten und Neffen folgen und in Narwa beim alten Schwager Robert bleiben. Es muß jemand ein Auge auf die Dienstboten haben, jemand da sein, wenn seine Kinder aus fernen Ländern kommen und die Verwandten, jedes Jahr im Mai, zur Generalversammlung. Die übrige Zeit wird sie dem Alten, den schon der bitterliche Geruch der Einsamkeit umgibt, Gesellschaft leisten. Stella und Sascha brauchen sie jetzt nicht mehr. Man wird das Haus in Brannenburg verkaufen, da nun der Djeaduschka nicht mehr ist.

Das Kind muß von daheim fort, es ist zuviel allein und zuviel mit Erwachsenen zusammen, es muß sich anpassen lernen an Gleichaltrige, an einen durchschnittlichen Alltag, an die heilsame, kraftspendende Albernheit, die die Wiesen der Kindheit düngt. Kraft vor allem wird es brauchen, das überkandidelte Geschöpf, was soll denn aus ihm werden, wenn erst die Entwicklungsjahre anfangen. Schon jetzt vergießt es Tränen über Dinge, die es nichts angehen: über den Kutscher neulich bei der Ankunft, über das mit Hasenfell überzogene Fußbänkchen, das die Kinder eines Arbeiters als einziges Spielzeug haben, über einen Blinden, über die Geschichte vom ›Heidi‹. Wenn nur Stella energisch genug durchgreift. Sie hat für das Spätgeborene die unsinnigsten Ansprüche und Erwartungen. Nein, gerade heute müßte man die Kinder auf einwandfreies Benehmen, auf Bescheidenheit und Härte dressieren. Es würde das einzige sein, was sie später von den Protzen unterscheiden sollte. Vielleicht hat man, unnützes Möbel, das man ist, etwas dazu beitragen können. (»Wenn du eine Tochter bekommst, Stella, soll sie meinen Schmuck erben . . .«) Wie gern würde sie ein bißchen in die Zukunft blicken, wie man bei der Patience mogelt. Na ja, allzu lang kann es ja mit ihr nun nicht mehr dauern.

Sie steigt in den Wagen, vor dem die Pferde, der Mücken wegen, unruhig die Köpfe werfen, sagt beim Einsteigen: »Damoi! – nach Hause!« und meint, das sei endgültig. Doch sie wird noch fünfundzwanzig weitere Jahre nachsitzen müssen und noch einmal fliehen. Man wird ihr nicht gestatten, in Narwa auf dem falschen Ufer zurückzubleiben. In überfüllten Zügen voller Elend macht man sie zum Objekt der Fürsorge (»Ach bitte, lassen Sie doch die alte Dame da drüben meinen Platz nehmen«, »Darf ich Ihnen wenigstens einen Sitz auf meinem Koffer anbieten«, »Nehmen Sie mein Essen, ich stelle mich gern noch mal an«), und sie lehnt vergeblich bescheiden ab. Im Warthegau, der in ihrer Jugend ganz anders hieß, schläft sie eine Zeitlang mit einer Flüchtlingsfrau aus Lettland in einem Bett und wagt, kerzengerade auf dem Rükken liegend, nicht, sich zur Seite zu drehen, um nicht zu stören.

Viele Stunden, viele Tage verwartet sie auf harten Holzstühlen auf irgendeinen Weitertransport. Weiter? Wohin denn? Jeder Kilometer entfernt sie mehr von dem umfriedeten Kirchhof an der Narowa, dem einzigen Ort, wo sie seit einem halben Jahrhundert hinwill. Wochen, Monate, Jahre verwartet sie bei Verwandten, in einer Stadt, die ihr nichts bedeutet (weil Sascha und Stella nur ein schlecht heizbares Holzhäuschen an einem bayerischen See besitzen), strickt Spitzendeckchen auf der Rundnadel und hält die Fotos und Briefe ganz nah ans Gesicht. Ihr Augenlicht wird schlechter, und sie fürchtet nur noch eines: daß sie es verlieren könnte. Erst ganz zuletzt, vor der völligen Erblindung, wird ihr gutmütiger Arnold erscheinen, um sie bei Petrus über die Schwelle zu tragen, wie es ausgemacht war.

Das alles weiß sie nicht, und so fährt sie getrost durch die vom Grillengeflimmer schraffierte Landschaft zur Fabrik zurück.

Das Kind ist nicht dort, es ist von Verwandten nach Hungerburg mitgenommen worden ins große Sommerhaus, die Datscha. Es genießt Ponyfahrten, Eis beim Fünfuhrtee im Kurhaus, Wellenbäder, Ausflüge. (Der Papa ist nach München heimgefahren, um Bilder fertigzumalen und insgeheim erste Verhandlungen wegen des Verkaufs eines überflüssig gewordenen Hauses in Brannenburg einzuleiten.) Der Strand ist in Hungerburg zwanzig Meter breit und aus feinem, weißen Sand, der einem noch abends im Bett zwischen den Zehen und aus den Haaren rieselt, die Kiefern knarren und riechen nach Harz, der Jasmin blüht ums Haus, die Ameisen ziehen unbeirrt, wie seit Jahrzehnten, an der Wand hinauf, übers Fensterbrett und quer durchs Zimmer. Droben auf der Düne innerhalb des Gartens kann man auf den Grundpfeilern eines vor langer Zeit abgebrannten Pavillons sitzen und wieder einmal versuchen, sich das Große Einmaleins einzuprägen. Das Meer liegt hoch und glänzend im sommerlichen Wind, jeder Tag ist eine Unendlichkeit. Die Räder der Kutsche mahlen in den sandigen Wegen, und das dicke Pony legt bei dem schleifenden Geräusch böse die Ohren an.

Nach Tisch, wenn alle anderen schlafen und das Kind am steinernen Gartentisch sitzt, erscheinen unvermittelt lautlos seltsame Gestalten vor der mit hölzernem Schnitzwerk verzierten Veranda: ein taubstummer Bettler, Unverständliches lallend, ein Eisverkäufer mit Wagen, der einen traurigen Ruf ausstößt, eine Dame, die dem Kind in schlechtem Deutsch das Armband einer toten Großfürstin zum Kauf anbietet. Wenn man in den Rahmen der Haustür zurückweicht, verschwinden sie, wie die Muster vor den zugedrückten Augen verschwinden, wenn man die Finger herunternimmt. Vielleicht sind sie gar nicht wirklich, sollen nur an etwas erinnern, an das man nicht gerne denkt, so wie das unheimliche Feuertuten nachts, das bei den zundertrockenen Holzhäusern doch nichts mehr nützt.

Nach einigen Wochen hat das Kind vom Meerwasser und der Sonne weiße Strähnen im Haar, die Rosen in den verwilderten Gärten sind abgeblüht und setzen Hagebutten an. Die russischen Holzschiffe draußen vor der Narowamündung, die für immer dort zu liegen schienen, sind eines Morgens plötzlich fort. Unversehens findet man sich, braungebrannt und nach Salz schmeckend, auf dem Dampferchen nach Narwa und ist abends schon wieder im alten Haus, das nach Bohnerwachs, Silberzeug und Teppichen riecht. Vom Bett unter dem Gobelin aus hört man die knarrende Stimme von Großonkel Robert, der Tantella aus einem langweiligen Buch über Marco Polo vorliest.

Am nächsten Tag will man Pläne machen, und da teilt Tantella einem in dürren Worten mit, daß kommenden Mittwoch mit einem Onkel heimgereist wird, heim zur Leni, dem Dackel und der

Schule. Und Tantella? Tantella bleibt in Narwa. Das ist schwer hinzunehmen, aber vielleicht kommt sie später nach. Fragen kann man nicht.

Der Koffer wird gepackt, und gerade als die Flut der Ermahnungen zu steigen beginnt (»Die Schuhe macht man auf, ehe man sie auszieht, wann endlich wirst du's lernen!« »Laß dir nicht einfallen, auf dem Schiff allein herumzuzigeunern, hörst du wohl!«), wird alles grell und schmerzlich: eine niedergedrückte Türklinke, ein Löffel, der auf die Untertasse fällt, ein »Was-ich-noch-sagen-wollte ...«, die sinnlos tickende Zuversicht der vielen Uhren. Langsam entfaltet sich der Abschied wie eine hohe Gewitterwolke, bis er fast den Himmel bedeckt.

»Da, ich wollte es dir ja eigentlich erst zu Weihnachten schicken, aber was weiß man von der Post«, sagte Tantella fast so patzig wie einst ihre verstorbene Schwester Betty und verstaut ein hölzernes Schmuckkästchen in der Kofferecke. Ein Bojarenpärchen ist darauf abgebildet, in bunten Farben, vor einer Festung, einem Mittelding zwischen Iwangorod und dem Kreml. Das Kind hat sich so etwas immer gewünscht. Es umschlingt Tantella würgend, Kneifer und Jettkette sind in Gefahr, auch die Fassung. Das Kind weint zuerst, in stoßweisen, langgezogenen Schluchzkadenzen, und Tantella wiegt es in den Armen und plappert grimmig: »Du dummes Lüd, das ist doch nun völlig überflüssig, wo ist denn wieder dein Taschentuch, mit dir hat man schon seine Last ...«, während Tränen ihr über die Wangen laufen. Man trennt sich verlegen, aber dem Kind ist ein Verdacht gekommen, der wunderbare, herzzerreißende, ungeheuerliche Verdacht, Tantella könne es ebenso lieben, wie es sie geliebt hat. War sie deshalb so streng? Wichtige Dinge erfährt man spät, fast zu spät. Erkenntnis und Abschied sind eins. Doch schon am Nachmittag ist alles wie immer, die herbe Distanz zwischen der alten Dame und dem Kind ist wiederhergestellt.

Unter gewissen atmosphärischen Bedingungen werden Geräusche deutlicher hörbar. Die nahende Trennung macht die Geräusche des Unsichtbaren deutlicher, das die vielen leeren, von geronnener Pracht erfüllten Zimmer bewohnt. Eine kleine Ahnung weht heran, was sie in Wahrheit enthalten. Sie löst sich auf in Reisefieber, in Neugier, Trennungsweh, Vorfreude. Der Großonkel reicht eine schlaffe, trockene Hand, er hat einen wahrscheinlich schon Minuten später vergessen. Wie vieles könnte Tantella sagen, aber sie läßt nur die Eltern grüßen, die Leni, den Dackel. Die alte Anna Filipowna, freundlich grinsend und den Unterkiefer mit den übriggebliebenen Hauern zeigend, stößt dem schluchzenden Kind einen Zeigefinger vor die Brust, vielleicht um es zu kitzeln und so zum Lachen zu bringen, vielleicht auch ist die Berührung ein heimlicher Hinweis, ein Hexenwink, durch den man gegen etwas gefeit ist. Als die Pferde anziehen, wendet sich Tantella brüsk ab und verschwindet im Eingang, eine kümmerliche, schwarze Gestalt. Wieder kokettiert sie mit ihrem Alter und ihrer Hinfälligkeit, indem sie ein wenig im Zickzack taumelt.

Der Abschied, von dem sich das Kind Außergewöhnliches erwartet hat, ist bereits vorüber und hinterläßt, als keine Tränen mehr kommen wollen, ein Gefühl schaler Erleichterung. Das Kind sitzt ohne sich anzulehnen, die Füße gekreuzt, hält sich an der Lederschlaufe fest und beantwortet artig die etwas verständnislosen Fragen des Onkels: es ist, als sei es auf dem Wege, eine Dame zu werden, wie Tantella es immer von ihm wollte. Die Abwesenden haben manchmal eine ähnliche Macht wie die Toten, ihren Willen durchzusetzen. Der Wagen passiert die Brücke zwischen den beiden Festungen, aus denen es einmal geschossen hat und wieder schießen wird. Dort, wo die Narowa um die Kurve muß, bildet sich im Abendlicht eine rostige Schaumkrause. Die Chaussee nach Gdow verliert sich im Himmel, schon jenseits des Holzgerüstes, auf dem der einsame russische Soldat Wache hält. (»Wieso fängt eigentlich erst dort Rußland an, ich dachte, hier ist es schon?« – »Im Augenblick heißt es hier Estland . . .«)

Hinter Mauern, die ganz aus Wäldern bestehen, bleibt eine seltsam vertraute Welt zurück, unbegriffen und unzugänglich wie gemalte Landschaften, die man anfassen kann, aber nicht in sie eindringen. Als belichtete, aber noch nicht entwickelte Aufnahmen trägt das Kind die Eindrücke mit sich nach München, in die Wohnung der Elisabethstraße. Das nicht wirklich Gesehene, nicht wirklich Gehörte wird wieder aufsteigen, doch dann wird das Narwa, das es gekannt hat, versunken sein, als sei es ein Vineta, das nur kurze Zeit sichtbar war.

Noch werden viele Jahre vergehen, ehe der Erbe und Firmenchef der Peltzerschen Tuchmanufaktur stirbt. Seine Familie legt den historischen niederländischen Paß des gräßlich tüchtigen Napoleon Tukur ab, wird repatriiert und im Warthegau angesiedelt. Die beiden jungen Söhne, eben erst Deutsche geworden, fallen fast unmittelbar darauf. Robert Peltzer bleibt, betreut von der alten Anna Filipowna, allein zurück. Seine Tochter, einst Besitzerin des »Fürstlichen Anwesens Kurtna«, lebt in England, sein letzter Sohn in Dänemark. Der Rest der Verwandtschaft flieht, ehe die Russen am 17. Juni 1940 in Estland einmarschieren, verteilt sich im westlichen Europa, wie einst nach dem ersten Weltkrieg die Kinder des stimmgewaltigen Alexander, seines Bruders aus Moskau. 200 000 Russen, die hinter den dunklen Wäldern an der Chaussee nach Gdow gestanden haben, tun einige Schritte vorwärts, die gleichen wenigen Schritte wie 1917.

Äußerlich ändert sich nicht sofort etwas. Ein Kommissar betritt das Haus oberhalb der flachen Treppe. Er teilt Robert Peltzer mit, sein Haus sei als sowjetische Kinderkrippe beschlagnahmt, er werde in ein Altersheim überführt und erhalte zehn Kronen monatliche Rente. Der Alte kann sehr schwerhörig sein, wenn er will. »Wieviel?« fragt er und antwortet dem verlegen dastehenden Funktionär auf keine Frage mehr. Am Abend sagt er zu Anna Filipowna: »Ich habe keine Lust mehr zu leben« und wiederholt es sicherheitshalber noch einmal auf deutsch. Anna Filipowna blickt verständnisvoll und heiter aus ihren dunklen Äuglein. Es ist, als schmiedeten die beiden Alten ein Komplott.

Robert, der Eigensinn, legt sich in dem Zimmer, in dem die zierliche Katharina ihn vor vierundneunzig Jahren geboren hat, ins Bett und stirbt an Lungenentzündung. Die alte Anna, ebenso eigensinnig, sperrt das kleine Zimmer am Ende der Wohnräume für die sowjetischen Reigenspiele der Kinder, indem sie ihn dort unter dem Gobelin mit dem barocken Krieger aufbahrt. Von notwendigen Genehmigungen weiß sie nichts, die Vorhaltungen, die irgend jemand ihr macht, hört sie nicht. Sie ist stocktaub. Aus einer noch nicht geplünderten Truhe holt sie Kerzen, deren Wachs Zeit gehabt hat, gelb zu werden, und stellt sie dem Toten zu Häupten und Füßen. Die Flammen knistern neben seinem gleichgültig starren Gesicht, als spritze von irgendwoher feiner Tau auf sie. Seitens der Behörden ist an die Arbeiter der ehemals Peltzerschen Tuchfabrik ein strenger Ukas ergangen: wer den Robert Napoleonowitsch beerdigen hilft oder Blumen bringt, ist entlassen. Damit ja keiner in Versuchung gerät, wird die Bestattung nachts angesetzt. Die Fabrik arbeitet weiter.

Ein Neffe kommt aus Reval. Fedja Peltzer, einst einer der ›Kleinen‹ in Moskau und Litwinowa, die bei der Njanja blieben, als der Knabe Sascha nach Deutschland aufbrach. Er riskiert allerlei, indem er zum Begräbnis kommt, dieser einzige Nachkomme Napoleon Tukurs auf estnischem, ach nein, jetzt wieder russischem Boden. Er kommt zu Fuß. Die »Bolschewiken« verladen gerade das Familiensilber aus dem Keller des Parterrehauses. Im Dämmerlicht werden manche der Geräte und Bestecke durchsichtig wie Eis. Napoleon Tukur hat sie irgendwann an der Schmiedebrücke in Moskau anfertigen lassen. »Es sind ungefähr 40 Kilo«, sagt Anna Filipowna stolz, die sie ein gutes halbes Jahrhundert lang geputzt hat. (Merkwürdig, daß sie so ungerührt bleibt. Im Jahre 1919 hatte sie noch mehr Empfinden für Besitz, da hat sie die Gobelins abgehängt, zusammengerollt und bei Verwandten auf dem Dachboden versteckt, bis alles vorbei war.) Sie weiß etwas, was der Neffe aus Reval nicht weiß: Man braucht kein Silber mehr im Hause Robert Peltzers. Es werden keine Gäste mehr kommen, auch die Aktionäre nicht, niemand. Die Tradition ist abgerissen und hängt leer wie eine rostige Kette in einem Brunnen.

Der Pastor kommt zur Aussegnung. Tief bedrückt von Sorgen um seine kleine Gemeinde sieht er dem zur Ruhe gekommenen Firmensenior auf die gefalteten Hände und spricht den Text des 102. Psalms: ». . . denn meine Tage sind vergangen wie ein Rauch.« Die Versammelten, es haben sich noch einige Herren aus dem Kontor dazugefunden, darunter der estnische Herr Tuulik, verstehen kaum ein Wort von dem, was der Pastor sagt, weil nebenan im Salon, den an Stelle der Porträts und Sammlerstücke Papiergirlanden und Fähnchen schmücken, die Kinder in grellem Chor singen: »Ich bin ein Pionier der Weltrevolution . . .«

Auch den Weg zum Kirchhof geht man zu Fuß, früh um ein Uhr, mit Fackeln. Der Himmel ist mit

Wolken vollgestopft, hier und da zwängt sich ein schwächlicher Mond dazwischen. Fedja Peltzer stolpert im Dunkeln über ein fremdes Grab. Er will trotz freundlicher Einladung den Rest der Nacht nicht auf der Fabrik bleiben, sondern den ersten Frühzug im Morgengrauen auf dem Bahnhof erwarten. Mit hochgeschlagenem Mantelkragen geht er, begleitet von Herrn Tuulik durch den Schnee zum Tor. Vom Wärterhäuschen löst sich eine Gestalt. Fedja ist starr vor Angst, er hat hundert Pulsschläge in der Minute. Der Mann kommt näher, erst zuletzt erkennt er ihn: Es ist Iwan, der langjährige Diener des verstorbenen Vetters. Der stößt einen Jammerlaut aus, umarmt Fedja, küßt ihn auf beide Wangen, rechts, links, wieder rechts. »So geht der letzte Peltzer von der Fabrik«, sagt er. Er weint, Fedja weint auch. (Sascha fehlt, er würde eine bissige Bemerkung machen oder etwas zitieren.) Man trennt sich rasch. Der Frühzug bringt Fedja nach Reval. Erst ein Jahr später kann er, längst ohne Geldmittel, das Land auf der Privatjacht der Frau des Deutschen Gesandten verlassen.

Herr Tuulik wird, wie etwa dreißigtausend andere Esten, kurz vor Ausbruch des deutsch-russischen Krieges abgeholt und verschleppt. Seine Frau mit den zwei kleinen Töchtern wird von ihm getrennt, sie kommt nach Sibirien. Einige Herren der Verwaltung, einige Werkmeister und deren Frauen und einige Arbeiter werden gleich ihm wie von einem ungeheuren Erdspalt verschlungen und tauchen nie wieder auf. Das hölzerne Parterrehaus, dieses geheimnisvoll verwaltete Museum, wird als

Zeichen hundertjähriger Bourgeoisie-Herrlichkeit abgerissen. Die Maschinen der Fabrik werden demontiert, der ewig gleiche Summton verstummt. Die Anlagen, die Kanäle werden gesprengt, die Narowa wird umgeleitet, der Wasserfall schweigt, die Inseln versinken und trüben an windigen Tagen die gestaute Wasserfläche wie graue Quecksilberflecken einen alten Spiegel. Jenseits des Parks breitet sich ein Meer, zweihundert Quadratkilometer groß, das die Nachtigallen nicht mehr überqueren. Sie singen in den Bäumen, die nun Uferbäume geworden sind.

Doch das wird morgen sein. Heute, 1927, kehrt das Kind von seiner Reise nach Narwa zurück, weil die Schule wieder anfängt. Seine Fahrt endet in einem rauchigen Bahnhof, über dem in riesigen Buchstaben CHLORODONT steht. Auf dem Perron, inmitten der von der Lokomotive ausgestoßenen Qualmwolken, erkennt es eine Gestalt mit hochgezogenen Schultern, die in der Westentasche nach der Uhr angelt, um zu sehen, ob der Zug pünktlich einläuft. »Papa!« ruft das Kind, und mit der Art, wie es zur Waggontüre drängelt, wäre Tantella nicht einverstanden.

Die Wohnung in der Elisabethstraße scheint dunkler und höher geworden zu sein, erstarrt aber sofort wieder zum Altbekannten und Unveränderbaren.

Das Kind kommt in eine neue Schule, hat neue Freundinnen, spielt vor ihnen die Weitgereiste, lernt Vordergründiges, Hausbackenes. Im Englischen Garten fallen schon die Kastanien und leuchten aus den Stachelschalen, vom Weinspalier an der Rückseite der Gebäude der Agnesstraße löst sich hier und da ein Blatt und taumelt in den Hof. Das Licht hat die Farbe des Honigs.

München ist zum ersten Mal eine geliebte Stadt, die keiner anderen gleicht mit seinen grünangelaufenen Kuppeln, um die Taubenschwärme kreisen, dem Klingelton seiner fröhlichen Trambahn, den lockeren Pflastersteinen seiner Trottoirs, die vom Karmin ins Bläuliche spielen wie das Blut des verwundeten Kriegers auf dem Schlachtenbild in den Hofgartenarkaden. Seine Brunnen haben einen besonderen Duft nach Schneeglöckchen und Kalk, den eisigen Hauch, den das Wasser vom Gebirge mitbringt, und seine Treppenhäuser (Vorsicht, frisch gebohnert) riechen in jedem Stadtteil anders. Mit Mama und den Brüdern kann man sich nicht über Gerüche unterhalten, sie sagen nur freundlich: »Ja, ja, kann schon sein.« Wohl aber mit Papa. »Stimmt«, sagt er, patiencelegend, und rollt die Augen spaßig hin und her, um nach einer Treffzehn zu suchen. »Vielleicht stammen wir von Morgensterns Nasobem ab.«

Plötzlich will das Kind wissen, ob es wirklich von den alten Leuten abstammt, deren Bilder herumhängen und die mal vor langer Zeit in Narwa, Moskau und Harta waren. So, also wirklich. Waren sie vielleicht unermeßlich reich, schön, vornehm oder irgend etwas? »Nein«, sagt der Papa leise. »Sie waren wohl nichts Besonderes.«

Das Kind, das gern von Kolumbus abstammen möchte oder von Maria Stuart, um etwas zu haben, womit es den neuen Freundinnen Staunen entlocken kann, wendet sich enttäuscht ab von diesen Vorfahren, denen es nichts verdankt, keinen berühmten Namen, keine Besitztümer, keine befolgbaren Ratschläge, keine Erkenntnisse. Es weiß nicht, daß seine Toten in ihm wachsen, wie der Kern in der Frucht, und erst mit ihm sterben werden, und daß die Wellen, die längst vergangene Stürme aufgewühlt haben, unaufhaltsam den Ufern seiner glücklichen Insel zueilen, um sie eines Tages zu erreichen.

Erst wenn es die Zeit in unmittelbarer, innerer Vergegenwärtigung spürt als den ständigen Abschied, der sie ist; wenn es für alle Fragen, die es dann stellen möchte, zu spät ist; wenn es Menschen geboren und Menschen beerdigt hat, wird es sich der Kavalkade der Gewesenen, die es hervorgebracht haben, mit schmerzlicher Zärtlichkeit bewußt werden. Dann wird es plötzlich nicht mehr auf ein einzelnes Leben zurückblicken, sondern auf viele.

Dieser Tag ist noch weit.

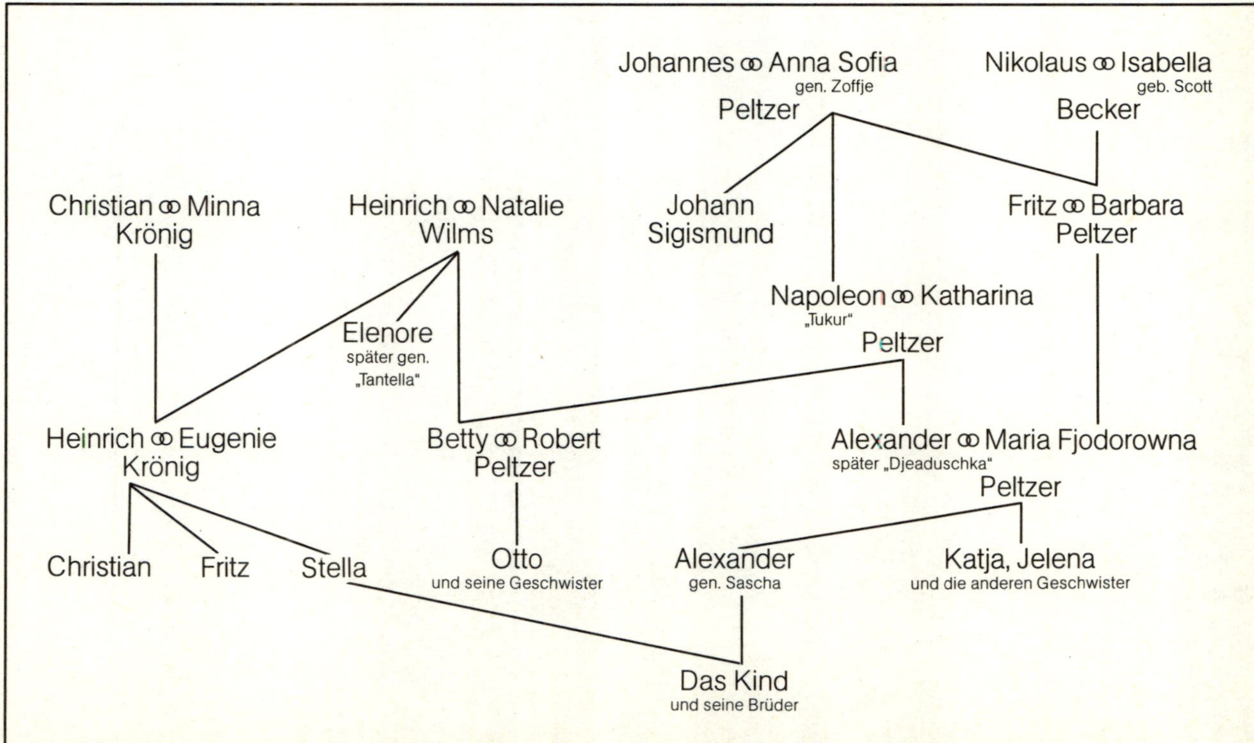
Johannes ⚭ Anna Sofia
gen. Zoffje
Peltzer
Nikolaus ⚭ Isabella
geb. Scott
Becker
Christian ⚭ Minna
Krönig
Heinrich ⚭ Natalie
Wilms
Johann
Sigismund
Fritz ⚭ Barbara
Peltzer
Napoleon ⚭ Katharina
„Tukur“
Peltzer
Elenore
später gen.
„Tantella“
Heinrich ⚭ Eugenie
Krönig
Betty ⚭ Robert
Peltzer
Alexander ⚭ Maria Fjodorowna
später „Djeaduschka“
Peltzer
Christian
Fritz
Stella
Otto
und seine Geschwister
Alexander
gen. Sascha
Katja, Jelena
und die anderen Geschwister
Das Kind
und seine Brüder

Isabella Nadolny

Der schönste Tag
Geschichten, 160 Seiten, Leinen

In starken, knappen Strichen entstehen Menschen und Begebnisse, alltägliche Geschichten. Sie handeln von Jugend, Liebe, Alter und Tod, auch von „verletzter Menschenwürde".

Ein Baum wächst übers Dach
Roman, Großdruckausgabe, 320 Seiten, Leinen

Es ist schade, daß das Buch ein Ende hat, denn man möchte noch Seite um Seite weiterlesen und zusammenbleiben mit den Menschen des Buches, die einem Freunde geworden sind.
Hannoversche Allgemeine

Seehamer Tagebuch
171 Seiten, Leinen

Wenn Bücher „immer jung" bleiben könnten – wäre das „Seehamer Tagebuch" diesem Wunschtraum sehr nahe gekommen... Ein Zeitdokument und eine bunte Truhe voll des uns alle einbeziehenden Lebens.
Pforzheimer Zeitung

List Verlag